高职高专"十二五"规划教材

食品营销学

第二版

卢万强　主　编
刘永礼　副主编

化学工业出版社

·北京·

食品营销学是营销学的一个应用分支学科，它将营销学的理论、原则和客观规律应用于食品行业的实践活动，重点研究食品行业营销活动的行为规律，分析营销工作中的内在因素，为改善食品行业经营管理、提高营销工作的服务质量，正确调整营销活动中的人际关系，为食品行业创造更多的经济效益，为更好地满足营销工作的需要提供理论依据。本书共分11章，分别介绍了食品营销概述，食品与食品工业，营销环境分析，市场营销调研与需求预测，购买者行为分析，目标市场营销，产品策略，价格策略，食品营销渠道，促销策略，食品市场营销的组织、实施与控制等内容。另外，为使学生更好地将营销理论应用于食品营销工作中，本书在每章中还穿插了许多食品企业的营销实例，以便于学生学习。

本书可作为高职高专食品专业学生学习市场营销的教材，也可作为食品企业营销人员的培训教材，还可作为从事食品营销活动人员的参考读物。

本书有配套的电子课件，可登陆 www.cipedu.com.cn 免费下载。

图书在版编目（CIP）数据

食品营销学/卢万强主编．—2 版．—北京：化学工业出版社，2012.7 （2025.2重印）
高职高专"十二五"规划教材
ISBN 978-7-122-13958-0

Ⅰ．食… Ⅱ．卢… Ⅲ．食品-市场营销学-高等职业教育-教材 Ⅳ．F768.2

中国版本图书馆 CIP 数据核字（2012）第 066397 号

责任编辑：蔡洪伟　　　　　　　　　　　　文字编辑：王　可
责任校对：顾淑云　　　　　　　　　　　　装帧设计：史利平

出版发行：化学工业出版社（北京市东城区青年湖南街13号　邮政编码100011）
印　　装：河北延风印务有限公司
787mm×1092mm　1/16　印张13½　字数344千字　2025年2月北京第2版第20次印刷

购书咨询：010-64518888　　　　售后服务：010-64 18899
网　　址：http://www.cip.com.cn
凡购买本书，如有缺损质量问题，本社销售中心负责调换。

定　　价：36.00元　　　　　　　　　　　　　　　　　　　版权所有　违者必究

第二版前言

食品营销学是一门年轻但却极富魅力的学科，随着中国经济建设的腾飞而迅速发展。食品营销学是营销学的一个应用分支学科，它将营销学的理论、原则和客观规律应用于食品行业的实践活动，重点研究食品行业营销活动的行为规律，分析营销工作中的内在因素，为改善食品行业经营管理、提高营销工作的服务质量，正确调整营销活动中的人际关系，为食品行业创造更多的经济效益，为更好地满足营销工作的需要提供理论依据。

高等职业教育培养的是高技能专业人才，因此本书在编写过程中，针对高职高专人才培养目标的要求，结合高职高专学生的特点，注重知识的系统性、准确性和实用性，在内容上力求难易适度，条理清晰。本书体现了高职高专教育以能力培养为中心的原则，注重了理论和实践相结合，在理论知识中穿插了相关案例，具有针对性、实用性、实务性和可操作性强的特点。文字叙述力求做到简洁、通俗易懂。因此，我们所编写的这本教材不仅使学生理解道理，掌握观点，而且向学生提供思考问题的思路和解决实际问题的方法。本书不仅可以作为教材，也可以是从事市场营销工作人员的业务指导书籍。

本书第一版自2007年出版以来，已经重印多次，得到了广大读者的好评。为了更好地服务于广大读者，我们对本书进行了修订再版。本次修订结合我国"十二五"食品行业发展规划和食品领域的最新标准进行修改和调整，在保持原有教材整体结构不变的基础上，补充了食品行业和营销领域的最新知识和案例。

本书由卢万强任主编，刘永礼任副主编。卢万强对全书进行了总撰、定稿，并编写了第一章、第三章；孙来华编写了第二章；韩花编写了第四章、第九章、第十章、第十一章；刘永礼编写了第五章、第六章、第七章、第八章。

由于水平有限，书中难免存在不妥之处，敬请同行专家和读者指正。

编者
2012年4月

目 录

第一章 食品营销概述 — 1

第一节 市场营销概述 — 2
一、市场营销学的产生和发展 — 2
二、市场营销的基本内涵 — 5
三、市场营销的相关概念 — 5
四、营销管理 — 7
五、营销管理观念的演变 — 9

第二节 食品市场营销 — 12
一、食品营销 — 12
二、食品营销学的研究内容 — 12
三、我国食品市场发展的趋势 — 13

第三节 研究食品市场营销学的意义和方法 — 14
一、学习食品营销学的重要意义 — 14
二、食品市场营销学的研究方法 — 15
本章小结 — 15
思考与练习 — 16

第二章 食品与食品工业 — 19

第一节 食品概述 — 19
一、食品的概念 — 19
二、食品的作用及要求 — 20
三、食品的分类 — 20

第二节 食品工业 — 21
一、食品工业概述 — 22
二、我国食品工业发展趋向与前景 — 23

第三节 食品市场管理 — 28
一、概述 — 28
二、食品安全与卫生 — 29
三、食品市场管理相关政策法规 — 30
本章小结 — 31
思考与练习 — 31

第三章 营销环境分析 — 32

第一节 营销环境概述 — 32
一、营销环境的概念 — 32
二、营销环境的内容 — 33
三、营销环境的特点 — 33
四、分析营销环境的意义 — 34

第二节 微观营销环境分析 — 36
一、企业内部环境 — 36
二、供应商 — 37
三、营销中介 — 37
四、顾客 — 38
五、竞争者 — 39
六、社会公众 — 40

第三节 宏观营销环境分析 — 41
一、人口环境 — 41
二、经济环境 — 43
三、文化环境 — 45
四、政治法律环境 — 46
五、科技环境 — 47
六、自然环境 — 47

第四节 营销环境分析方法 — 49
一、机会潜在吸引力和企业成功概率分析法 — 49
二、环境威胁与机会分析法 — 49
三、SWOT 分析法 — 50
本章小结 — 52
思考与练习 — 52

第四章 市场营销调研与需求预测 — 54

第一节 食品市场营销调研 — 54
一、营销调研的含义和作用 — 54
二、营销调研的类型及内容 — 55

第二节 食品市场调查的步骤和方法 — 58
一、食品市场调查的步骤 — 58
二、原始资料调查的方法 — 61
三、抽样调查的方法 — 63

第三节 食品市场需求的测量与预测 — 64
一、食品市场预测的必要性 — 64

二、食品市场预测的主要内容 ………… 65
三、食品市场预测的步骤 ………… 66
四、食品市场预测的主要方法 ………… 66
本章小结 ………… 70
思考与练习 ………… 70

第五章　购买者行为分析——— 73
第一节　消费者的需求和购买动机 ………… 73
　　一、消费者市场 ………… 74
　　二、消费者市场需求 ………… 74
第二节　消费者的购买动机和
　　　　购买行为分析 ………… 76
　　一、消费者的购买动机 ………… 76
　　二、消费者购买行为 ………… 77
　　三、消费者购买行为类型 ………… 78
第三节　影响消费者购买行为的因素 ………… 80
　　一、个人因素 ………… 80
　　二、心理因素 ………… 81
　　三、社会文化因素 ………… 82
第四节　消费者购买的决策过程 ………… 83
　　一、参与决策的角色 ………… 83
　　二、购买决策的过程 ………… 84
本章小结 ………… 86
思考与练习 ………… 87

第六章　目标市场营销——— 89
第一节　市场细分 ………… 89
　　一、市场细分的概念与作用 ………… 89
　　二、市场细分的原则 ………… 91
　　三、市场细分的依据 ………… 92
　　四、市场细分的方法 ………… 97
第二节　目标市场选择 ………… 97
　　一、细分市场的评价 ………… 97
　　二、目标市场策略 ………… 99
　　三、影响目标市场选择的因素 ………… 102
第三节　市场定位 ………… 105
　　一、市场定位的含义 ………… 105
　　二、市场定位过程 ………… 105
　　三、市场定位方法 ………… 106
　　四、市场定位战略 ………… 106
　　五、市场定位的有效性原则 ………… 108
本章小结 ………… 108
思考与练习 ………… 108

第七章　产品策略——— 113
第一节　产品整体概念 ………… 113
　　一、产品整体概念的内容 ………… 113
　　二、产品整体概念的意义 ………… 114
第二节　产品组合策略 ………… 115
　　一、产品组合的含义 ………… 115
　　二、产品组合相关概念 ………… 116
　　三、产品组合决策 ………… 116
第三节　产品生命周期 ………… 118
　　一、产品生命周期的意义 ………… 118
　　二、产品生命周期各阶段的营销策略 ………… 119
　　三、产品生命周期各阶段的判断 ………… 121
第四节　品牌策略 ………… 124
　　一、品牌的概念与作用 ………… 124
　　二、品牌的使用策略 ………… 125
第五节　包装策略 ………… 127
　　一、包装概述 ………… 127
　　二、包装的作用 ………… 128
　　三、包装策略 ………… 128
第六节　新产品开发 ………… 131
　　一、新产品开发的重要性 ………… 131
　　二、新产品开发的类型及其特征 ………… 132
　　三、新产品开发过程 ………… 133
　　四、新产品的推广和采用 ………… 135
本章小结 ………… 138
思考与练习 ………… 139

第八章　价格策略——— 141
第一节　影响定价的因素 ………… 141
　　一、定价目标 ………… 142
　　二、成本因素 ………… 143
　　三、其他营销组合策略 ………… 143
　　四、市场需求因素 ………… 143
　　五、消费者意识 ………… 145
　　六、竞争因素 ………… 146
　　七、政策法规 ………… 146
第二节　定价的方法 ………… 146
　　一、成本导向定价法 ………… 146
　　二、需求导向定价法 ………… 148
　　三、竞争导向定价法 ………… 149
第三节　企业定价策略 ………… 150
　　一、折扣定价策略 ………… 150
　　二、心理定价策略 ………… 151

三、新产品定价策略 …………… 152
　四、相关产品定价策略 …………… 153
第四节　价格调整策略 …………… 154
　一、价格调整的原因 …………… 154
　二、价格调整中的顾客反应 …………… 155
　三、价格调整的竞争反应 …………… 156
本章小结 …………… 157
思考与练习 …………… 157

第九章　食品营销渠道 —— 160

第一节　分销渠道概述 …………… 160
　一、分销渠道的功能与分销流程 …………… 160
　二、分销渠道类型 …………… 161
第二节　中间商的类型 …………… 164
　一、中间商概述 …………… 164
　二、批发商 …………… 165
　三、零售商 …………… 166
第三节　营销渠道的设计 …………… 169
　一、影响分销渠道选择的因素 …………… 169
　二、确定渠道选择方案 …………… 170
　三、对分销渠道方案进行评估 …………… 171
第四节　分销渠道的管理 …………… 171
　一、选择渠道成员 …………… 172
　二、分销渠道的激励与扶持 …………… 172
　三、渠道调整 …………… 173
　四、客户关系管理 …………… 173
本章小结 …………… 173
思考与练习 …………… 174

第十章　促销策略 —— 176

第一节　促销的含义与作用 …………… 176
　一、食品促销的含义及作用 …………… 176
　二、促销信息的有效沟通 …………… 177
　三、促销组合及其影响因素 …………… 178
第二节　食品广告 …………… 180
　一、广告的概念与作用 …………… 180
　二、广告的特点 …………… 181
　三、选择媒体时应考虑的因素 …………… 181
　四、广告的种类 …………… 182
　五、广告目标决策 …………… 182
　六、广告信息决策 …………… 183
　七、广告效果的测定 …………… 184
　八、食品广告策划 …………… 184
第三节　人员推销 …………… 186
　一、人员推销的基本形式 …………… 186
　二、人员推销的特点与任务 …………… 186
　三、人员推销的步骤 …………… 187
　四、人员推销的管理 …………… 188
第四节　公共关系 …………… 189
　一、公共关系的本质特征 …………… 189
　二、建立公共关系的主要方法 …………… 190
　三、公共关系的实施步骤 …………… 190
第五节　营业推广策略 …………… 191
　一、营业推广的基本特征 …………… 191
　二、营业推广的作用与类型 …………… 191
　三、营业推广的决策过程 …………… 192
本章小结 …………… 193
思考与练习 …………… 193

第十一章　食品市场营销的组织、实施与控制 —— 196

第一节　食品市场营销部门的组织 …………… 196
　一、食品企业市场营销组织及其沿革 …………… 196
　二、食品市场营销部门的组织形式 …………… 197
　三、影响食品企业市场营销组织的因素 …………… 199
　四、食品市场营销部门与其他部门之间的冲突和协调 …………… 200
第二节　食品市场营销实施 …………… 201
　一、食品市场营销的实施过程 …………… 201
　二、影响市场营销计划有效实施的原因 …………… 203
　三、突破传统，营销创新 …………… 203
第三节　食品市场营销控制 …………… 204
　一、食品市场营销控制及其必要性 …………… 204
　二、食品市场营销控制的基本程序 …………… 205
　三、市场营销控制类型 …………… 206
　四、战略营销控制 …………… 208
本章小结 …………… 209
思考与练习 …………… 209

参考文献 —— 210

第一章 食品营销概述

★ 学习目标与要求

1. 掌握市场营销、营销管理、食品营销的概念
2. 了解市场营销学产生的历史背景和发展过程
3. 了解研究食品市场营销学的意义和方法
4. 掌握市场营销观念演变过程
5. 了解我国食品市场发展的趋势

★ 基本概念

食品营销　市场营销　营销管理　市场营销组合　产品观念　社会市场营销观念

我们在日常生活中经常接触到市场营销活动,比如:购买使用一件商品,逛街,看广告牌,看广告节目,听朋友告诉你他们使用过的一种特别好的商品,甚至当你去图书馆阅读老师布置的某个公司的年度报告等。你都从这些市场活动中得到一些启示。你对市场营销的成果如此熟悉,所以你很容易根据你所见,想当然地断定和解释什么是市场营销,而不是去深刻领会它。贸然下结论说市场营销"仅仅是做广告"或者"仅仅是出售商品"或者是"让人们购买他们不想购买的商品",这是不全面的。通过本书的学习可以告诉你市场营销是做什么的,食品营销是做什么的。

事实上,市场营销覆盖了非常广泛的绝对重要的业务活动。它们给你带来你需要的所有信息,满足消费者的选择,在你需要的时间、需要的地点,带给你的确想要的商品,而价格又是你能承受的。这些事情是只有市场营销才能做到的!让我们试着想得更远一些,想想市场营销能为从其他企业进行采购商品和服务的企业做些什么,这时你就会明白,市场营销活动多么重要。所有这些活动都是市场营销活动,但没有一件是轻而易举完成的。例如包装、广告、光纸印刷的小册子、诱人的销售渠道、令人难以置信的低价格,这些东西看上去都很诱人,但实际上都经过了管理人员的计划、分析、决策,才能与我们见面。

市场营销学是一门研究企业如何赚钱,如何在激烈的市场竞争中,通过更好地满足消费者的需求而求得自身发展的学问。食品营销学,顾名思义,是研究食品企业如何赚钱和发展的一门学问,是市场营销学的一个分支,是市场营销理论在食品行业中的具体应用研究。食品是提供人类生命活动所需能量的生活必需品,是人类赖以生存的一种特殊的产品。因此,将食品企业同其他企业加以区别,单独对食品企业的营销进行深入的研究和探讨,具有重要的现实意义。食品营销是以市场营销学理论做指导,对食品企业进行经营策划和实施营销管理的过程,在这个过程中市场营销理论贯穿始终。学习食品营销学首先要了解市场营销学的产生与发展过程,把握市场营销的基本内涵以便更好地进行市场营销的管理活动。

第一节 市场营销概述

一、市场营销学的产生和发展

1. 市场营销理论的历史背景

市场营销理论于 20 世纪初诞生在美国。它的产生是美国社会经济环境发展变化的产物。19 世纪末 20 世纪初，美国开始从自由资本主义向垄断资本主义过渡，社会环境发生了深刻的变化。工业生产飞速发展，专业化程度日益提高，人口急剧增长，个人收入上升，日益扩大的新市场为创新提供了良好的机会，人们对市场的态度开始发生变化。所有这些变化因素都有力地促进了市场营销思想的产生和市场营销理论的发展。

(1) 市场规模迅速扩大 20 世纪初为开发西部而迅速进行的铁路建设，有力地促进了美国钢铁工业的发展和国内市场规模的扩大。当时，美国国内市场扩大到了历史上前所未有的程度。外延性市场的扩大，意味着买卖双方不再像过去那样相互了解、彼此熟悉了。扩大的市场给大规模生产带来了机会，同时也引进了新的竞争因素，信息、促销等变得越来越重要。

(2) 工业生产急剧发展 19 世纪末，科学技术的进步，标准产品、零部件和机械工具的发展，食品储存手段的现代化，电灯、自动纺织机的应用等，促使美国的农业经济迅速地向工业经济转化。原先以家庭为单位的作坊式生产日益向工厂生产转化，大量的资本被投入扩大再生产，政府也通过免费提供工厂场地、税收优惠等各种方式刺激工业生产。

大规模生产带来了日益增多的商品，从而使市场供给超过了市场需求，卖方市场开始向买方市场转化，生产者不再只是为一个局部的当地市场服务，而是为众多的充满了各种不确定性的外地甚至外国市场服务。以往人们总是在非常熟悉的当地市场上从事购买活动，买主有一种自信感和安全感。然而，随着市场的扩展，这一切都有所削弱或不复存在了。

此外，随着生产的发展，大量新产品涌入市场，而生产者与消费者之间又介入了中间商，市场上还出现了各种广告、促销活动。所有这些，都使得消费者有些困惑不解，他们渴求能有一门新的学科或理论来对此做出解释，以便更有效地指导其经济生活实践。

(3) 分销系统发生变化 在古典经济学发展的鼎盛时期，介于生产者和消费者之间的中间商被认为是不重要的。到了 20 世纪，中间商的作用和社会地位开始有所变化。在这个时期，直接出售家庭手工业品和农产品的现象逐渐减少，而通过正规的专门化分销渠道买卖商品的趋势日益明显。中间商执行了他们以往没有执行的职能，他们的人数增加了，相互之间有了分工，并且出现了同第一流生产企业并驾齐驱的百货商店、邮购商店和连锁商店等。

新的分销体制向有关价值创造的传统理论提出了挑战，人们要求创造一个新的价值理论，它将包含有曾被早期经济学家排斥在外的服务。正如大工厂需要一支专门的企业管理队伍一样，随着分销组织规模的扩大和分工的深化，分销组织也需要管理人员。但是，管理一个工厂所要求的知识与新的分销组织所需要的是不同的，培养这方面人才所需要的技术知识和理论思想在现成的理论书籍中是找不到的，迫切需要有一种新的理论问世。

(4) 传统理论面临挑战 整个 19 世纪，企业经营的环境在很大程度上是由企业主决定的。他们信奉个人主义，信奉商业寡头政治，信奉政府干预小化而政府对企业的支持极大化，企业领导人坚持个人所拥有的权利和财富丝毫不能有任何限制或干涉。他们强调积累规律和竞争规律，不理会有人认为商业竞争是极大的浪费的议论。当时的人们普遍认为勤俭和努力工作是值得赞美的，认为贫穷来自懒惰和无能。这些观念助长了经济自由的思想，经济学家则把希望寄托在市场竞争机制上。

传统的经济学家一般是从宏观的和政治的角度来考虑市场问题的。而当时的管理经济学家则主要考虑企业组织的内部问题，尤其是有关生产过程的问题。大量有关分销和市场新问题的出现造就了一批新的理论家，那就是市场营销学家。

市场营销思想最初的产生是自发的，是人们在解决各种市场问题的过程中逐渐形成的。直到20世纪30年代，人们才开始从科学的角度来解释这门学科。市场营销思想的出现，对美国社会和经济产生了重大影响。它给予成千上万的企业主以指导，为企业市场营销计划的制定提供了依据，还有力地推动了中间商社会地位的提高。商学院把那些反映了市场营销新思想的著作用作教科书，并将市场营销思想理论化，进而使之成为一门独立的学科即市场营销学，该学科成为当时商业大学培养方案的中心课程。市场营销思想还改变了人们对社会、市场和消费的看法，形成了人们新的价值观念和行为准则。

2. 市场营销学的产生

人类的市场经营活动，从市场出现之时就开始了。但到20世纪之前，市场营销还没有成为一门独立学科。进入19世纪，伴随世界经济的发展，资本主义的固有矛盾日趋尖锐。频频爆发的经济危机，迫使企业日益关心产品销售，研究如何更有效地应付竞争，在实践中不断探索市场营运的规律。到19世纪末20世纪初，世界主要资本主义国家先后完成了工业革命，垄断组织加快了资本的积聚和集中，使生产规模迅速扩大。在这一时期，以泰罗为代表的以提高劳动生产率为主要目标的"科学管理"理论和方法应运而生，受到普遍重视。一些大型企业实施科学管理的结果，产品迅速增加，要求对流通领域有更大影响，对相对狭小的市场有更精细的经营。同时，科学技术的发展，也使企业内部计划与组织变得更为严密，从而有可能运用科学的调查研究方法，预测市场变化趋势，制订有效的生产计划和销售计划，控制和调节市场销售量。在这种客观需要与可能条件下，市场营销学作为一门独立的经营管理学科诞生了。

3. 市场营销学的发展

1929~1933年资本主义社会发生全面的经济危机，震撼了整个资本主义世界。当时生产严重过剩，产品销售困难，直接威胁企业生存。从20世纪30年代开始，主要资本主义国家市场明显进入供过于求的买方市场。这时，企业界广泛关心的首要问题已经不是扩大生产和降低成本，而是如何把产品销售出去。为了争夺市场，解决产品实现问题，企业家开始重视市场调查，提出了"创造需求"的口号，致力于扩大销路并在实践中积累了丰富的资料和经验。与此同时，市场营销的学科研究大规模展开。一些著名大学的教授将市场营销研究深入到各个问题，调查和运用大量实际资料，形成了许多新的原理。

1937年，美国全国市场营销学和广告学教师协会及美国市场营销学会合并组成美国市场营销学会（AMA）。该学会在美国设立几十个分会，从事市场营销研究和营销人才的培训工作，出版市场营销专刊和市场营销调研专刊，对市场营销学的发展起了重要作用。到第二次世界大战结束，市场营销学得到长足发展，并在企业经营实践中广泛应用。但在这一阶段，它的研究主要集中在销售推广方面，应用范围基本上仍局限于商品流通领域。

4. 市场营销学的"革命"

二战后至今，市场营销学从概念到内容都发生了深刻的变化。战后的和平条件和现代科技进步，促进了生产力的高度发展。社会产品数量剧增，花色品种日新月异，垄断资本的竞争加剧，销售矛盾更为尖锐。西方国家先后推行所谓高工资、高福利、高消费以及缩短工作时间的政策,在一定程度上刺激了需求,但并未引起实际购买的直线上升。消费者需求和欲望在更高层次上发生变化,对社会供给提出了更高的要求。这时,传统的市场营销学已经不能适应形势要求,需要进行重大变革。

许多市场营销学者经过潜心研究,提出了一系列新的观念。其中之一就是将"潜在需求"纳入市场概念,即把过去对市场"是卖方与买方之间的产品或劳务的交换"的旧观点,发展成为"市场是卖方促使买方实现其现实的和潜在的需求的任何活动"。这样,凡是为了保证通过交换实现消费者需求(包括现实需求与潜在需求)而进行的一切活动,都纳入了市场营销学的研究范围。这也就要求企业将传统的"生产—市场"关系颠倒过来,即将市场由生产过程的终点,置于生产过程的起点。这样,也就从根本上解决了企业必须根据市场需求来组织生产及其他企业活动,确立以消费者为中心而不是以生产者为中心的观念问题。这一新概念导致市场营销学基本指导思想的变化,在西方称之为市场营销学的一次"革命"。

二战后五十多年来,市场营销论著如云,理论不断创新。营销学逐步建立起以"满足需求"、"顾客满意"为核心内容的框架和体系,不仅在工商企业,而且在事业单位和行政机构得到广泛运用。市场营销学术界每隔几年就有一批有创见的新概念出现(见表1-1),这些概念推动了市场营销学从策略到战略、从顾客到社会、从外部到内部、从一国到全球,得到全面系统的发展和深化。

表1-1 市场营销学新概念举例

年　代	新　概　念	提　出　者
20世纪50年代	市场营销组合 产品生命周期 品牌形象 市场细分 市场营销观念 营销审计	尼尔·鲍顿 齐尔·迪安 西德尼·莱维 温德尔·史密斯 约翰·麦克金特立克 艾贝·肖克曼
20世纪60年代	"4P"组合 营销近视 生活方式 买方行为理论 扩大营销概念	杰罗姆·麦克锡 西奥多·莱维特 威廉·莱泽 约翰·霍华德 杰克逊·西斯 西德尼·莱维
20世纪70年代	社会营销 低营销 定位 战略营销 服务营销	杰拉尔德·泽尔曼 菲利普·科特勒 西德尼·莱维 菲利普·科特勒 阿尔·赖斯 波士顿咨询公司 林恩·休斯塔克
20世纪80年代	营销战 大市场营销 内部营销 全球营销 关系营销	雷维·辛格 菲利普·科特勒 克里斯琴·格罗路斯 西德尼·莱维 巴巴拉·本德·杰克
20世纪90年代	网络营销 差异化营销 绿色营销 3R营销	 葛斯·哈泊 赫海凯特

二、市场营销的基本内涵

"市场营销"一词的含义是什么？许多人仅仅把市场营销理解为推销和广告，这并不奇怪。因为每天我们都受到电视商业广告、报纸广告、直接邮寄广告的攻势和推销电话的轮番轰炸。但是，推销和广告只是市场营销这座冰山露出水面的小尖顶而已，尽管很重要，但它们只是市场营销众多功能中的两项功能，并且通常还不是最重要的两项功能。

今天，要理解市场营销已不能再从那种古老的"劝说和推销"角度去考虑，而是应该从满足顾客需要的新角度去考虑。如果生产商能够很好地理解消费者的需要，开发出具有较高价值的产品，并能有效地进行定价、分销和促销，那么他们很容易销售这些产品。因此，推销和广告只是更为广泛的"营销组合"的组成部分，而营销组合则是一组共同作用以影响市场的营销工具。

国内外学者对市场营销的定义有上百种，企业界对营销的理解更是各有千秋。美国学者基恩·凯洛斯曾将各种市场营销定义分为三类：一是将市场营销看作是一种为消费者服务的理论；二是强调市场营销是对社会现象的一种认识；三是认为市场营销是通过销售渠道把生产企业同市场联系起来的过程。❶ 这从一个侧面反映了市场营销的复杂性。本书采用著名营销学家菲利普·科特勒教授的定义：市场营销是个人和群体通过创造并同他人交换产品和价值以满足需求和欲望的一种社会和管理过程。❷

根据这一定义，可以将市场营销概念具体归纳为下列要点。

① 市场营销的最终目标是"满足需求和欲望"。

② "交换"是市场营销的核心，交换过程是一个主动、积极寻找机会，满足双方需求和欲望的社会过程和管理过程。

③ 交换过程能否顺利进行，取决于营销者创造的产品和价值满足顾客需求的程度和交换过程管理的水平。

三、市场营销的相关概念

为了解释这一定义，我们需要讨论以下重要术语：需要、欲望和需求；产品；效用、费用和满足；交换、交易和关系；市场营销与市场营销者。如图1-1所示，这些营销核心概念相互关联，并且每一个概念都建立在前一个概念的基础之上。

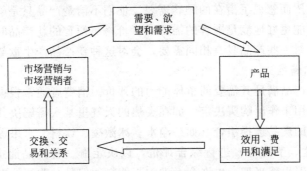

图1-1 核心概念之间的关系

---

❶ 基恩·凯洛斯. 什么是确切的市场营销. 美国：市场营销评论，1975. 第4期.
❷ 菲利普·科特勒. 市场营销管理. 亚洲版. 第8版. 中国人民大学，1997.

1. 需要、欲望和需求

构成营销学基础的最基本的概念就是"人类需要"这个概念。人类需要是指感受到的匮乏状态。这些需要包括对食物、衣服、房屋和安全的物质需要，对亲密忠诚和慈爱仁义的社会需要，以及对知识和自我表达的个人需要。这些需要不是市场营销商创造出来的，而是人类自身本能的基本组成部分。欲望是指人类需要经由文化和个性塑造后所采取的形式。一个饥饿的人在美国可能会需要一只汉堡包、一些炸薯条和一杯可口可乐，但在印尼巴厘岛可能会需要芒果、乳猪和豆子。欲望是用可满足需要的实物来描述的。人们的欲望几乎没有穷尽，但是资源却是有限的。因此，人们想用有限的金钱选择那些价值和满意程度最大的产品，当有购买力作后盾时，欲望就变成了需求。消费者将各种产品视为利益的集合，而他们只选择那些价格一定但却能提供最佳利益集合的产品。例如，纯净水只意味着能解渴，价格较低，而各种口味的果汁则提供了好的口感和营养。在人们的欲望和资源既定的情况下，他们追求能最大程度地满足其利益的产品。杰出的营销型企业都不遗余力地去了解并弄懂顾客的需要、欲望和需求。它们开展有关消费者好恶的市场调查，分析有关顾客问讯、保修和服务方面的数据；它们还观察使用本企业产品和竞争对手产品的顾客，并训练销售人员随时注意未得到满足的顾客需要。在这些杰出的企业中，包括最高管理层在内的各个层次的成员都与顾客保持紧密联系。例如，沃尔玛连锁店的行政主管们每周要花两天时间混入到顾客中去光顾商店。在迪斯尼世界乐园，每一位经理在其就职期间，至少有一次要花一天时间穿上米奇等角色的化妆服在乐园里巡视。而且，所有迪斯尼世界乐园的经理每年均有一周的时间要到服务的最前线去收门票、卖爆米花，或者操作供人骑乘的玩具。

2. 产品

人们用产品来满足其需要和欲望。产品是指任何提供给市场并能满足人们某种需要和欲望的东西。产品的概念并不限于实物，任何能够满足需要的东西都可以被称作产品。除了货物和服务以外，产品还包括人员、地点、组织、活动和观念。消费者决定在电视上看哪个艺人表演，到什么地方去度假，用捐赠来支持哪个组织以及接受什么样的观念。对消费者来说，所有这些都是产品。在某些场合，"产品"一词看起来并不怎么合适，这时可以用其他一些术语，如满足品、资源或提供物来替代。许多销售商过多地关注他们所提供的具体产品，而忽略了由这些产品所产生的利益，这是相当错误的。他们把自己看作是在销售产品而不是在提供满足人们某种需要的解决方法。面包制造商或许认为顾客需要的是吃饱，但是顾客真正需要的是美味。这些销售商可能得了"营销近视症"。他们如此注重自己的产品，以至于只强调现有的欲望而忽视了潜在的顾客需要。他们不清楚产品只是解决消费者问题的一个工具。当出现一种能更好地满足顾客的需要或者价格更便宜的新产品时，这些销售商便会陷入困境，因为顾客对一些产品具有相同需要，会对这种新产品产生欲望。

3. 效用、费用和满足

效用是消费者对产品满足其需要的整体能力的评价。消费者通常根据这种对产品价值的主观评价和支付的费用来作出购买决定。如在炎热的天气里某人需解决其对水的需要，他会对可能满足这种需要的产品选择组合（如纯净水、冰激凌、饮料、水果等）和他的需要组合（如口感、方便、卫生、节约等）进行综合评价，以决定哪一种产品能提供最大的总满足。假如他主要对口感和卫生感兴趣，也许会考虑购买饮料。但是，购买饮料的费用要比纯净水高许多。若购买饮料，他必须放弃用其有限收入可购置的许多其他产品（服务）。因此，他将全面衡量产品的费用和效用，选择购买能使每一元花费带来最大效用的产品。

4. 交换、交易和关系

交换是指从他人处取得所需之物，而以自己的某种东西作为回报的行为。人们对满足需求或欲望之物的取得，可以有多种方式，如自产自用、强取豪夺、乞讨和交换等。其中，只有交换方式才存在市场营销。交换的发生，必须具备五个条件：至少有交换双方；每一方都有对方需要的有价值的东西；每一方都有沟通和运送货品的能力；每一方都可以自由地接受或拒绝；每一方都认为与对方交易是合适或称心的。

交易是交换的基本组成单位，是交换双方之间的价值交换。交换是一种过程，在这个过程中，如果双方达成一项协议，我们就称之为发生了交易。交易通常有两种方式：一是货币交易，如甲支付800元给商店而得到一台微波炉；二是非货币交易，包括以物易物、以服务易服务的交易等。一项交易通常要涉及几个方面：至少两件有价值的物品或服务；双方同意的交易条件、时间、地点；有法律制度来维护和迫使交易双方执行承诺。

一些学者将建立在交易基础上的营销称之为交易营销。为使企业获得较之交易营销所得到的更多，就需要关系营销。关系营销是市场营销者与顾客、分销商、经销商、供应商等建立、保持并加强合作关系，通过互利交换及共同履行诺言，使各方实现各自目的的营销方式。与顾客建立长期合作关系是关系营销的核心内容。与各方保持良好的关系要靠长期承诺和提供优质产品、良好服务和公平价格，以及加强经济、技术和社会各方面联系来实现。关系营销可以节约交易的时间和成本，使市场营销宗旨从追求每一笔交易利润最大化转向追求各方利益关系的最大化。

5. 市场营销与市场营销者

在交换双方中，如果一方比另一方更主动、更积极地寻求交换，我们就将前者称之为市场营销者，后者称为潜在顾客。换句话说，所谓市场营销者，是指希望从别人那里取得资源并愿意以某种有价值的东西作为交换的人。市场营销者可以是卖方，也可以是买方。当买卖双方都表现积极时，我们就把双方都称为市场营销者，并将这种情况称为相互市场营销。

四、营销管理

这里所说的营销管理是指企业等组织内部的市场营销管理。从理论上说，一切与市场有关的组织都有营销管理问题。例如，一个较大的生产企业有若干副总裁，其中人事副总裁处理劳动力市场的问题，采购副总裁处理原材料市场的问题，财务副总裁处理金融市场的问题。但习惯上并不把这些人员称为营销管理者，而只是把处理顾客市场业务的营销副总裁称为营销管理者。本书基本上遵照这种传统概念来论述，但实际上一切与市场有关的活动，营销学的原理都适用，都需要营销管理。

1. 营销管理的实质

所谓营销管理，按菲利普·科特勒的解释就是：通过分析、计划、实施和控制，来谋求创造、建立及保持营销者与目标顾客之间互利的交换，以达到营销者的目标。

在一般人的心目中，营销管理者的工作就是刺激顾客对企业产品的需求，以便尽量扩大生产和销售。事实上，营销管理者的工作不仅仅是刺激和扩大需求，同时还包括调整、缩减和抵制需求，这要根据需求的具体情况而定。简言之，营销管理的任务，就是调整市场的需求水平、需求时间和需求特点，使供求之间相互协调，以实现互利的交换，达到组织的目标。因此，营销管理实质上是需求管理。

2. 营销管理的任务、种类、措施

在不同的需求状况下，市场营销管理的任务有所不同。根据消费需求的水平、时间和性质的不同，可归纳出8种不同的需求状况。相应地，根据需求状况和营销任务的不同，可分为8种不同的营销管理（见表1-2）。

表 1-2 营销管理类型

需求类型	营销管理任务	营销管理类型	营销管理措施
负(否定)需求	转换(扭转)需求	扭转性营销	了解原因,对症下药
无需求	创造需求	刺激性营销	营造环境,刺激需求
潜在需求	开发需求	开发性营销	设计 4P,开发需求
退却需求	恢复需求	恢复性(再)营销	多购,吸引竞争者的顾客,新购
不规则需求	配合需求	同步性营销	调整 4P 以适应需求
理想需求	维持需求	维护性营销	积极采取措施维持需求
过度需求	减低需求	限制性营销	降低质量,提价,减少服务、网点、促销
无益需求	消灭需求	抵制性营销	不再营销

（1）扭转性营销 扭转性营销是针对负需求实行的。负需求是指全部或大部分潜在购买者对某种产品或服务不仅没有需求，甚至厌恶。例如，素食主义者对所有肉类有负需求；许多人对预防注射、节育手术有负需求；有些旅客对坐飞机有畏惧心理，也是负需求。针对这类情况，营销管理的任务是扭转人们的抵制态度，使负需求变为正需求。营销者必须首先了解这种负需求产生的原因，然后对症下药，采取适当措施来扭转。

（2）刺激性营销 刺激性营销是在无需求的情况下实行的。无需求是指市场对某种产品或服务既无负需求也无正需求，只是漠不关心，没有兴趣。无需求通常是因消费者对新产品或新的服务项目不了解而没有需求；或者是非生活必需的装饰品、赏玩品等，消费者在没有见到时也不会产生需求。因此，营销管理的任务是设法引起消费者的兴趣，刺激需求，使无需求变为正需求，即实行刺激性营销。

（3）开发性营销 开发性营销是与潜在需求相联系的。潜在需求是指多数消费者对现实市场上还不存在的某种产品或服务的强烈需求，如，人们渴望有一种味道好而对身体无害的卷烟。因此，营销管理的任务是努力开发新产品，设法提供能满足潜在需求的产品或服务，将潜在需求变成现实需求，以获得极大的市场占有率。

（4）恢复性营销 人们对一切产品和服务的需求和兴趣，都会有衰退的时候。在这种情况下，营销管理的任务是设法使已衰退的需求重新兴起，使人们已经冷淡下去的兴趣得以恢复。例如，美国铁路客运多年来出现需求下降趋势，就极需有效的恢复性营销。但实行恢复性营销的前提是：处于衰退期的产品或服务有出现新的生命周期的可能性，否则将劳而无功。

（5）同步性营销 许多产品和服务的需求是不规则的，即在不同时间、季节需求量不同，因而与供给量不协调，如运输业、旅游业等都有这种情况。对此，营销管理的任务是：设法调节需求与供给的矛盾，使二者达到协调同步。例如，游乐场所的节假日需求量特别大，而平时营业清淡，可通过灵活的定价、广告和安排活动等办法，使供求趋于协调。如，游人多的时间，可适当提高价格；游人少的时间，适当降低价格，并多安排些吸引游人的活动，多作些广告宣传等。

（6）维护性营销 在需求饱和的情况下，应实行维护性营销。饱和需求是指当前的需求在数量和时间上同预期需求已达到一致。但是，需求的饱和状态不会静止不变，常常由于两种因素的影响而变化：一是消费者偏好和兴趣的改变；一是同业者之间的竞争。因此，营销管理的任务是设法维护现有的销售水平，防止出现下降趋势。主要策略是保持合理售价，稳定推销人员和代理商，严格控制成本费用等。

（7）限制性营销　当某种产品或服务需求过剩时，应实行限制性营销。过剩需求是指需求量超过了卖方所能供给或所愿供给的水平，这可能是由于暂时性的缺货，也可能是由于产品长期过分受欢迎所致。如，对风景区过多的游人，对市场过多的能源消耗等，都应实行限制性营销。限制性营销就是长期或暂时地限制市场对某种产品或服务的需求，通常可采取提高价格、减少服务项目和供应网点、劝导节约等措施。实行这些措施难免要遭到反对，营销者要有思想准备。

（8）抵制性营销　抵制性营销是针对有害需求实行的。有些产品或服务对消费者、社会公众或供应者有害无益，对这种产品或服务的需求，就是有害需求。营销管理的任务是抵制和清除这种需求，实行抵制性营销或禁售。抵制性营销与限制性营销不同，限制性营销是限制过多的需求，而不是否定产品或服务本身；抵制性营销则是强调产品或服务本身的有害性，从而抵制这种产品或服务的生产和经营。例如，对毒品、赌品、迷信品、黄色书刊等，就必须采取抵制措施。

针对上述各种情况，营销管理者必须掌握一定的营销理论和方法，通过系统的营销调研、计划、实施与控制等活动来完成这些任务。

五、营销管理观念的演变

我们将营销管理表述为为实现与目标市场之间的理想交换而做的工作。那么，什么样的理念才能指导市场营销工作呢？对组织、顾客和社会三者利益之间的比重应如何确定？经常的情况是这三者的利益会发生冲突。

企业在进行营销活动时可能采用以下五种观念，即生产观念、产品观念、推销观念、市场营销观念和社会市场营销观念。

1. 生产观念

生产观念认为，消费者会喜欢那些随处可买到的价格低廉的产品。因此，生产导向型组织的管理部门总是把注意力集中在改进生产和销售效率方面。这一观念是指导销售者的最古老的理念之一。

生产观念在两种状况下不失为有效的指导思想。第一种情况是产品的需求超过供给。此时，管理部门应致力于增加产量。第二种情况是产品的成本太高，必须靠提高生产率来降低成本。

2. 产品观念

另外一个指导销售者的主要观念是产品观念。这一观念认为消费者欢迎那些质量最优、性能最好、特色点最多的产品。因此，企业应该致力于对产品不断地进行改进。在生产厂商众多，而且产品功能基本相同的时候，消费者喜欢有特色的多功能、高质量的产品，比如以前彩电刚兴起不久的时候，老百姓都争相购买进口彩电，相信进口彩电的质量要好一些，当然了，现在的电视机的产品质量都没有问题了，所以老百姓就要求更高的清晰度，也有的要求看数码电视。比如手机，大家都想要个性化，而且手机功能越来越多，这些也都是产品观念的体现。产品观念也会导致"营销近视症"，其导致的问题是过分重视产品但不重视用户的需求。在商业历史上有这样的案例，如某知名公司推出的录像带，产品很好但没有做好营销，拼命去强调功能，但顾客只会用最简单的功能。手机发展上也可能会有类似的问题，不过手机的多样性也容易克服这些问题，手机的功能越来越多，可是它的最基本功能就是通话，而有些人（如年纪大的）只需要这个功能就够了，设计得太复杂没有什么必要。

3. 推销观念

许多机构采用推销观念，这种观念认为除非机构采用大规模的推销和促销活动，否则消费者不会购买。推销观念典型地被用于滞销商品,即那些购买者通常不会考虑购买的产品,如大百科全书或保险。这些行业必须善于追踪潜在的购买者,并突出产品的好处进行推销。

绝大多数企业都是在生产能力过剩时采用推销观念,目的是推销他们生产的产品,而不是生产市场需要的产品。这种营销的风险很高,它注重的是做成买卖,而不是与顾客建立长期的可获利的关系。推销观念假定,被哄骗购买了某产品的顾客会喜欢该产品;或者,如果他们不喜欢该产品,他们也有可能会忘记自己的失望,以后会再次购买。这些通常都是对购买者做出的错误估计。大多数研究表明,感到不满意的顾客不会再次购买该产品。更坏的情况是,感到满意的普通顾客仅会告诉其他三个人有关其美好的购物经历,而感到不满意的普通顾客会将其糟糕的经历告诉其他十个人。

4. 市场营销观念

市场营销观念认为,组织目标的实现有赖于对目标市场的需要和欲望的正确判断,并能以比竞争对手更有效的方式去满足消费者的要求。营销观念有许多生动的说法。例如"飞行就是服务"(英国航空公司);"只有您满意,我们才满意"(通用电气公司)。潘尼百货公司的座右铭也概括了营销观念:"我们会竭尽所能,使顾客所花的每一美元都能买到十足的价值、质量和满意。"

所谓市场营销观念,是一种以顾客需要和欲望为导向的经营哲学,它把企业的生产经营活动看作是一个不断满足顾客需要的过程,而不仅仅是制造或销售某种产品的过程。简言之,市场营销观念是"发现需要并设法满足",而不是"制造产品并设法推销出去";是"制造能够销售出去的产品",而不是"推销已经生产出来的产品"。因此,"顾客至上"、"顾客是上帝"、"顾客永远是正确的"、"爱你的顾客而非产品"、"顾客才是企业的真正主人"等口号,成为现代企业家的座右铭。

市场营销观念有四大支柱:①明确的目标市场;②以消费需求为中心;③整体营销;④获利性。

市场营销观念取代传统观念是企业经营思想上一次深刻的变革,是一次根本性的转变。新旧观念的根本区别可归纳为以下4点(如表1-3所示)。

表1-3 新旧营销观念的根本区别

指标\观念类型	传统观念	新型观念
起点	产品	市场
中心	以产定销	以销定产
目标	单一目标(利润最大化)	多重目标(需求是前提)
主要手段	单一手段促销	整体营销手段

(1) 起点不同 按传统观念,市场处于生产过程的终点,即产品生产出来之后才开始经营活动;市场营销观念则以市场为出发点来组织生产经营活动,市场处于生产过程的起点。

(2) 中心不同 传统观念都是以卖方需要为中心,着眼于卖出现有产品,"以产定销";市场营销观念则强调以买方需要即顾客需要为中心,按需要组织生产,"以销定产"。

(3) 目标(终点)不同 传统观念以销出产品取得利润为终点;市场营销观念则强调通过顾客的满足来获得利润,因而不但关心产品销售,而且十分重视售后服务和顾客意见的反馈。

（4）手段不同　按传统观念，主要是以广告等促销手段千方百计推销既定产品；市场营销观念则主张通过整体营销的手段，充分满足顾客物质和精神上的需要，实实在在为顾客服务，处处为顾客着想。

市场营销观念的理论基础就是"消费者主权论"，即决定生产何种产品的主权不在于生产者，也不在于政府，而在于消费者。在生产者和消费者的关系上，消费者是起支配作用的一方，生产者应当根据消费者的意愿和偏好来安排生产。生产者只要生产出消费者所需要的产品，就不仅可增加消费者的福利，而且可使自己获得利润，否则他们的产品就没有销路。这显然是在买方市场的前提下产生的，在卖方占支配地位的供不应求的市场上，难有真正的消费者主权。

5. 社会市场营销观念

所谓社会市场营销观念，就是不仅要满足消费者的需要和欲望并由此获得企业的利润，而且要符合消费者自身和整个社会的长远利益，要正确处理消费者欲望、企业利润和社会整体利益之间的矛盾，统筹兼顾，求得三者之间的平衡与协调（见图1-2所示）。这显然有别于单纯的市场营销：一是不仅要迎合消费者已有的需要和欲望，而且还要发掘潜在需要，兼顾长远利益；二是要考虑社会的整体利益。因此，不能只顾满足消费者眼前的生理上的或心理上的某种需要，还必须考虑个人和社会的长远利益，兼顾社会公众利益，奉行"绿色营销"和"可持续发展"。如，是否有利于消费者身心健康；是否可防止环境污染和资源浪费；是否有利于社会的发展和进步；等等。例如，洗衣粉满足了人们对清洗衣服的需要，却污染了河流，不利于鱼类生长；汽油作为主要能源，使人们得以驱车驰骋，但汽油的大量使用污染了空气，有害于人们的健康。

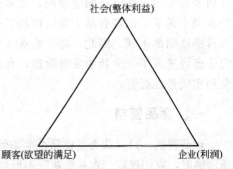

图1-2　社会市场营销观念

20世纪90年代以来，"绿色营销"即重视生态环境、减少或无污染、维护人类长远利益的营销，在许多国家方兴未艾，这也可看作是社会营销观念的一种新的更高的体现。

总而言之，以上5种观念作为社会意识形态，是随着社会生产力和市场经济的发展而发展的。现代营销观念形成于发达的资本主义社会，但它们并非资本主义所特有的范畴，而是对一切市场经济都具有普遍意义。

但是，在我国由于历史上遗留下来的传统轻商、抑商的自然经济思想的影响，以及建国后近30年统购包销体制的束缚，我国许多企业的管理者不懂得以市场为导向，不知何谓市场营销，习惯于按产、供、销的顺序来筹划和决策，而不善于按"销、供、产"的顺序考虑问题，缺乏按市场需要组织生产的市场经济意识。我国企业在计划经济时代是"产值第一"，不管市场，不计盈利，有时甚至还要批判"利润挂帅"。而改革开放后开始实行市场经济时，有些企业又往往走上另一极端——"利润第一"，其结果难免导致短期行为，损害企业形象和企业的市场地位。按照现代营销观念，应当是"市场第一"。占有市场，赢得顾客，是企业生存和发展的根基。只有如此，才能保证企业持久地成长壮大。

总之，市场营销观念的演变如下。

生产观念：以产量为核心
产品观念：以品质为核心
推销观念：以推销为核心
营销观念：以消费者需求的满足为核心
社会营销观念：满足社会公共利益

第二节　食品市场营销

在人类的衣食住行中，食是人类第一位的需求，而食品产业也是人类最重要的产业之一，食品产业的兴衰，从一个侧面反映了社会发展的曲线。20世纪80年代至今，是中国从计划经济走向市场经济的过渡期，很多企业进入市场经济体制中，变得无所适从，不知该如何去做市场了。纵观食品企业的市场营销，着实不令人乐观，有些企业连最起码的市场准则和营销法则都不懂。因此，对于农业和食品产业来说，市场营销仍然是一个新的概念。我国农业已经进入了一个新的发展阶段，食品工业步入了快速发展时期，开展食品市场营销的研究和实践势在必行。

一、食品营销

食品营销，可以认为是食品企业如何开拓市场，如何策划经营战略的一项活动。在研究市场营销时，我们规定"农业企业"不但包括所有从事食品生产、加工、流通的企业，还包括农场、农业生产大户、生产者组织和产地政府，他们都是农产品和食品市场营销的主体。与农业企业相比较，食品工业企业更加规范化，具有典型的企业特征。所以，在以后的各章讨论中，涉及的食品企业主要是指食品工业企业，这样就会对市场营销理论的理解更容易些。

从产品的角度来说，食品市场营销是指从初级生产者到最终消费者的转移过程中，与投入品和消费品有关的所有交换和服务活动，强调营销的核心是交换。从企业的角度来说，食品市场营销是所有出售企业新产品的必要活动。例如，一个糕点企业的产品市场营销工作就需要处理产品设计、包装、品牌的选择、销售以及制定促销策略、定价策略和选择分销渠道等许多问题。实际上，企业通过销售产品的同时，也在销售自己。近几年，环境污染加剧，有限自然资源的消费等问题日益引起社会公众的关心，市场营销也开始重视社会的可持续发展。从社会角度讲，食品市场营销是确认并满足消费者和社会需要的一种社会经济活动过程。

二、食品营销学的研究内容

过去，对食品的生产、流通和消费的研究，多数是作为一个宏观的社会问题，从流通经济学的角度去研究如何保障供给，很少从食品企业的角度分析和研究市场营销问题。现在，树立市场营销观念，用市场营销理论指导企业经营实践，在市场竞争中求得生存和发展，已成为广大食品生产者和企业的共识。

食品营销学的研究内容可以概括为以下几个方面。

1. **市场营销观念**

贯穿于食品营销学全部内容的核心思想和理论基础，是以消费者为对象，以满足他们的需求为中心的市场营销观念。

2. 市场营销调研

是食品企业确定经营目标，制定生产计划和营销策略之前认识和了解市场的重要手段。它包括市场调查和预测两方面的内容，以及调查和预测的步骤和方法等。

3. 市场环境分析

主要分析各种环境因素对食品企业市场营销的影响。

4. 市场分析

它包括食品市场分类，食品零售市场和组织市场的特征分析，影响市场需求的各种因素的分析和购买行为的分析。

5. 市场细分与选择目标市场

主要包括市场细分的意义和细分的依据，选择目标市场和市场定位的方法和策略。

6. 市场营销组合

它包括产品、分销、促销和价格，是企业可控制的四个经营手段，简称为"4P"策略。也是食品营销学的核心内容。

7. 食品市场营销组织、实施与控制

它涉及食品企业为确保营销目标的实现，将食品营销战略和计划转化为具体的营销活动的过程

三、我国食品市场发展的趋势

"民以食为天"，饮食是人类生存的基本需求。我国人口众多，随着国民收入的增加，居民消费能力不断提升，食品市场的发展空间非常广阔。据统计，我国居民肉、禽、蛋、奶制品消费量大幅提高，餐桌上速冻食品、调理食品、休闲食品快速发展，各具特色的营养食品为人们提供了多样化的选择。随着人们生活水平和生活质量不断提高，人们更加重视食品质量和食品安全，对优质食品有着巨大需求，形成了庞大的市场。

"十二五"期间，我国食品市场每年仍将呈两位数的高增长，食品消费结构变化加快，食品制成品的需求迅速上升，食品消费已经由对量的追求转向对质的追求，向着质量、营养、方便、安全的目标转变。总体上看，我国食品市场未来一段时期趋势主要表现在以下3个方面。

① 产品向多样化发展，市场进一步细分。当前我国食品工业主要还是以农副产品原料的初加工为主，精深加工程度较低，食品制成品水平低。市场上缺乏符合营养平衡要求的早、中、晚餐方便食品，也缺乏满足特殊人群营养需求的食品。随着我国城市化的发展，城镇人口将首次超过农村人口。预计"十二五"期间，城镇人口将突破7亿，人口城镇化率超过50%，城乡人口格局将发生重大变化。城镇人口不断增长，居民对食品消费的数量、质量、品种和方便化有更多、更高的要求。食品市场必将更加细分化，以满足不同消费群体、不同消费层次的需要。各种方便主食品，肉类、鱼类、蔬菜等制成品和半成品，以及快餐配餐、谷物早餐、方便甜食以及休闲食品等和针对不同消费人群需求的个性化食品，在相当长的一段时间内将保持高速增长。

② 消费者更加重视食品营养。我国居民的膳食结构正处于从温饱到小康的转型期，对营养合理、符合健康要求的食品需求十分迫切。食品生产企业要注重开发营养搭配科学合理的新产品，开发营养强化食品和保健食品，既要为预防营养缺乏症服务，又要为防止因营养失衡造成的慢性非传染性疾病服务。现在公众最为关心的健康领域是控制体重、增强免疫、抗氧化及营养补充剂。预计未来10年功能食品市场将有着较大的发展空间。

③ 消费者对食品安全问题的关注程度越来越高。党中央、国务院对食品安全问题高度重视，近年来已经实施了一系列旨在确保食品安全和质量的行动计划，使得食品安全局势日渐趋好。尽管如此，当前食品安全局势依然十分严峻，食品安全事故仍然时有发生。第四次全国营养健康调查显示，我国人民营养健康状况正面临严峻考验，食源性疾病正在快速增长，人们对食品安全问题的关注程度越来越高。因此，为确保食品安全，企业应当加强自检，要对食品供应链进行全程监控，提高食品企业食品安全管理的整体水平。

第三节　研究食品市场营销学的意义和方法

随着我国市场不断发展，食品供应短缺问题已经不复存在，人们生活水平日益提高，基本解决了温饱问题，正在走向小康和富裕社会。人们消费水平的提高，对食品产业的发展提出了更高的要求。当前，食品企业面对众多的竞争对手和越来越挑剔的顾客，如何开拓市场，提供满足消费需求的产品，成为企业生存和发展的关键。学习食品营销学，培养高素质的食品营销专业人才，对于迅速提高食品企业的营销水平，增强市场竞争力具有十分重要的意义。加入WTO后，我国食品产业也面临着机遇和挑战，面对激烈的国际市场竞争，无论是我们的产品走向国际市场，还是在国内市场与外来产品竞争，企业都必须依靠营销理论制定经营战略，在竞争中克敌制胜，求得发展和壮大，以提高我国食品产业的整体水平。

在市场经济条件下，食品企业是个具有营利性的独立的经济实体，追求利润最大化是企业的经营目标。企业的赢利来自它为社会提供的商品或服务的销售收入，如果企业的产品或服务不符合消费者的需求，销售不出去，企业就会陷入困境，长期下去，企业就会破产。食品营销学要求食品企业要分析市场的环境，研究需求变化，提供的产品要满足消费者的需求和欲望。同时，要求企业在生产经营中，关注社会、环境和可持续发展，树立良好的企业形象，用营销理念规范市场行为，形成良好的竞争氛围。

一、学习食品营销学的重要意义

学习食品营销学的意义可以概括为以下几点。

① 学好食品营销学，有利于食品工业经营者做出正确的决策。

在复杂多变的市场环境中企业能否立于不败之地，企业领导者的决策是至关重要的。正确决策的前提是决策者能够全面掌握市场信息，并能够对市场的需求进行透彻的分析。要做到这一点除了实践经验，还需要有营销学理论的指导。

② 学好食品营销学，有利于食品企业制定和调整企业的经营计划。

企业只有在掌握市场需求的数量、结构、水平等的基础上，才能制定切实可行的生产和营销计划，并且，企业还要随着市场需求的变化不断对计划进行修正和调整。食品营销学的中心任务就是通过对生产营销活动规律的研究，指导企业分析和寻找满足市场的最佳方式和途径。

③ 学好食品营销学，有利于食品企业提高经营水平，增强企业竞争能力。

学习和掌握市场营销的各种策略和方法，应用于企业经营的实际，通过加强企业的营销管理，促进企业经营管理水平的提高。还可以根据市场需求变化的特点不断开发新产品，及时抢占市场并扩大市场份额，增强企业的竞争能力，从而获得良好的经济效益。

④ 学好食品营销学，有利于食品企业走向国际市场。

我国食品企业要走向国际市场，首先要了解国际市场环境，熟悉WTO规则和国际惯例。一些发达国家对食品进口设置了严格的卫生检验标准和质量认证制度，形成"绿色壁全"。目前，我国食品质量标准还很不完善，没有和国际接轨，食品的出口受到很大的限制，只能出口一些原料和粗加工产品，出口效益不高。研究国际市场，根据国际市场的需求和质量标准生产产品，并加强国际市场营销工作，我国食品企业才能走向国际市场。

二、食品市场营销学的研究方法

西方国家曾经用很多方法研究市场营销问题，其中主要的有以下几种。

1. 商品研究法

即研究特定的商品或产品大类的生产问题，以及如何分销到中间商和最终消费者的问题。主要产品大类可分为农产品、矿产品、制造品和劳务等。

2. 机构研究法

即研究市场营销系统中的各种机构的特性、变革和功能，包括生产者、批发商、零售商以及各种辅助机构。例如，研究百货商店的演变过程及发展前途等。

3. 功能研究法

即研究各种营销功能的特性及动态。例如，采购、销售、仓储、融资、促销等功能。它主要是研究不同的营销机构和不同的产品市场如何执行这些功能。

4. 管理研究法

亦称决策研究法，即从管理决策的角度来研究市场营销。这种方法强调，通过营销调研对组织和产品实行有效的市场定位，并且特别重视市场营销分析、计划、组织、实施和控制。它把卖方营销活动中有关的各种因素（变量）分为两大类：一是不可控因素，即营销者本身不可控制的环境因素，包括微观环境和宏观环境；一是可控因素，即营销者自己可以控制的产品、商标、价格、广告、渠道等。着重研究如何使可控因素与不可控因素相适应，以及各种可控因素之间的协调配合。现代营销学多用这种管理决策法进行研究。

5. 社会研究法

它主要研究各种营销活动和营销机构对社会的贡献及其所付出的成本，这种方法提出的课题有：市场效率、产品更新换代、广告真实性以及市场营销对生态系统的影响等。

现代营销学从20世纪70年代末传入中国大陆以来，我国学者们在研究和传播这一学科方面作了大量工作，为我国市场营销学的建立和成长奠定了良好基础。但是，一门新的学科在我国的发展毕竟需要一定条件，它只能是一个长期自然发育的过程，不可能一蹴而就，更不可忽视国外最新资料的引进和研究。同时，还应当注意发掘、整理和筛选我国历史上的经商经验，其中那些合乎科学的部分，对今天的商品生产和经营仍有一定的借鉴作用。此外，我国古代兵法中的某些战略战术思想，也可移植到现代市场竞争中运用。我们对自己民族的文化遗产应有充分的重视，不断地继承发扬。目前，国内外已经有一些企业家和学者正在进行这方面的研究，并取得了一定成果。

食品营销学是在市场营销学的基础上研究食品企业营销活动的一门学科，它的研究方法可以很好地借鉴和运用市场营销学的研究方法。

本 章 小 结

本章主要介绍了市场营销学的产生和发展，营销管理观念的演变，食品市场营销的主要内容，强调了研究食品市场营销的意义。在学习的过程中要重点学习食品营销的概念及内容。

思考与练习

一、判断正误并说明理由

1. 市场营销就是企业的市场活动。　　　　　　　　　　　　　　　　（　　）
2. 交换是市场营销活动的中心。　　　　　　　　　　　　　　　　　（　　）
3. 市场营销的最终目标是企业盈利。　　　　　　　　　　　　　　　（　　）
4. 产品观念会导致营销近视症。　　　　　　　　　　　　　　　　　（　　）
5. 营销管理的实质是需求管理。　　　　　　　　　　　　　　　　　（　　）
6. 无需求状态下营销管理的任务是开发性营销。　　　　　　　　　　（　　）
7. 不规则需求状态下营销管理的任务是同步性营销。　　　　　　　　（　　）
8. 推销导向强调的是销售，生产导向强调的是生产，两者有本质区别。（　　）
9. 二十世纪初，福特公司以"不管顾客需要什么，我只有黑色的"进行汽车的生产和销售，此时的福特公司奉行的是产品观念。　　　　　　　　　　　　　　（　　）
10. 许多企业采取绿色包装以降低白色污染，这些企业持有的是社会市场营销观念。
   　　　　　　　　　　　　　　　　　　　　　　　　　　　　　　　（　　）

二、简答与论述

1. 怎么理解市场营销的基本内涵？为什么说推销和广告不是市场营销活动中最重要的部分？
2. 简述市场营销观念的演变？
3. 如果你是一个公司经理，将会倡导什么样的营销理念，并用具体条目列举出来以便宣传贯彻。

三、案例分析

案例分析 1-1

麦当劳的经营理念

20世纪40年代，迪克·麦当劳和莫里斯·麦当劳兄弟在加利福尼亚州开设了他们的第一家餐馆，取名麦当劳。1955年，麦当劳兄弟将快餐厅的经营权卖给了54岁的纸杯和奶昔机推销商雷·克洛克。克洛克是一个天才的经营家，他提出了现代意义上的快餐连锁经营思想，在其后的几十年里，稳扎稳打，在世界上建立起了一个强大的汉堡王国。从20世纪80年代初开始，麦当劳就对中国市场发生了浓厚兴趣。他们认为，随着中国经济的发展和人们生活水平的提高，生活节奏的加快，以及对西方文化的认识，在中国推广西式快餐是可行的。1991年，中国第一家麦当劳快餐店成立。

在中国，人们对简单方便又具独特风味的汉堡和薯条由陌生到熟悉。那一个个金黄色的大M，不仅成为街头的亮丽风景，也成了很多人时时光顾的去处。据统计，1998年麦当劳的足迹就遍布中国28个城市，其连锁店达到210家，其中北京就有50家。

人们不禁要问，是什么东西在支撑麦当劳以滚雪球似的速度向前发展，征服了一个又一个饮食文化？汉堡和薯条真的有那么大的魔力吗？谁都知道，中国在世界上以美食著称，而外来的汉堡和薯条不仅在中国大地上站住了脚，而且为越来越多的大人、小孩所津津乐道。麦当劳成功的原因究竟是什么？

独特的经营理念

麦当劳有一套独特的经营理念，正是这套经营理念使麦当劳走向一个又一个辉煌。简单说，麦当劳的经营理念可以用四个字母来代表，即 Q、S、C、V。具体说，Q 代表质量、S 代表服务、C 代表清洁、V 代表价值。这一理念是麦当劳的创始人雷·克洛克在创业之初就提出来的。几十年来，麦当劳始终致力于贯彻这一理念，说服一个又一个的消费者来品尝他的汉堡。

质量　为保证食品的独特风味和新鲜感，麦当劳制定了一系列近乎苛刻的指标。所有原材料在进店之前都要接受多项质量检查。

服务　麦当劳提倡快捷、友善和周到的服务。麦当劳餐厅的侍应生谦恭有礼，餐厅的设备先进便捷，顾客等候的时间很短，外卖还备有各类消毒的食品包装，干净方便。餐厅布置典雅，适当摆放一些名画奇花，播放轻松的乐曲，顾客在用餐之余还能得到优美的视听享受。有些餐厅为方便儿童，专门配备了小孩桌椅，设立了"麦当劳叔叔儿童天地"，甚至考虑到了为小孩换尿布的问题。麦当劳餐厅备有职员名片，后面印有 Q、S、C 三项评分表，每项分为好、一般和差三类，顾客可以给其打分，餐厅定期对职员的表现给予评判。

清洁　走进麦当劳餐厅，你会感觉到那里的环境清新幽雅、干净整洁。麦当劳制定了严格的卫生标准，如员工上岗前必须用特制的杀菌洗手液搓洗 20 秒，然后冲净、烘干。麦当劳不仅重视餐厅和厨房的卫生，还注意餐厅周围和附属设施的整洁，连厕所都规定了卫生标准。麦当劳老板认为，如果一个顾客在用餐之后，走进的是一个肮脏不堪的洗手间，很难想象他下次还会再光顾这家餐厅。

价值　所谓价值，就是说要价格合理、物有所值。麦当劳的食品讲求味道、颜色、营养，价格与所提供的服务一致，让顾客吃了之后感到真正是物有所值。同时，麦当劳还尽力为顾客提供一个宜人的环境，让顾客进餐之余得到精神文化的享受，这是无形的价值。一位北京市民在接受媒体采访时说："与中式快餐比较，麦当劳确实贵了点，但我们全家人都愿意到这里来吃快餐，因为麦当劳的食品和服务是质价相符的，简单说就是一个字：值。"

科学的管理手段

克洛克认为，快餐连锁店要想获得成功，必须坚持统一标准，并持之以恒地贯彻落实。就在第一家麦当劳餐厅诞生后的第三年，克洛克就制定出了第 1 部麦当劳营运训练手册。该手册详细记载麦当劳的有关政策、餐厅各项工作的程序和方法。在总结经验和吸取最新管理成果的基础上，公司每年都要对该手册进行修改和完善。50 年来，营运训练手册已成为指导麦当劳运转的"圣经"。

麦当劳管理人员都有一本袖珍品质参考手册，上面载有诸如半成品接货温度、储藏温度、保鲜期、成品制作温度、制作时间、保存期等指标，还有关于机器设备方面的数据。有了这种手册，管理人员就可以随时随地进行检查和指导，发现问题及时纠正，保证产品质量能够达到规定标准。

严格的采购程序

麦当劳的口号是"只有一个风味"。不论你在世界的哪个地方，只要走进麦当劳餐厅，汉堡或巨无霸的味道都是一样的，这也是麦当劳品牌的价值所在。

要想做到产品一个风味，前提条件必然是标准化，特别是原材料的标准化。麦当劳制定了严格的采购标准。麦当劳采购部负责对厂家的原材料进行质量监督和检查，发现不合格产品立即退回，并令其更正，如不能在限期内更正，则停止厂家的供应商资格。为保证供应渠道的顺畅，麦当劳提出与厂家建立"打开账本、共同成长"的关系，即双方对供应商的财务进行监督，共同控制产品成本，共同获利。事实上，很多麦当劳的供应商都是老客户，双方在长期的合作中建立了互信互利的合作关系。

有人问过麦当劳老板，麦当劳成功的秘诀是什么，老板坚定地回答：Completeness。这个词可以理解成"完整"、"全面"，但不如翻译成"完美"更加恰当，因为麦当劳所走过的路本身就是一个不断追求完美的过程。

坚持经营理念

中西快餐之争在中国已有多年，不管人们怎么说，麦当劳都无疑是成功者，这一点可由以下例子来说明。1998年，新生代市场监测机构组织了一次关于中西快餐比较的调查。该机构在北京访问了4007个家庭，结果显示，在过去的一年中，有70%的人吃过中式或西式快餐。在去过快餐店的人当中，98%的人选用过西餐，而选用过中餐的人只有35%。

调查结果还显示，在麦当劳的消费群中，有59.6%的人是忠实消费者（经常光顾该店），也就是我们平时所说的回头客。麦当劳经营理念的背后隐藏的思想是"顾客就是上帝"。据说，美国汉堡大学毕业的餐厅经理，除得到一张毕业文凭外，还有一个石刻的座右铭，上书："政策1：顾客永远是对的；政策2：如果顾客确实错了，请重读政策1。"麦当劳秉承了这一信条，把百分之百让顾客满意作为自己的服务宗旨。

麦当劳的可贵之处还在于，几十年如一日地坚持它的经营理念不动摇。麦当劳的创始人雷·克洛克曾经说过："走你的路，世上什么也代替不了坚韧不拔；才干代替不了，那些虽有才干但却一事无成者，我们见的最多；天资代替不了，天生聪颖而一无所获者几乎成了笑谈；教育也代替不了，受过教育的流浪汉在这个世界上比比皆是。所以唯有坚韧不拔，坚定信心，才能无往而不胜。"

资料来源：追求完美——麦当劳的经营艺术。种子世界，2011，10：23-25

问题：

1. 你认为麦当劳的市场营销观念的核心思想是什么？
2. 麦当劳在保持和吸引顾客方面有何独特之处？
3. 对你所在的城市的某个麦当劳连锁店进行一次调研，结合实际，具体分析其QSCV（质量、服务、清洁、价值）的经营理念。

第二章
食品与食品工业

★ 学习目标与要求

学完本章后，你将能够：
1. 了解食品与食品工业的概念
2. 了解食品的作用与分类
3. 了解食品安全与卫生的重要性

★ 基本概念

食品　食品工业　食品安全

"民以食为天"，食品行业与人们的日常生活息息相关，是消费品工业中为国家提供积累最多、吸纳城乡劳动就业人员最多、与农业依存度最大、与其他行业关联度最强的一个工业门类，它的发展备受人们的瞩目，在经济建设中起着非常重要的作用。

食品是人类赖以生存的物质基础，所以食品的质量十分重要，根据我国《食品卫生法》第六条的规定："食品应当无毒、无害，符合应当有的营养要求，具有相应的色、香、味等感官性状。"同时，食品应有营养，能促进健康。

尽管我国的食品工业经过几十年的发展已取得突出成绩，但是仍然存在不少问题，目前存在的最为严重的问题是食品安全问题。重大食品（物）中毒事件频频发生，假冒伪劣食品屡打不止、屡禁不止。这些食品安全问题不仅严重损害了我国消费者的身体健康，而且还严重影响了广大消费者的食品消费心理，引起了相当程度对食品安全的不信任。

我们必须认真对待食品安全带来的挑战，切实研究食品安全问题，认真分析其原因，采取积极的、行之有效的对策，构筑符合我国国情的食品安全体系，逐步消除食品的不安全因素，为广大消费者提供安全、卫生、营养、方便和种类齐全的食品，逐步满足消费者丰富多彩的需求。

第一节　食品概述

食品是人类生存不可缺少的物质条件之一，是维持人类生命和身体健康不可缺少的能量和营养源，是人类最基本的生活资料。

一、食品的概念

食品是人类食用的物品，包括天然食品和加工食品。天然食品是指在大自然中生长的、未经加工制作、可供人类食用的物品，如水果、蔬菜、谷物等；加工食品是指经过一定的工艺进行加工后生产出来的以供人们食用或者饮用为目的的制成品，如大米、小麦粉、果汁饮料等,但不包括以治疗为目的的药品。

食品质量安全市场准入制度中所涉及到的食品是指加工食品,属于工业品范畴,即以农产品、畜产品、水产品等为原料,经过加工、制作并用于销售的制成品。

《食品工业基本术语》对食品的定义:可供人类食用或饮用的物质,包括加工食品、半成品和未加工食品,不包括烟草或只作药品用的物质。

《食品卫生法》对食品的法律定义:各种供人食用或者饮用的成品和原料以及按照传统既是食品又是药品的物品,但是不包括以治疗为目的的物品。

从食品卫生立法和管理的角度,广义的食品概念还涉及到:所生产食品的原料,食品原料种植、养殖过程接触的物质和环境,食品的添加物质,所有直接或间接接触食品的包装材料、设施以及影响食品原有品质的环境。

在进出口食品检验检疫管理工作中,通常还把"其他与食品有关的物品"列入食品的管理范畴。

二、食品的作用及要求

一般来说,食品的作用主要有以下几个方面。
① 为人体提供必需的营养素,满足人体的营养需要。
② 满足人们的不同嗜好和要求,如色、香、味、形态、质地等。
③ 对人体产生不同的生理反应,如兴奋、镇静和过敏等。

食品的基本要求:食品的安全卫生和必要的营养。其中食品的安全卫生性是食品的最基本的要求。

三、食品的分类

我国的饮食文化发达,食品种类繁多,至今尚无统一、规范的分类方法,很难对其做出精确而概括全部的分类。市场上的食品有各种各样的名称,如豆制品、肉制品、奶制品、膨化食品、焙烤食品、冷冻食品、腌制食品、休闲食品、强化食品、功能食品、儿童食品、老年食品、方便食品、绿色食品、有机食品等。其实,这些食品名称出自于不同的食品分类方法。不同的分类方法有不同的分类标准或判别依据。归纳起来,至少有以下几种分类方法。

① 按原料分,有稻米及其制品,麦、面及其制品,淀粉及其制品,植物油脂及其制品,豆类制品,果蔬制品,糖及糖果,乳制品,肉制品,蛋制品,水产制品等。

一种原料往往可以用来制成多种产品,而一种产品又往往需要多种原料。因此,按原料的分类方法不能涵盖所有的食品,尚需其他分类方法。

② 按加工方法分,有天然食品(不需加工)、油炸食品、焙烤食品、膨化食品、烟熏食品、挤出食品、微波食品、微生物发酵食品等。

③ 按包装方法分,有罐头食品、袋装食品、散装食品等。

④ 按保藏方法分,有冷藏食品、冷冻食品、冷冻脱水食品、腌制食品、糖渍食品、脱水干制食品等。

⑤ 按方便性分,有方便食品和一般食品。

⑥ 按消费方式分,有休闲食品、主食食品、饮料食品等。

⑦ 按消费对象分,有婴幼儿食品、儿童食品、中小学生食品、老年食品、军用食品、旅游食品、一般食品等。

⑧ 按功能分,有功能食品或强化食品、一般食品等。

⑨ 按受污染程度分，有一般食品、绿色食品和生态食品。在绿色食品生产过程中，允许一定量的农药、化肥、激素、抗生素等的使用。在生态食品的生产过程中严禁使用这类物质。

不同的分类方法有不同的用处。如按原料的分类方法有利于行业的管理或生产的组织；按消费对象的分类方法有利于市场的组织等。

此外，还可将现代食品分为以下 20 种。

① 粮食及制品。指各种原粮、成品粮以及各种粮食加工制品，包括方便面等。

② 食用油。指植物和动物性食用油料，如花生油、大豆油、动物油等。

③ 肉及其制品。指动物性生、熟食品及其制品，如生、熟畜肉和禽肉等。

④ 消毒鲜乳。指乳品厂（站）生产的经杀菌消毒的瓶装或软包装消毒奶，以及零售的牛奶、羊奶、马奶等。

⑤ 乳制品。指乳粉、酸奶及其他属于乳制品类的食品。

⑥ 水产类。指供食用的鱼类、甲壳类、贝类等鲜品及其加工制品。

⑦ 罐头。将加工处理后的食品装入金属罐、玻璃瓶或软质材料的容器内，经排气、密封、加热杀菌、冷却等工序达到商业无菌的食品。

⑧ 食糖。指各种原糖和成品糖，不包括糖果等制品。

⑨ 冷食。指固体冷冻的即食性食品，如冰棍、雪糕、冰激凌等。

⑩ 饮料。指液体和固体饮料，如碳酸饮料、汽水、果味水、酸梅汤、散装低糖饮料、矿泉饮料、麦乳精等。

⑪ 蒸馏酒、配制酒。指以含糖或淀粉类为原料，经糖化发酵蒸馏而制成的白酒（包括瓶装和散装白酒）和以发酵酒或蒸馏酒作酒基，经添加可食用的辅料配制而成的酒，如果酒、白兰地、香槟、汽酒等。

⑫ 发酵酒。指以食糖或淀粉类原料经糖化发酵后未经蒸馏而制得的酒类，如葡萄酒、啤酒。

⑬ 调味品。指酱油、酱、食醋、味精、食盐及其他复合调味料等。

⑭ 豆制品。指以各种豆类为原料，经发酵或未发酵制成的食品，如豆腐、豆粉、素鸡、腐竹等。

⑮ 糕点。指以粮食、糖、食油、蛋、奶油及各种辅料为原料，经烘烤、油炸或冷加工等方式制成的食品，包括饼干、面包、蛋糕等。

⑯ 糖果蜜饯。指以果蔬或糖类的原料经加工制成的糖果、蜜饯、果脯、凉果和果糕等食品。

⑰ 酱腌菜。指用盐、酱、糖等腌制的发酵或非发酵类蔬菜，如酱黄瓜等。

⑱ 保健食品。指依据《保健食品管理办法》，称之为保健食品的产品类别。

⑲ 新资源食品。指依据《新资源食品卫生管理办法》，称之为新资源食品的产品类别。

⑳ 其他食品。未列入上述范围的食品或新制订评价标准的食品类别。

第二节 食品工业

根据 2011 年修订的 GB 4754《国民经济行业分类》标准，中国食品工业包含农副食品加工业、食品制造业、酒和饮料、精制茶制造业、烟草制造业等四大类、22 个中类、57 个小类，共计 2 万多种食品。农副食品加工业主要包括粮油加工、畜禽蛋加工、水产品加工、果蔬加工及豆制品加工等；食品制造业主要包括焙烤食品、面制品、罐头、糖果、调味品、乳制品及食品添加剂等；饮料制造业主要包括酒精饮料、软饮料、固体饮料及精制茶加工等。

一、食品工业概述

食品工业是运用机械设备和科学方法对食品进行初加工、深加工以供人们食用，满足人们生活水平不断提高的要求的工业。

食品工业是人类的生命工业，也是永恒不衰的工业，是全球经济中的重要产业。食品工业现代化和饮食水平是反映人民生活质量高低及国家文明程度的重要标志。食品工业是我国国民经济的重要支柱产业，关系到国计民生，关系到全面建设小康社会和社会主义新农村建设的大局，也是关系到与其相关联的农业、工业、流通等领域的大产业。

食品工业在世界经济中一直占着举足轻重的地位，在法国，食品工业的总产值超过了汽车工业，居国民经济之首。我国食品工业自改革开放以来，历经坎坷，在激烈的市场竞争中求生存，并且有了很大的发展。

1. 发达国家的食品工业

发达国家的食品原料加工率一般都在70%以上，有的高达92%，而我国和其他发展中国家仅为20%~30%。由此可见，我国和其他发展中国家的人民基本是以吃"原料"为主，而发达国家的人民是以吃"成品"为主，发达国家把这么多原料加工成即食方便、品种齐全、质量优良和数量充足的食品，是靠科技优势，是靠先进的加工工艺和优良的机械设备武装的强大的食品工业。

发达国家有很高的食品工业产值，食品工业产值在工业总产值中所占的比例也很高，一般在10%以上，最高的接近18%。食品工业是发达国家的主要工业支柱产业之一。这些发达国家食品工业产值与农业总产值之比很高，一般是（1.6~2.4）:1，这说明他们把农业产值增加了0.6~1.4倍。

在发达国家，为食品工业提供装备的食品机械行业已经发展成为一个完整的工业体系，成为机械工业的一个重要组成部分。食品机械产品品种齐全，多达3000多种。食品工业加工设备的机械化、自动化程度很高，产值相当可观，由于不断运用新原理、新技术、新工艺、新材料，促进了食品机械工业的发展，产品质量可靠、稳定、标准化、通用化、系列化程度都较高。发达国家生产的食品机械，一般具有动力、燃料及水消耗少的优点，如生产1吨奶粉耗煤、耗电及耗水分别为0.8t、（400~800）kW·h、1.5t，燃料及动力消耗的费用为乳品整个加工费用的7.5%。发达国家生产的食品机械原料利用率高、得率高。例如，美国生产的淀粉糖制造设备用于淀粉糖生产，能做到无废渣、废水或废气排出，即无环境污染。发达国家的食品机械工业全员劳动生产率高，食品机械出口比例都比较大。例如，法国食品机械的进出口额各为其国内产值的一半左右，日本出口额占其生产总值的50%，进口额占出口额的72%。

国外大大地发展了饮料、啤酒、罐头、淀粉及其制品、调味品、饼干、方便面、食糖、糖果和糕点等工业化食品的生产。工业化食品生产设备的专业化、连续化、机械化、自动化程度都很高，生产能力都很大。机、电、光、液、气相结合，用计算机自动控制、自动检测、自动调整，高质量、高效、高速自动化生产线得到了迅速发展，显著地提高了劳动生产率，改善了劳动条件，降低了加工成本，提高了产品质量，从而增强了产品的竞争能力。

为了尽可能多地保留食品中的营养成分，避免受高温破坏和氧化变质，在食品工业中应尽可能采用低温、低压。因此，低压加工技术得到了广泛的应用，例如真空输送、真空过滤、真空脱气、真空冷却、真空蒸发、真空结晶、真空造粒、真空浓缩、真空成型、真空包装等，此外，冷冻浓缩、冷冻干燥等方面的技术和设备也被广泛采用。

生物技术与食品机械结合，使食品机械发展前景更广阔。细胞和酶的固化技术、酶的载体开发利用技术，以及发酵工程的发展等，必将使食品机械的服务面加大，可能产生出新一代的食品机械和设备，食品机械继续向节能、节水、省汽、高得率、无污染或少污染的方向发展。为了节省能源，发达国家少用单效蒸发器，而用多效升降膜蒸发器、多效板式蒸发器、多效刮板蒸发器、多效膨胀流动式蒸发器、离心加热蒸发器、多效闪急蒸发器等。另外，蒸汽机再压缩、蒸汽热泵循环再压缩法大大地提高了热能的经济性。真空低温蒸发浓缩具有较大的经济性。进入80年代后，生物技术、膜技术、挤压技术、微波技术、辐照技术在食品加工与贮藏方面的利用取得了很大的进展，大大地降低了原材料的消耗及能耗，增加了产品品种，提高了产品质量。

在国外，膨化食品的花色品种日益增多，风味向多元化、美味化方向发展，膨化食品及其加工已成世界食品的一个潮流，因此出现了各种用途、各种规格型号的膨化机，并继续为研制更新型的膨化设备投入更大的技术力量。

食品机械与包装机械组合在一条生产线上，采用相应的包装材料，不但保证了食品的内在卫生和质量，延长了保质期，而且使食品包装的外观更加美丽诱人，提高了食品的竞争性和经济效益。

2. 我国食品工业

食品是人类赖以生存和发展的最基本的物质条件。食品工业是我国国民经济的重要支柱产业，对推动农业发展、增加农民收入、改变农村面貌、推动国民经济持续、稳定、健康发展具有重要意义。食品工业已成为第一大产业。

自改革开放以来，我国食品工业历经坎坷，在激烈的市场竞争中求生存，并且有了很大的发展，成为工业发展中发展最快的行业之一。

据统计，2010年全国食品工业完成现价工业总产值6.31万亿元，比2005年增长208.1%，年均增长25.2%；食品工业上缴税金5315.75亿元，比2005年增长145.9%，年均增长19.7%；食品工业实现利润3885.09亿元，比2005年增长215.1%，年均增长25.8%；食品工业销售利润率6.44%，比2005年提高0.26个百分点，工业效益有效提高。

按原统计口径，2010年全国食品工业规模以上企业达到41867家，比2005年增加17828家，增长74.2%，年均增长11.7%；全国食品工业从业人员654万人，比2005年增加190万人，增长40.9%，年均增长7.1%。食品工业已成为解决就业改善民生的一支重要力量。

近年来，食品工业产品结构调整取得进展，市场需求趋旺。各类食品在质量、品种、档次、功能以及包装等方面基本满足了不同消费层次的需求。新兴的方便食品、休闲食品、保健食品、绿色食品等市场份额继续扩大，主副食品、调理食品、速冻食品、熟食制品、调味品、豆制品等花色品种和市场需求迅速提升。

食品工业企业不断发展壮大，生产集中度快速提升。根据统计，2005年超过百亿元的食品工业企业有12家，截止2010年11月底，全国达到和超过这一规模的食品工业企业有27家，其中中粮集团、华润集团等企业规模超过千亿元。

2010年全国啤酒产量4483.04万吨，连续维持全球最大的产量规模。谷物、花生、茶叶、水果、食用植物油、鲜冷藏冻肉、饼干、果汁及果汁饮料、方便面、味精等产品产量已位居世界第一或世界前列，实现了粮食和食品自给自足、供需基本平衡的良好局面，充分保证满足居民物质生活的基本需要。

二、我国食品工业发展趋向与前景

1. 居民消费与市场需求

食品消费，既是人类生存的第一生理需要，又是一种经济行为。当今世界，如何保证所有社会成员及时、充分地获得营养丰富、安全卫生的食品，直接关系到居民的健康水平和生活质量，关系到社会经济的稳定和健康发展。所以食品生产与保障状况是衡量一个国家经济与社会发展水平的主要标志之一。在我国全面建设小康社会的过程中，居民食品消费与市场需求将出现以下五大变化。

一是随着生活水平的提高，城乡居民消费将由生存需要逐步扩展到享受需要、发展需要，从而由过去单纯满足"饱腹"来"养活"自己的观念转向营养、保健与美食的享受。

二是随着居民收入的增长，恩格尔系数逐步下降。恩格尔系数，是食品支出总额占消费支出总额的比重，可以衡量居民的实际生活水平。2002年我国城镇和农村居民家庭恩格尔系数分别为37%和47%，2005年分别为36.7%和45.5%，2010年分别为35.7%和41.1%，呈逐步下降趋势。预计到2015~2020年城、乡居民的这一系数将分别降至30%和35%以下。食品消费将由单纯追求数量转向追求质量，特别是对工业制成品、半成品的需求将大幅度增长，从而为食品工业提供更广阔的市场。目前我国加工食品占居民饮食消费的比重大约为25%左右，如增至50%，将有可能使全国食品总产值在目前万亿元的基础上翻一番以上，达2万多亿元的规模。

三是随着生活方式的变化与生活节奏的加快，居民特别是妇女用于家中做饭的时间日益缩短，在外就餐的消费支出不断提高，从而有力推动餐饮业的发展与加工食品市场的拓展。2002年，全国餐饮业销售收入为5092亿元，2006年，中国餐饮消费全年零售额首次突破万亿元大关，达到10345.5亿元，同比增长16.4%，比上年净增1458亿元，连续16年实现两位数高速增长。自2010年1月起，统计局调整了统计口径，将住宿和餐饮业零售额调整为餐饮收入。据统计，2010年全国餐饮收入达17648亿元，同比增长18.1%，占社会消费品零售总额的11.24%。数据表明，我国餐饮业保持着平稳快速增长的态势，餐饮消费与食品工业呈现出比翼齐飞的态势。

四是随着国际经济交流与贸易往来的扩大，加工食品的进出口额将继续增长，不仅提高了经济效益，而且为引进先进技术设备和管理经验、实现国际食品资源共享创造了有利条件。"十一五"期间，全国累计实现食品出口总额1750.4亿美元，比"十五"期间的950.5亿美元增长84.2%；食品进口总额2060.3亿美元，比"十五"期间的736.3亿美元增长179.8%。2010年，食品出口总额451.4亿美元，比2005年增长85.3%，年均增长13.1%；食品进口总额598.6亿美元，比2005年增长190.8%，年均增长23.8%。

五是随着素质教育和公众营养事业的开展，以中小学生为主体的专项营养干预计划已在国内外扩大实施。据不完全统计，实行学校供餐计划的国家约有47个，开展学生奶计划的国家共62个。以美国为例，从20世纪30年代起就实施学校供餐计划，至今包括午餐、早餐、牛奶等6项计划，每日供应中小学生人数达3500万人以上。再如日本，从1947年起坚持全面推行学生午餐，共有1250万中小学生受益。这种做法，不仅显著改善了学生的营养与健康，提高了人才素质，而且有力拉动了内需，促进了食品工业与农业的发展。近年来，我国许多地方先后推广了学生营养餐、学生奶与豆奶等计划，取得良好效果，受到师生、家长与社会的关注与欢迎。这些来之不易的进展应当巩固提高，加强规范管理，确保安全优质，既要严防中毒事件发生，也不可因噎废食。

根据以上所述，不论过去、现在和未来，食品工业不仅是关系到国计民生的基础产业、朝阳产业，而且已成为国民经济中的一大支柱产业，在实现全面小康目标、带动经济与社会发展中将发挥更大的作用，并拥有巨大的市场潜力。

2. 结构调整与产业升级

近年来，我国食品工业保持稳定快速增长的势头，但另一方面，我们要清醒地看到目前面临的挑战和问题，并抓住机遇，采取应对措施。

首先，食品工业的生产力不强。我国同发达国家相比，存在相当大的差距。对此，国家要把食品工业作为一大基础产业，在政策上给予扶持，并抓好产业布局与长远规划等宏观管理，力争再用30~40年的时间建成较为发达的现代食品工业体系。当前，我们要在已有成就基础上，以市场为导向，以大型龙头企业为依托，合理配置资源，进行组织创新与技术创新，大幅度提高生产水平，把企业做大做强。与此同时，还要推行我国传统食品的工业化，应用先进技术装备，加强对中小企业的技术改造，使之更好地满足城乡居民的多样化需求。以大豆食品为例，随着科研与开发的深入，新兴大豆食品和功能食品不断涌现，大豆异黄酮、脂质体等一批高科技含量、高附加值、高效益的新产品已成为一个新的增长点，促进了大豆食品新领域的开拓。

其次，产业结构不够合理。当今世界，现代食品工业的一个主要方向是食品制造业迅速发展，应用高新技术，将多种配料和营养素按照一定配方在工厂中制造出符合市场需求的多样化、个性化的特色产品。我们要在发展食品加工业的同时，不断提高食品制造业的比重，以优化产业结构。按照改善居民营养、吃出健康的要求，考虑到全国烟民特别是青少年吸烟人数迅速增长的状况，今后烟草加工业应不再列入食品工业统计范畴，同时对食品工业的分类加以充实与完善，以利于行业规范管理。

第三，加工食品不能适应市场需求。总的看来，目前加工食品虽有较大发展，但其品种、质量、安全性及加工深度等方面远不能适应居民日益增长的消费需求，特别是大宗食品加工相对滞后。发达国家通过工业化生产的主食品大多占70%以上，而我国米、面大多为粗加工，用于加工成工业食品的粮食比重只占总产量的大约8%。在肉类方面，发达国家的加工产品一般占肉类初级产品总产量的30%~40%，而我国仅占3%左右。由于蔬菜、水果贮藏保鲜与加工落后，以致每年造成20%~30%以上的腐坏，使数以千万吨计的产品损失。对此，应当把亿万家庭一日三餐的主要食品加工作为今后食品工业的"重中之重"，这不仅关系到广大群众的日常生活，而且还拥有庞大的消费群体和广阔的市场。近年来各种方便食品、奶制品等之所以迅速增长，其原因就在这里。在粮食加工方面，既要发展我国传统食品的工业化生产，提供更多的适销对路的产品，又要汲取西餐的长处，为我所用，走中西结合之路。

3. 食品工业与农业同步协调发展

农业与食品工业是唇齿相依、紧密结合、互相促进的两大关联产业，二者之间存在着不可分割的天然联系，随着经济的成长，走向有机结合与融合的趋势日益加强。从产业链的角度看，位于上游的农业，按照加工食品的需求，向位于中游的食品工业提供用于加工制造的原料，通过现代化工厂，生产出工业制成品、半成品，再经过下游的食品批发零售业和餐饮业，供应给广大的消费者。从这一流程看，上游的农业是提供食品原料的产业，即食料产业或基础原料产业。位于中游的食品工业不是农业的简单延伸和扩展，而是通过工业加工使产品性能、形态和经济价值产生质的变化和升华，从而形成中间小、两头大的"空竹"型现代食物体系，这种体系以现代食品工业为轴心，运转越快，则带动位于两端的食料产业和食品市场的作用越大，符合现代食品工业发展的方向，有利于加强食品工业的地位与作用。因此，农业与食品工业必须同步协调发展，国内外的实践充分证明了这一点。这里列举几个事例来说明今后发展趋向。

其一，建立加工用的专用农产品基地，是农业与食品工业协调发展的重要关键和必然趋势。美国的水果、蔬菜分为鲜食和加工两大类，并分别建立专业化的原料基地，如加利福尼亚的苹果、番茄和佛罗里达州的柑橘基地等，从而促进水果、蔬菜加工业的发展和加工产品市场的拓展。我国农业部制定的《优势农产品区域布局规划（2003～2007年）》已把加工专用的农产品列入其中。这是推动农业与食品工业协调发展的一个重要举措和进展。

其二，采取"企业＋农户"的模式，实行城乡互利、工农协调发展。"企业＋农户"是指企业或公司，与一定区域范围内的农户以契约形式缔结成产、加、销一体化的经济实体，具有利益共享，风险共担的特点。如内蒙古蒙牛乳业集团建立了联结亿万消费者，千万投资者，百万农牧民，几十万劳动大军的庞大产业链，从1999年成立到2010年，蒙牛累计纳税金额达近70亿元，被誉为中国西部最大的"造饭碗企业"。蒙牛12年间迅速壮大的历程，也带动内蒙古区域经济水平迅猛提升，为当地数百万奶农打造了一条脱贫致富的小康之路，为解决"三农"问题找到了一条有效途径。

其三，把食品工业发展与地域经济振兴相结合。山东省在农业发展的基础上，充分发挥龙头食品企业的带动作用，有力促进了蔬菜、粮食、肉类、油脂、水产品加工业的发展，不仅形成了以200多家超亿元龙头企业为骨干的食品工业体系，而且同全省58%的农民建立了经济联系，成为农民增加收入的一大支柱。山东省正在由农业大省转变为食品大省的实践，充分说明实现农业现代化，振兴地域经济，也必须大力发展食品工业。

4. 食品工业与营养改善

食品是提供人体所需营养素的载体，而营养素是人类赖以维持生命活动的物质基础。因此，营养功能是食品的基本功能之一，食品工业的发展必须以现代营养科学作指导。正如一位国际食品权威人士所描述的那样：食品与营养如同一个硬币的两面，成为不可分割的组成部分。

在实践全面小康过程中，人们的保健意识日益增强，"饮食讲营养、吃饭保健康"已引起越来越多居民的关注。在这种形势下，食品工业要把握以下几个发展方向。

一是以满足人们的营养需求为宗旨，进行加工原料的选择和食品的工业生产，合理组配宏量与微量元素，使产品具有更好的营养价值和更强的竞争力。要根据不同年龄、不同职业、不同性别人群的营养需要，研制具有不同营养作用的食品，以适应食品多样化、专一化和个体化的发展要求。为此，要把营养成分作为食品标准的一项内容，并在标签上标明主要营养素含量，以维护消费者的知情权，增强企业的信誉度，规范市场管理。对于保健食品、特殊人群专用食品，这一内容更加重要。

二是进一步发展营养强化食品。众所周知，任何一种食品都不可能提供人体所必需的全部营养素。为了达到膳食平衡、营养全面，在提倡食物多样、合理搭配的同时，要对食品进行强化。早在20世纪40年代，美国就先后对面粉、玉米粉、糊状食品进行了强化，50年代又对面包、大米进行了强化。至今，约有25%的食品强化了铁，同样比例的奶制品强化了维生素A，即食早餐谷物食品几乎全部都进行了营养强化。近来，国家发展与改革委员会公众营养与发展中心倡导面粉、酱油等食品强化铁，并开始供应市场。随着营养强化食品生产的发展和学生营养餐等行动计划的发展，以营养功能显著、保健作用较强为特点的营养产业必将发展壮大，成为现代食品工业的一大部类。

三是绿色食品、有机食品越来越受到消费者的青睐。这些食品虽起步晚，但发展快，目前正向标准化、系列化、规范化和产业化的方向发展。各类健康及具有预防、治疗疾病或有助于病后康复等调节身体功能的各种功能性食品，将得到较快发展并占据越来越大的市场份额。另外，方便快捷性食品日益走俏，为了适应人们工作、生活快节奏、高效率的迫切需要，在花样繁多的净菜、配菜、方便米饭及各种冷冻、微波、旅游食品等，越来越受到欢迎。目前，全世界方便食品的品种已超过了1.5万种，有向主流食品发展的趋势。冷冻食品向小包装、多品种、调理简单方便的家庭化方向发展。

5. 食品工业与科学技术

在技术方面，电子技术、生物技术、新材料等基础科学技术以及超高压处理、超临界提取、膜分离、分子蒸馏、超微粉碎、微胶囊、真空处理、冻结浓缩、品质评价、食品掺假鉴定、超高温瞬时杀菌等尖端技术在食品工业生产和产品研发中得到广泛应用。例如生物技术、智能技术等已贯穿于从原料加工到食品安全消费的各个环节中。这些高新技术的应用不仅可保证食品营养、安全、卫生、方便、快捷、风味多样和降低生产成本，而且可节约资源和保护环境等，与传统食品工业技术相比，具有巨大的优势。

因此，把握国际食品工业生产消费走向及技术发展的趋势，着力研究国际食品消费市场及发达国家的食品消费对我国的传导效应和示范作用，就能够及时地找准市场热点，取得良好的经济效益。

6. 食品工业面临市场转型

现有食品生产企业普遍规模小，生产集中度低，多数企业技术装备落后，消耗高，而且，品牌集中度低，安全意识有待提高，价格战以及其他无序竞争时常发生，无论是从市场竞争角度，还是从国家食品工业整体的长远发展考虑，许多中小企业必将被淘汰出局。因此，目前食品企业应加强企业的技术改革，在设备上加大投入，吸引先进的管理经验和销售理念，加强食品安全意识。国有食品企业应加快股份制改革，以加强竞争力。

大量的人口流动导致食品区域差别正逐渐缩小，一些能适应更多大众品味的食品迅速在更大范围流通，使得生产这些产品的企业获得了更广泛的市场空间。城市化建设的加快，使人们的膳食结构正发生变化，人们开始更加关注健康，一些传统食品正得到进一步开发和深加工，其中的健康营养物质正得到更加有效的利用，而人们对食品安全意识的提高，传统的食品工艺也正日臻完善。

在20世纪七八十年代，国外资金就进入了中国食品领域，近年来，大批外资蜂拥进入中国食品市场，我国加入WTO，更加推动了国际大型食品企业进入中国农产品深加工领域的步伐。在渡过了一段时间的"本土化"适应期后，这些海外企业已经日渐成熟，对国内食品企业造成的竞争压力日渐突现。目前，海外资金正大肆扩张，或投资建厂，兼并收购，或建立原料基地。国内其他如房地产等行业的企业也将关注的目光投向的食品产业，大批资金投向了如液态奶等市场。面对跨国公司咄咄逼人的竞争态势，以及国内其他行业企业的涌入，国内企业不断加快了企业改制的步伐。

此外，市场的激烈竞争，迫使许多食品企业将更多的目光转向了流通。目前，食品行业在由以单纯生产加工为主的"橄榄型"经济，转向以原料及物流为主的"哑铃型"经济的过渡中，全国有百万以上的人从事食品流通。许多跨国公司能在我国取得良好的市场效益，得益于他们早已形成了良好的物流体系和分销体系。

7. 食品工业与可持续发展战略

保护环境，节约能源，是人类社会实现可持续发展的重要举措。从这一战略考虑，今后食品工业发展方向应关注以下三个问题。

一是环境污染问题。有些食品工业部门和餐饮业在满足人们饮食需求的同时，其生产过程中的废水、废液、废气和残渣如不妥善处理，也会给周围环境和人体健康带来污染和危害，这是必须加以治理的。

二是能源消耗问题。各国经验表明，随着现代食品工业的发展，其能源消耗日益增大，特别是冷冻食品生产的扩大与冷链系统的建立以及电动设备的运用，都耗费大量能源。我国是一个人口大国，随着城市化水平的提高和农村经济的发展，用于食品的耗能量必将大增。

作为一个能源紧缺国家,我们应尽早关注这一问题,并探索食品工业节能的途径。

三是水耗问题。我国是一个严重缺水国家,目前全国水资源总量为28255亿平方米,人均只有2198立方米,远远低于世界人均水平,随着农业、工业与生活用水的增长,缺水已成为某些城市和地区的一大瓶颈。预计未来农业缺水将成为一大危机,而某些食品工业的耗水量也相当大,有可能制约今后的发展,从现在起就有必要采取相应的对策。

至于食品工业的废弃物(含包装)和餐饮业的残羹,其数量很大,既是废物,又是一大资源,应变废为宝,扩大综合利用,进行综合治理。

第三节　食品市场管理

一、概述

1. 食品行业的外部环境

① 食品行业已经与国际接轨。我国自改革开放以来,本行业产品已大量进入国际市场,尤其近几年来,外国企业来华投资猛增,看好中国市场,合资、独资企业发展迅速,并有逐步增强的势头。

② 市场竞争激烈。加入 WTO 后,国际化竞争日益激烈,国内市场大体可以分为三个级别:三资企业占领高档市场,国营企业居中档,乡镇企业、私营企业占领低档市场,各类产品均有其销售市场和消费群体。

③ 总体来说,我国的食品行业仍然处于生产力水平比较低下、核心技术薄弱、生产分散、规模过小、企业经营管理水平落后、国家投入少、行业管理分散的状况。

④ 食品行业整体上仍处在产品换代、技术更新、体制转轨的重要历史时期。

⑤ 食品行业面临工业化与信息化的双重挑战。

⑥ 信息技术日益辐射和渗透到食品工业领域的方方面面,成为食品工业增长的重要技术基础。

2. 食品行业的内部特点

① 市场竞争策略以品牌、价格等方式为主,市场营销成为企业管理的重要部分。

② 流程型生产模式,自动化程度较高,生产控制主要是通过各种仪器、仪表,生产现场管理简单。

③ 生产计划以市场预测为主,生产计划制定灵活度很高。

④ 市场需求变化快,受季节、节假日影响大,产品种类繁多,有多包装管理要求,销售渠道庞大,销售环节复杂,终端零售商对业务响应速度有着很高的要求。

⑤ 对质量管理、批次管理、有效期管理要求很高。

⑥ 库存周转快,食品行业对产品的周转要求很高,一笔销售订单可以触发整个采购、生产、订单履行、分销财务等整个供应链和库存的变化,需要企业对库存严格控制和对市场做出及时的反应,降低成本,提高存货周转率和市场占有率。

⑦ 分销网络密集。食品企业的销售网络对需求做到快速反应,运输和路线管理帮助企业优化资源配置,仓库和物流管理帮助企业降低存货水平。

⑧ 食品行业是一个完全自由竞争的行业,行业壁垒小,科技含量不高,行业进入容易,竞争激烈。

⑨ 行业生命力永恒,大部分食品属人们的生活必需品,消费者收入弹性小,企业受社

会经济波动影响小。

⑩小产品、大市场，食品单价较低，但消费量大。

二、食品安全与卫生

联合国世界卫生组织 WHO 在《加强国家级食品安全计划指南》中，将食品安全性解释为：对食品按其原定用途进行制作或食用时不会使消费者受害的一种担保。

这种担保具有两方面的含义：首先，指食品的生产和加工以及分发销售直至最终消费的全过程中，保证都没有超过限定剂量的有毒有害物质的介入；其次，指在整个过程中，如果存在对营养成分的损害破坏或引起各成分间比例有所变化的话，这些变化也保证处在可接受的幅度范围内。否则，就可能导致消费者在按照正常条件进食后，产生急性或慢性的危害，这种危害包括对摄入者本身及其后代。

食品卫生则指为确保食品安全性和适合性在食物链的所有阶段必须采取的一切条件和措施。

食品的安全性是以食品卫生为基础，食品安全性包括了卫生的基本含意。即"食品应当无毒、无害"，是正常人在正常食用情况下摄入可食状态下的食品，不会造成对人体的危害。

中国法律对食品安全卫生质量基本要求的规定为：食品应当无毒、无害，符合应当有的营养要求，具有相应的色、香、味等感官性状。

《食品工业基本术语》将"食品卫生（食品安全）"定义为：为防止食品在生产、收获、加工、运输、贮藏、销售等各个环节被有害物质（包括物理、化学、微生物等方面）污染，使食品有益于人体健康，所采取的各项措施。强调保证食品卫生的首要问题，并不是单纯解决吃得好不好，精细与粗陋的问题，而是解决吃得干净不干净，有害与无害，有毒与无毒的问题，也就是食品安全与卫生的问题。

食品安全直接关系到人类的生命健康，影响人类的生活质量，食品安全问题一直是受全世界广泛关注的重大问题。据世界卫生组织估计，全世界每年有数以亿计的人因食物和水污染而患病，其中因此而丧生的儿童达 300 万。调查表明，由致病微生物及其他病毒、有害因素引起的食物中毒和食源性疾病是危害最大的一类，并且食物中毒和食源性疾病的发生在全球范围内呈上升趋势，不仅在发展中国家，即使在经济发达国家也经常暴发流行。据统计，全球人口中每年约有 1/3 的人有食源性疾病的经历。近年来，疯牛病、口蹄疫、禽流感、二恶英等重大食品安全事件接连不断。由于食品生产、加工的工业化以及新原料、新技术、新成果的应用和推广、食品贸易的全球化，造成食品污染的因素日趋复杂，原有的问题还没有完全解决，新的问题又不断涌现。食品安全事件不仅对人体健康造成不同程度的影响，而且在经济上造成重大损失，对政治、社会发展也产生了重要影响。

国际组织以及各国政府都十分重视食品安全，对此采取了一系列控制措施。世界贸易组织（WTO）将《贸易技术壁垒协定》（TBT 协定）和《实施卫生与植物卫生措施协定》（SPS 协定）作为国际贸易的强制性措施。世界卫生组织（WHO）提出了以食品法典委员会（CAC）的标准、准则作为权威性依据，用以指导各国制定相关卫生标准，特别是对世界贸易组织的成员国，在发生贸易纠纷时以 CAC 标准为准绳及其他建议为准则，对食源性疾病造成的负担进行评估，对国家或国际水平的控制策略发展情况进行科学评价。联合国粮农组织（FAO）大会也多次讨论食品安全议题，并在其下一个十五年规划中将食品安全列为工作重点。许多国家也针对自身产生的问题对食品安全保障体系重新进行了审核，并及时作出了调整和加强。

我国也曾多次发生食品安全事件，如瘦肉精香肠，苏丹红鸡蛋，三聚氰胺奶粉，吊白块腐竹，塑料粉条，塑化剂奶茶等，无一不令人们闻风丧胆、触目惊心的。前在我国食品的微生物污染仍是食品安全最重要的影响因素，食品中的农药和兽药残留问题仍很突出，环境污染和食品加工技术的影响也有越来越严重的趋势。我国政府对此高度重视，2003年卫生部制定发布了《食品安全行动计划》，作为指导卫生部门食品安全工作的宏观政策。2003年4月16日，我国国家食品药品监督管理局正式挂牌，标志着我国食品安全工作迈入了综合监管与具体监管相结合的新阶段，也表明了我国政府与时俱进、切实抓好食品安全工作的决心。2004年9月1日，国务院发布了《国务院关于进一步加强食品安全工作的决定》，决定采取切实有效的措施，进一步加强食品安全工作。《中华人民共和国食品安全法》于2009年6月1日正式实施，《中华人民共和国食品安全法实施条例》于2009年7月20日正式实施，原《中华人民共和国食品卫生法》同时废止。《食品安全法》对食品的质量安全的监管更全面、更系统，也更加严格。为贯彻实施《食品安全法》，加大对违法使用非食用物质加工食品行为的打击力度，最高人民法院、最高人民检察院、公安部、司法部2010年9月15日正式对外公布了《关于依法严惩危害食品安全犯罪活动的通知》。《通知》要求依法严惩危害食品安全犯罪活动，切实保障广大人民群众生命健康安全，维护社会主义市场经济秩序，促进社会和谐稳定。

三、食品市场管理相关政策法规

食品安全，事关人们的生命安全。一连串的食品安全风波，引起了人们对食品安全问题的持续关注，也推动了食品安全事业的进步。近几年国家出台了一系列新的食品安全法规，目前已初步构建和形成了食品安全法规体系、监管体系、标准体系和监测体系；制订了《食品安全行动计划》；使国内标准与国际接轨，提高食品生产进入门槛；有关部门同时加大了监管力度，将检查结果及时通过媒体披露，让消费者享有知情权。

我国政府非常重视进出口食品安全法律法规的制定和实施工作，近几年已经形成了一套完整的进出口食品安全法规体系，食品质量安全总体水平得到了有效保障。

据悉，在稳步改进和完善进出口食品安全管理体制的同时，近几年我国不断加快和完善食品安全法规体系建设，形成了一套以《中华人民共和国食品安全法》、《中华人民共和国进出口商品检验法》、《中华人民共和国进出境动植物检疫法》、《中华人民共和国产品质量法》等为主题框架的完整的进出口食品安全法规体系，在此基础上，国家质检总局还制定发布了一系列规章、国家标准和行业标准，形成了完整的进出口食品检验检疫监管法规体系。

为符合进口国的食品法规要求，国家质检总局还组织编译及编写了欧盟、美国、加拿大、俄罗斯、韩国等主要进口国的食品安全卫生法规、标准等资料。加大了对进出口食品检验检疫队伍和机构建设，并不断提高检测技术水平。目前，国家质检总局设在全国各地的35个直属检验检疫局和328个分支局，建有163个食品检验检疫中心，承担着全国进出口食品检验检疫任务。国家质检总局还在检验检疫科学研究院专门设立了进出口食品安全研究所，专门从事进出口食品安全检测技术研究，以不断提高进出口食品安全控制水平。

目前，我国进出口食品安全管理的主要依据为《中华人民共和国食品安全法》、《中华人民共和国进出境动植物检疫法》和《中华人民共和国进出口商品检验法》等法律以及配套法规，现在正在执行的共有配套法规（包括实施细则、局令、公告等）100余件。质检总局已批准发布了与食品有关的国家标准991项，有关部门批准发布了与食品加工有关的行业标准1100多项。同时，质检总局还加快了食品质量安全、卫生标准的制订步伐。到目前为止，已批准发布食品卫生及其检验方法、食品质量及其检验方法、食品添加剂、食品包装、食品贮运、食品标签等方面的标准 986 项，其中约有 30% 采用了国际标准（CAC 等）。

针对加入世贸组织后我国法规、标准与国际标准接轨的新形势，质检总局正组织有关专家对现有的食品安全法津法规体系进行研究、评估、调整，将紧密结合 SPS、TBT 协议等原则要求，对已不适应的进行修改，对缺少的进行完善，力求进一步建立和完善我国出口食品安全管理的法律法规体系。

虽然食品安全问题存在着太多的不可知性，但从食品安全事件中可以看到，建立新的食品安全预警反应机制已经迫在眉睫。专家指出，一是要完善食品安全的评价标准；二是要提高国家整体执法队伍的素质。

我国相关食品卫生安全的法规如下。

① 中华人民共和国食品安全法。
② 中华人民共和国农产品质量安全法。
③ 食品生产加工企业质量安全监督管理办法。
④ 食品生产企业危害分析与关键控制点（HACCP）管理体系认证管理规定等。

食品的卫生质量和安全性问题是关系到人民健康和国计民生的重大问题，受到全社会的关注，我国作为世界贸易组织的成员国，与世界各国的贸易往来日益增加，食品质量和食品安全成为食品工业竞争的关键因素。按照党中央、国务院提出的以人为本、科学发展观以及构建社会主义和谐社会的要求，通过加强食品质量的监管，确保食品的质量安全，提高我国食品生产力的发展水平，改善我国食品的安全现状，对于保障消费者健康和提高我国食品的国内外市场竞争力具有重要的战略意义。

食品安全涉及多部门、多层面、多环节，是一个复杂的系统工程。我国目前的食品安全监管较发达国家而言，起步较缓、问题较多，造成我国食品安全问题屡禁不绝的重要原因还是在于我国食品安全缺乏完整的保障体系。在今后较长的一段时间里，我国应当把在整体上建立我国食品安全的保障体系作为食品安全工作重点和战略目标来实现。

本章小结

随着全球经济的发展和科学技术的进步，尽管新兴产业不断涌现，但食品业仍然是制造业中的第一产业，是永恒不衰的常青产业。随着经济的发展和社会整体福利水平的提高，人们对食品品质的要求越来越高，消费选择也从数量型向质量型转变，引领食品消费进入了一个新的发展阶段。

人们消费观念的改变与环境健康意识的普及，导致市场对农产品的健康化、无害化要求愈来愈高。在可持续发展的支配下，作为一种消费趋势，绿色农产品有着广阔的发展前景。

随着可持续农业的发展，生态农业、安全食品与回归自然的将是新的消费趋势，生态农业的发展将以绿色农产品为载体，绿色农产品生产必须以生态农业为技术保障，绿色产业将在农业可持续发展的认识和地位日益提高的基础上逐步发展壮大。

思考与练习

1. 食品行业的特点有哪些？
2. 什么是食品的安全性？我国对食品安全卫生质量的基本要求是什么？
3. 请结合实际谈谈我国食品工业的发展及前景。

第三章 营销环境分析

★ 学习目标与要求

1. 明确影响企业营销活动的宏观环境和微观因素
2. 分析、评价市场机会与环境威胁的基本方法,分析企业面对市场营销环境变化所应采取的对策
3. 分析和评价环境因素中蕴藏的营销机会和环境威胁
4. 选择适当的方法发现市场机会和威胁,正确制定相应的对策
5. 初步分析一个食品企业所面临的特定的内外部营销环境因素,并根据环境的变化制定相应的粗略的对策

★ 基本概念

营销环境 微观营销环境 宏观营销环境 供应商 营销中间商 社会公众 环境威胁 市场机会 竞争者 恩格尔系数 可支配收入 可随意支配收入 SWOT 分析法 环境威胁与机会分析法

每个企业的营销活动都在不断发展、变化的社会环境中进行的,它既受到企业内部条件的约束,又受到企业外部条件的制约。这两种来自企业内外部的约束力量,就是市场营销环境。市场营销环境是一个多变的、复杂的因素,企业营销活动成败的关键,就在于能否适应变化着的市场营销环境。实践证明,许多国际知名企业之所以能发展壮大,就是因为善于辨别环境,适应新的市场挑战和机会;而许多著名公司受挫、倒闭,也正是因为没有及时预测、分析并适应环境的变化。

第一节 营销环境概述

一、营销环境的概念

"环境"是指与某一特定作用体之间存在关系的所有外在因素及实体的总和。"环境"是与某一特定的事物相联系的。不同事物的环境,内容各不相同。营销环境是指影响企业市场营销活动及其目标实现的各种因素和力量。这些因素和力量影响营销管理者成功地保持和发展同其目标市场顾客交换的能力。不管企业的营销活动规划得多么完美,都不可能在真空中实施,都要受到市场环境的影响,企业必须随着环境的变化而不断地调整自身的组织、战略和方法等一切可以控制的因素,以达到与周围环境的平衡。因此,对环境的研究是企业营销活动最基本的课题。

二、营销环境的内容

企业市场营销环境的内容广泛而复杂,学术界对营销环境的层次持不同看法。有的专家将营销环境划分为五大类,也有的专家把它划分为四大类。根据营销环境和企业营销活动的密切程度,我们采用美国营销专家菲利普·科特勒的划分方法,把营销环境划分为微观营销环境和宏观营销环境。

1. 微观营销环境

微观营销环境是指直接影响和制约企业经营活动的环境因素,它包括企业内部环境、供应商、营销中介、顾客、竞争者和公众。这些因素与企业营销活动有着密不可分的联系,一般来说,企业很难予以变动、调整和支配。例如,企业无法改变、支配顾客的购买偏好和动机,也无法选择竞争者。微观环境的不可控性,要求企业必须对这些环境进行深入细致的调查分析,避免威胁,寻找机会,使企业立于不败之地。

2. 宏观营销环境

宏观营销环境是指同时影响与制约微观营销环境和企业营销活动的环境因素,它包括人口、经济、社会文化、政治法律、科学技术、自然环境等因素。微观营销环境对企业的营销活动的影响是直接的,而宏观营销环境对企业营销活动的影响和制约往往是间接的,它要通过微观营销环境来影响、约束企业的营销行为。例如,一个社会的经济环境会改变消费者的支出模式的消费结构,进而影响消费者对本企业产品的选择机会。宏观营销环境和微观营销环境一样,都是不可控的,前者不可控的程度要高于后者,企业只能顺应它们的条件和趋势。随着全球营销的发展,营销管理者必须更加注重对宏观营销环境的研究,避免风险,探寻有利的市场机会。

三、营销环境的特点

由多因素构成、并不断变化的市场营销环境,是企业营销活动的基础和条件。营销环境有以下三个特点。

1. 客观性和不可控性

客观性指营销环境的存在不以营销者的意志为转移。主观地臆断某些环境因素及其发展趋势,往往造成企业盲目决策,导致在市场竞争中的惨败。相对于企业内部管理机能,如企业对自身的人、财、物等资源的分配使用来说,营销环境是企业无法控制的外部影响力量,例如,无论是直接营销环境中的消费者需求特点,还是间接环境中的人口数量,都不可能由企业来决定。

2. 多样性和复杂性

营销环境的构成要素多,涉及范围广,各种环境要素之间相互影响,并且存在着矛盾关系。环境因素的相互关系,有的能够进行分析评价,有的却难以估计和预测,因而十分复杂。例如,随着城市人口的迅速增加,工作、生活节奏的加快,人们对快餐和方便食品的需求增加。但是研究证明,过多地依赖这些食品将对健康十分不利,在有关营养学专家和一些食品营养与健康组织的呼吁下,食品企业不得不研制开发既方便又健康的食品,并引导消费者选购。

3. 动态性和多变性

随着社会经济和技术的发展,营销环境始终处于一种稳定的状态之中,不断地发生着变化。尽管各种环境因素变化的速度和程度不同,如市场竞争状况可能瞬息万变,而社会文化环境一般变化较慢，但变化是绝对的。而且从整体上讲，营销环境的变化速度正在呈现加快趋势。因此，企业营销活动必须与营销环境保持动态的平衡。一旦环境发生变化，打破了平衡，企业营销就必须积极地反应和适应这种变化。

4. 差异性和相关性

不同企业受不同营销环境的影响，同样，一种环境的变化对不同企业的影响也不尽相同。正因为营销环境的差异，企业为适应不同的环境及其变化，必须采取各有特点和针对性的营销策略。同时，企业的营销活动不仅仅受单一环境因素的影响，而是多个环境共同制约。营销环境诸因素之间相互影响，相互制约，某一因素的变化，会影响其他环境因素的变化。企业所处的营销环境实际上是各种因素相互作用的结果。如某食品企业的产品开发，就要受制于食品卫生质量标准、技术标准、公共食品计划、消费者的偏好与饮食习惯、地理位置、竞争者产品等多种因素制约的，如果不综合考虑这些外在的力量，生产出来的产品进入市场也是不可能的。

案例与启示

"力波"啤酒：喜欢上海的理由

"力波"啤酒曾是上海最受欢迎的本土啤酒之一。1996年日本"三得利"啤酒登陆上海后，"力波"因为营销手段落后，口味不佳，在"三得利"的进攻中阵地屡屡失陷，还曾因攻击"三得利"水源质量，被"三得利"告上法庭，既输了官司，更丢了市场。

2001年开始，"力波"啤酒开始了自己的抗争历程，其中最重要的是"力波"创作了广告歌曲《喜欢上海的理由》，很快风靡上海，在广告歌的推动下，"力波"的销量迅速回升。

2002年6月亚洲太平洋酿酒公司接手"力波"，并成功推出超爽啤酒，改变产品瓶体。"力波"还利用韩日世界杯的机会，和众多饭店联盟，推广"看足球，喝'力波'"的营销活动。世界杯之后，"力波"继续和餐馆终端联盟，推出"好吃千百种，好喝有一种"的广告攻势，引导消费者改变消费行为。"力波"啤酒入选，是因为它对本土意识的巧妙利用，连续不断发动的创新推广方式，以及这些活动在改变消费者消费行为、提升销量、增加品牌美誉度等方面的良好效果。

资料来源：品牌与营销，2004年第二期，16页。

【案例思考】

从市场营销环境特征的角度，分析"力波"啤酒成功的原因。

【分析与提示】

"力波"的成功，体现了地方情节在啤酒、香烟等产品消费上的重要作用，尽管已有很多啤酒作为地方品牌存在，却极少有啤酒主动打上地方标签；"力波"的成功为啤酒、香烟等产品如何巧妙利用地方情节提供了最好的案例。"力波"和餐饮终端联合推进的策略，则反映了终端在营销战中的地位不断上升。

四、分析营销环境的意义

1. 环境分析是企业营销活动的出发点

营销环境是企业营销活动的约束条件。营销成功的关键，就在于能否适应不断变化的营销环境。成功的企业都十分重视营销环境分析；反之，忽视营销环境分析，企业必然会陷入困境。例如有些啤酒生产企业看到农村的啤酒市场增长迅速,立即把产品直接延伸到农村市场,将在城市的营销方法照搬到农村。结果由于没有经过调研分析,不清楚本地的饮用习惯、口味偏好及购买习惯,没有得到消费者的认同,失败而归。

2. 环境分析有助于企业发现市场机会,规避环境威胁

营销环境的变化既可能不断地给企业带来新的机会,也可能造成新的威胁。营销环境分析可以帮助企业识别机会、利用机会,在不稳定的环境中谋求企业的稳定发展;同时,可以帮助企业克服环境变化造成的不利影响,化解威胁,采取适当的营销策略迎接市场的挑战。

3. 环境分析有助于企业作出正确的营销决策

环境分析是营销决策的基础和前提。它可以帮助企业对营销环境作出客观的判断,对其自身条件进行正确的分析,明确自身的优势和弱点,使企业的内部条件、营销目标与营销环境实现动态的平衡。

案例与启示

日清成功挺进美国快食市场

我国方便面产品品牌众多,如何在众多产品中占得先机,引起了商家的普遍关注。下面就日清食品公司成功进入美国市场进行简要介绍,希望我们能从中得到启示。

日本日清食品公司在进入美国食品市场之前,曾不惜高薪聘请美国食品行业的市场调查权威机构,对方便面的市场前景和发展趋势进行了全面细致的调查和评估。可是,调查结果令日清食品公司非常失望——"由于美国人没有吃热汤面的饮食习惯;而是喜好'吃面条时干吃面,喝热汤时只喝汤',决不会把面条和热汤混在一起食用,由此可以断定,汤面合一的方便面,是很难进入美国食品市场的,更不会成为美国人一日三餐必不可少的快餐食品。"日清食品公司并没有就此退却,而是派出自己的专家考查组前往美国进行实地调研。经过千辛万苦的商场问卷和家庭访问,专家考查组最后得出了与美国食品行业的市场调查权威机构完全相反的调查评估结论——美国人的饮食习惯虽呈现出"汤面分食,决不混用"的特点,但是随着世界各地不同种族移民的大量增加,这种饮食习惯在悄悄地发生着变化。再者,美国人在饮食中越来越注重口感和营养,只要在口味上和营养上投其所好,方便面有可能迅速占领美国食品市场,成为美国人的饮食"新宠"。此调查结果更坚定了日清食品公司进入美国市场的决心和勇气。为此,日清食品公司确定了"四脚灵蛇舞翩跹"的营销策略,全力以赴地向美国食品市场大举挺进。"第一脚"——他们针对美国人热衷于减肥运动的生理需求和心理需求,巧妙地把自己生产的方便面定位于"最佳减肥食品",在声势浩大的公关广告宣传中,刻意渲染方便面"高蛋白,低热量,去脂肪,剔肥胖,价格廉,易食用"等种种食疗功效;针对美国人好面子、重仪表的特点,精心制作出"每天一包方便面,轻轻松松把肥减"、"瘦身最佳绿色天然食品,非方便面莫属"等具煽情色彩的广告语,挑起美国人的购买欲望,获得了"四两拨千斤"的营销奇效。"第二脚"——他们为了满足美国人以叉子用餐的习惯,果敢地将适合筷子夹食的长面条加工成短面条,为美国人提供饮食之便;并从美国人爱吃硬面条的饮食习惯出发,一改方便面适合东方人口味的柔软特性,精心加工出稍硬又有劲道的美式方便面,以便吃起来更有嚼头。"第三脚"——由于美国人"爱用杯

不爱用碗",于是日清公司别出心裁地把方便面命名为"杯面",并给它起了一个地地道道的美国式副名——"装在杯子里的热牛奶",期望"方便面"能像"牛奶"一样,成为美国人难以割舍的快餐食品;他们根据美国人"爱喝口味很重的浓汤"的独特口感,不仅在面条制作上精益求精,而且在汤味佐料上力调众口,使方便面成为"既能吃又能喝"的二合一方便食品。第四脚——他们从美国人食用方便面时总是"把汤喝光而将面条剩下"的偏好中,灵敏地捕捉到了方便面制作工艺求变求新的着力点,一改方便面"面多汤少"的传统制作工艺,研制生产了"汤多面少"的美式方便面,并将其副名更改为"远胜于汤",从而使"杯面"迅速成为美国消费者人见人爱的"快餐汤"。

挟此"四脚灵蛇舞翩跹"的营销策略,日清食品公司以"投其所好"为一切业务工作的出发点,不仅出奇制胜地突破了"众口难调"的产销瓶颈,而且轻而易举地打入了美国快餐食品市场,开出了一片新天地。

资料改编自:销售与市场,第十一期,胡羽。

第二节 微观营销环境分析

微观营销环境因素主要是指对企业营销活动过程和结果有直接影响的各种力量,这些要素与企业经营的供应链直接发生关联,主要包括:企业本身、供应商、营销中介和企业面对的顾客、竞争者、社会公众。如图3-1所示。

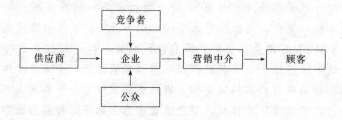

图 3-1 微观营销环境因素

一、企业内部环境

现代企业的动作是建立在企业内部各部门分工协作的基础上的,营销战略构想的实现、营销计划的实施没有其他部门的配合和支持是不可能进行的。

首先,要考虑最高管理层的意图。作为企业的领导核心,最高管理层负责制定企业的任务、目标、发展战略及其重大决策,而这些都直接影响到企业的市场营销活动。市场营销部门必须在企业发展战略的指导下制定、实施市场营销计划。

其次,市场营销部门要考虑其他业务部门(如生产部门、采购部门、研究开发部门、财务部门等)的情况,并与之密切协作,共同研究制定年度和长期计划。以新产品开发为例,市场营销部门提出开发新产品的计划后,需要得到各部门的支持和配合。研究开发部门负责新产品的设计和工艺,采购部门负责原材料供应,生产部门负责试制,财务部门负责核算成本等。所以开发计划能否实现,不仅取决于新产品的本身是否有市场,而且还取决于各部门的协作是否和谐。

二、供应商

供应商是向企业及其竞争对手供应生产特定的产品和劳务所需的各种资源的企业和个人，包括提供原材料、零配件、设备、能源、劳务和资金等。供应商对企业营销的影响是很大的，因此，有必要对供应商的情况作全面透彻的了解和分析。

供应商对食品企业营销活动的影响主要体现在以下几个方面。

（1）供货的及时性　现代市场经济中，市场需求千变万化且变化迅速，企业必须针对瞬息万变的市场及时调整计划，而这一调整又需要及时地提供相应的生产资料，否则，这一调整只是一句空话。企业为了在时间上和连续性上保证得到适当的货源，就应该和供应商保持良好的关系。

（2）供货的质量水平　任何企业生产的产品质量，除了严格的管理以外，与供应商供应的生产资料本身的质量好坏有密切的联系。食品企业的原材料主要为农产品，保证作为原材料的农产品的质量稳定对维持企业的生产和销售十分重要。

（3）供货的价格水平　供货的价格直接影响到产品的成本，最终会影响到产品在市场上的竞争能力。食品企业在营销中应注意农产品价格变动的周期性，特别要密切注意构成产品重要组成部分的农产品的价格变化。

因此，营销企业在与供应商保持关系时，一是要掌握资源供给，使自己在市场竞争中处于优势，二是要建立良好的合作关系，为提高市场营销水平共同努力。企业在选择供应商和对供应商的协调时，一般应遵循以下原则。

① 树立"双赢"观念，选择优秀的供应商建立长期的、稳定的伙伴关系；说服供应商积极接近顾客，使其更有效地为企业服务；在必要时主动分担供应商在诸如改进生产方法和质量方面的风险。

② 对供应商进行分类管理。根据供应商供应货物的重要程度、稀缺程度、供应量大小等标准划分不同等级，以便协调重点，兼顾一般。

③ 加强双向信息沟通，及时掌握供应商的变化趋势；将自身经营状况、产品调整情况、企业对供应货物的要求（价格、供货期限、质量要求等）告诉供应商，以便协调双方立场。

④ 从多方获得供应，使企业始终处在一个有利的位置。

⑤ 如果供应商数目较少，要积极寻找替代品供应商；或向供应商表明企业有能力实现后向一体化，以增强讨价还价能力。

三、营销中介

营销中介是指为协助企业促销、销售和分配产品给最终购买者的企业总称。它包括中间商（代理商和经销商）、实体分配公司（仓储公司、运输公司）、营销服务机构（广告公司、营销咨询公司、市场调研公司、会计师事务所等）、金融机构（银行、信贷机构、保险公司、证券公司等）。这些机构提供的专业服务对企业营销活动产生直接影响。一些大企业可以通过建立有关机构来承担上述功能，但对于大多数食品企业来说，这些机构是不可缺少的。

例如食品企业很难自建分销渠道，对中间商的依赖性就比较大。而中间商处在一种十分灵活和可以选择的地位，当商品滞销，中间商可以转向另一家生产厂商进货。尤其在供大于求的市场态势下，对于企业而言，与中间商关系的协调就变得十分紧迫。食品企业必须努力获得并保持"货架空间",并且学会如何管理并满足其营销渠道成员。否则,就会面临支持减少甚至被逐出市场的危险。

目前随着社会分工越来越细,这些中介机构对营销活动的影响也会越来越大。与中间商的协调是一个复杂的系统工程,包括中间商的选择、激励、监督、调整、评价等。这些内容将在以后有关章节详细介绍,这里不再赘述。

四、顾客

顾客就是市场,是企业进行营销活动的出发点和归宿。营销学通常按购买者(顾客)及其购买目的的不同,将市场划分为五类:消费者市场、生产者市场、中间商市场、政府市场和国际市场。每种顾客市场的特点各不相同,具体的市场需求规模、市场占有率、发展速度也有所不同。因此,关于不同顾客的营销策略要有其差异性和针对性。

对于一个企业而言,顾客对其营销活动影响程度远超过前两个方面,因为失去了顾客就意味着失去了市场,赢得了顾客就赢得了市场。所以处理好企业与顾客的关系是非常重要的。

处理好企业与顾客的关系应做好以下几点工作。

1. 提供优质的产品和服务

顾客花钱是为了能给自己带来某种享受,满足自己某种需要,这一切首先取决于产品和服务的质量。如果在这一问题上有闪失,企业给顾客的形象将毁于一旦。

2. 认真听取顾客意见

我们经常可以听到这样一句话:"顾客永远是正确的。"事实上,挑剔的、无理取闹的顾客不是没有,但现代商人们仍把这句话看作是一种哲理。这是因为,这句话典型地概括了企业和顾客的关系,说明企业在处理这一关系时要处在主动地位,应负主要责任。听取顾客意见,这是尊重顾客态度的一种表现。国内外不少企业还"主动"花钱买意见,从顾客意见、建议中了解顾客的需要和期望,为进一步改进工作打下基础。对于顾客的各种投诉也应正确对待。不少企业在销售时热情接待,而遇到投诉或要求退货时往往不冷静、不热情,争吵成了家常便饭。

3. 维护顾客的基本权益

对于顾客来说,希望企业能尊重和维护自身的权益。20世纪60年代初,美国总统肯尼迪在给国会的一份报告中提出了4项消费者权利,现在这4项权利已被世界各国所认可。这4项权限是:索赔权(当使用与其陈述不符产品而受到损害时,有权要求得到补偿);知晓权(消费者有权了解商品制造、使用和维护方面的信息和知识);陈述权(有权对商品的质量、款式、性能、价格等提出意见,并有权要求有关方面听取);选择权(消费者有权挑选商品的式样、种类,有权不买不喜欢的商品和服务)。

企业应站在顾客的立场上,想顾客之想,急顾客之急。尊重顾客的权益,这本身也是一种信誉、一种形象。

4. 培养、引导积极的消费者意识

消费者希望和企业之间建立一种商品交换关系之外的关系。国外一些企业认为,要为现代企业营造一个健康、良好、稳定的消费者环境,就必须通过各种工作,培养现代消费意识。企业通过印发指导性手册、举办操作表演会、实物展览会、举办培训班、开设陈列室、成立企业消费者俱乐部等方式,培养清醒的、健康的、能自觉维护自身权限的消费者。

五、竞争者

一个企业选择和确定目标市场之后，它同时就会处于某种竞争环境之中。从消费需求的角度来分析，企业在市场上一般面临着四种类型的竞争者：愿望竞争者，一般竞争者，产品形式竞争者和品牌竞争者。

愿望竞争者指提供不同产品以满足不同需求的竞争者；一般竞争者指提供能够满足同一种需求的不同产品的竞争者；产品形式竞争者即满足消费者某种愿望的同类商品、不同规格、型号、款式的竞争者；品牌竞争者即满足消费者某种愿望的同类商品、同种规格、型号的不同品牌的竞争者。其中，后两种竞争者都是同行业的竞争者。

在现代社会中，市场竞争日趋激烈，企业的竞争对手除了本行业现有竞争者外，还有代用品生产者、潜在加入者、原材料供应者和购买者等多种竞争力量。如原材料供应者可能通过抬高价格或降低供应品的质量，对企业进行威胁；潜在的加入者随时有可能跻身于竞争行列，从企业手中夺走一部分顾客；购买者力量的增强，直接加剧了生产者之间的竞争。在这种情况下，企业往往很难确定对本企业经营造成威胁的竞争对手究竟有哪些、究竟是谁。

根据西方国家的经验，最好的办法是以购买者的观点看问题，研究购买者怎样做出购买决策。假如某人努力工作一段时间后需要休息一下时，他会问"现在我该做什么呢？"他可能会想到运动、看电影、吃东西等。这些都是他的需要，能够满足这些需求的企业之间形成了一种竞争关系，即愿望竞争者；假如他迫切的需求是吃东西，那么问题就变成"我要吃什么？"这时他就会想到许多食物，如比萨饼、糖果、水果、冷饮等。它们都能满足同样的需要，只是方式方法不同，这种满足同种需求的不同方式的企业间存在着一种竞争关系，即一般竞争者；他如果决定吃糖果，就会问"我想吃哪种糖果？"于是就会想到不同形式的糖果，如巧克力、奶糖、水果糖等，从而出现产品形式竞争者；最后他决定吃奶糖，又会面临着几种品牌：大白兔、金丝猴、喔喔佳佳等，这些都是品牌竞争者。如图3-2所示。这些不同的竞争对手与企业形成了不同的竞争关系，都对企业有着直接的制约作用。如果企业只注重于品牌竞争者，则目光未免短浅，因为其真正面临的挑战是如何扩大其市场，而不是在固有市场上争夺较大占有率。

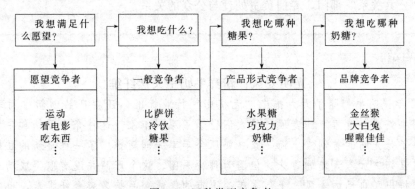

图 3-2 四种类型竞争者

对于不同类型的竞争者，研究过程中要考虑不同的因素。如同行业竞争（即产品形式竞争者和品牌竞争者）中，卖方密度、产品差异、进入壁垒是三个值得重视的因素。卖方密度，是指在同一行业或同一类商品经营中卖主的数目，这些数目的多少，在市场需求量相对稳定时，直接影响到企业市场份额的大小和竞争的激烈程度。产品差异，指在同一行业中不同企业同类产品的差异程度，这是同行业竞争中最重要的因素。这种差异体现在产品的组成因素上，如产品的性质、质量、花色品种、外观、价格和服务等。谁的产品在这些方面更符合购买者的意愿，谁就可能取得竞争的胜利。进入壁垒，指某个新企业在试图加入某行业时所遇到的困难程度。显然不同的行业，新企业加入的难易程度是不同的。一般地说，在进入壁垒高的行业中，价格和利润往往较高，竞争相对较弱，而在进入壁垒低的行业中，结果则相反。

对竞争者的研究除了研究竞争者的类型外，还要研究竞争者的竞争能力，它体现在生产产品的数量上，如竞争对手的规模、资金、技术水平等；还体现在质量上，如产品质量、品种、式样、成本、包装、品牌、服务等，同时也体现在企业的市场地位上，如市场占有率等。通过对竞争对手的研究，识别各种竞争，可以及时了解市场竞争态势的变化，以便调整其营销策略，做到攻无不克，战无不胜。

六、社会公众

公众是指对企业实现其市场营销目标构成实际或潜在影响的任何团体，包括如下几项。

① 金融公众，即影响企业取得资金能力的任何集团，如银行、投资公司等。

② 媒体公众，主要指报纸、杂志、广播、电视、IT网等具有广泛影响的大众媒体。

③ 政府公众，即负责管理企业业务经营活动的有关政府机构。

④ 群众团体，即各种消费者权益保护组织、环境保护组织、少数民族组织等。

⑤ 地方公众，即企业附近的居民群众、地方官员等。

⑥ 一般公众，企业所面临的其他具有实际或潜在影响力的团体。企业需要了解一般公众对它的产品和活动的态度，企业的"公众形象"，即在一般公众心目中的形象，对企业的经营和发展是很重要的。

⑦ 内部公众，包括企业决策层、管理人员、工人等。内部公众对企业的态度会影响到企业之外的公众对企业的看法。

所有以上这些公众，都与企业的营销活动有直接或间接的关系。现代企业是一个开放的系统，它在经营活动中必然与各方面发生联系，必须处理好与各方面公众的关系。为此，企业需设立"公共关系"部门，专门负责处理与公众的关系。

案例与启示

光明麦风：新鲜牛奶＋天然纤维

2002年光明牛奶除了大力推广"无抗奶"行业标准，还在产品创新方面取得了成就。光明牛奶本年度推广的麦风，给人们留下了深刻印象。这种介于豆奶和牛奶之间的产品，并不是光明的首创。上海一家豆奶厂今年率先创新推广了一种全新的豆奶——大麦奶。在豆奶中加入大麦的香味。但因为种种原因，这个产品并没有取得成功。不久以后光明就推出了自己的麦风。上海本年度上市的保健食品美多膳食纤维素，也帮助麦风完成了部分市场教育工作。也许光明牛奶"借鉴"了别人的成果，但这些产品中，只有光明麦风靠大麦和膳食纤维赚到了钱。光明牛奶入选，是为了表彰它开发创新性产品的能力，以及它不断翻新的营销传播方式——光明牛奶的高钙奶，还一反常态在上海报媒投入了软文广告，宣传光明高钙奶的补钙作用，试图和补钙保健品共同分享补钙市场。

> **【案例思考】**
> 运用微观营销环境六大构成要素分析光明麦风。
> **【分析与提示】**
> 光明牛奶的快速反应能力、对竞争对手的尊重、坚持产品创新的态度,是其成为行业领先者的关键因素。光明麦风的成功也证明,如今的营销,需要更多的研究:既研究消费者,更要研究竞争对手,同时还要量力而行。
> 资料来源:http://127468.eworkway.com/ework/privy211_112216_3.html.

第三节 宏观营销环境分析

宏观营销环境指对企业营销活动造成市场机会和环境威胁的主要社会力量。企业营销活动的宏观环境要素既对微观环境要素施加影响从而间接对企业营销产生影响,也可能对市场营销活动直接产生影响。这些要素包括:人口因素、经济因素、社会文化因素、政治法律因素、科学技术因素、自然环境因素等。

一、人口环境

人口数量是市场规模的最基本的标志之一,人口的多少直接影响和决定市场的潜在容量,人口数量和结构的变化,直接影响市场潜量的扩大或萎缩。因为市场是由具有购买欲望和购买能力的消费者所构成的,这样的消费者越多,市场规模和容量也越大,企业营销的机会就越多。

市场营销的人口环境,是由人口规模及其增长率、人口结构等因素构成的。但由于人口中的年龄结构、地理分布、人口密度、家庭规模等不同,使消费结构、消费模式等均有显著的差异,进而影响营销活动。所以企业营销部门应当密切注意上述人口特征及其发展方向,不失时机地辨明"机会"与"威胁",及时地调整营销策略。

对人口环境的研究,主要分析以下因素。

1. 人口规模及其增长速度

据统计,2000年世界人口就已经达到了62亿,其中80%的人口属于发展中国家。随着科学技术进步、生产力发展和人民生活条件的改善,世界人口平均寿命延长,死亡率下降,全球人口持续增长。据联合国估计,世界人口每年将以8000万~9000万的速度增长。

人口多、增速快是我国人口环境的两个重要特征。人口增长意味着市场需求的增长,如果人们有足够的购买力,则人口增长表示市场的扩大。另一方面,如果人口的增长对各种资源的供应形成过大的压力,生产成本就会上升而利润则下降。

人口的变化对企业营销有重大意义。如发达国家的人口出生率下降,儿童人数减少,因而对儿童食品、儿童用品、儿童服装、儿童玩具等行业是一种环境威胁,因而近几年来,美国等国家某些经营儿童食品及用品的公司,或者到人口出生率较高的国家去寻找市场,或者采取"转移"的对策,改行经营其他业务。但另一方面,这种人口变动对某些行业有利。如许多年轻夫妇有更多的闲暇时间和收入用于旅游、在外用餐、娱乐,因而给旅游业、旅馆业、饮食业、体育娱乐业等提供了具有吸引力的市场机会,促进了第三产业的发展。

2. 人口的年龄结构

人口年龄结构指一定时期不同年龄构成。年龄是市场细分的一个重要依据,因为不同年龄的消费者因为生理和心理特征、人生经历、收入水平和经济负担状况的不同,他们的消费需要、兴趣爱好和消费模式也就存在不同的特征。例如,现在许多国家的人口有老龄化的趋势,老年人对日常生活有特殊的需求。老年人追求消费的方便和实用,强调舒适和安全,不追求华而不实的东西。而且消费中相信消费经验,习惯性强,对于不了解的商品不愿轻易购买和使用。企业营销部门可根据这些特征制定营销策略将大大有助于营销目标的实现。

3. 人口的地理分布

人口的地理分布指人口在不同地区的密集程度。市场消费需求与人口的地理分布密切相关。一方面,人口流动量的多少,影响着不同地区市场需求量的大小,另一方面,人们的消费需要、购买习惯和购买行为,不同的地区也会存在差异。我国不同地区的食物结构就有很大的不同,如南方人以大米为主食,北方人以面粉为主食,江、浙人喜甜,四川、湖南人喜辣即为一例。

许多国家人口的地理分布呈现出人口流动性大的趋向。表现如下。

第一,人口从农村流向城市。这是社会分工和商品经济发展以及工业化和城市化发展的必然趋势。西方国家的经验表明,人口从农村流向城市,人口集中在城市,这对零售商业结构影响很大。

第二,人口从城市流向郊区。由于市中心拥挤、空间小、污染日益严重,而郊区清新的空气、安静的生活环境,同时由于交通运输大大发展,许多人纷纷从城市迁往郊区。于是在大城市周围出现了郊区住宅区,在郊区住宅区就出现了现代化的购物中心,因而城市商业中心区百货商店的经营就受到影响,其市场占有率趋于下降。许多工商企业纷纷转移目标。

改革开放以来。在我国人口地理分布的问题上也出现了以下值得企业营销者重视的趋向。

① 人口迁移、人口流动(农村流向城市、内地流向沿海、发达地区流向相对发达地区)呈现不断扩大的趋势。

② 城市人口增长的速度明显加快。

③ 由于乡镇企业的发展,农村居民中的职工人数迅速增加。

4. 人口构成

人口构成,包括自然构成和社会构成,前者如性别结构、年龄结构;后者如民族构成、职业构成、教育程度等。以性别、年龄、民族、职业、教育程度相区别的不同消费者,由于在收入、阅历、生理需要、生活方式、价值观念、风俗习惯、社会活动等方面存在着差异,必然会产生不同的消费需求和消费方式,形成各具特色的消费市场。如文化教育水平高的消费者在购买中理性较强,容易接受和掌握高新技术的产品,而文化水平低的消费者对产品的感性要求高,难以接受和掌握高科技产品,企业不宜采用印刷品促销,而应更多的使用广播、电视、电影、图画广告和现场表演等比较直观的方式。

5. 家庭规模

家庭是人口环境中的重要构成因素。现代家庭是社会的细胞,也是商品的主要采购单位。家庭规模的大小直接影响着许多商品特别是消费品的市场需求量。

随着人类文明的进步,家庭形式发生着巨大的变化,家庭规模呈缩小的趋势,家庭总数增加。家庭总数的增加,导致市场对住房和电视、电冰箱、洗衣机、音响、家具等家庭用品的需要大大增加;家庭规模的小型化要求食品和家庭日用品的营销也必须针对这种类型的市场需求调整自己的产品。例如可以推出单人食用的冷冻食品和小型化的家庭用品。

另外家庭制度也会影响着市场的消费行为,家庭制度主要反映在家庭成员的地位上。世界各国大致可以分为三类：第一，妻子传统上处于从属地位，并且和外界有相当程度的隔离，在家庭事务的决定中只有极其有限的发言权和决定权；第二，妻子虽有较多的自主权，但仍处于从属地位；第三，夫妻大体上处于平等地位。家庭成员的地位决定了家庭中的决策者和购买者，他们对企业的营销都有至关重要的作用。

二、经济环境

经济环境是企业营销活动的外部社会经济条件，它会直接或间接影响到市场的规模、市场吸引力及企业的营销活动。市场规模的大小，不仅取决于人口总量，而且更主要的是取决于有效的购买力。而购买力又受到宏观经济状况、收入水平、消费结构、储蓄和信贷水平的制约。

1. 宏观经济状况

一个国家宏观经济的发展状况虽然不是企业营销的直接环境，可它对营销的影响却远远超过某些直接经济环境要素。这是因为，宏观经济发展状况从三个方面影响市场营销活动：第一，不同的经济发展阶段有不同的市场需求；第二，不同的经济发展状况有不同的产品和服务；第三，不同的经济发展状况有不同的分销渠道和产品销售方式。

目前衡量一个国家宏观经济发展状况的方法主要是罗斯特的经济成长阶段论。该理论认为，一个国家经济的发展可以分为五大阶段，即传统社会阶段、准起飞阶段、起飞阶段、成熟阶段、大众高消费阶段。凡经济发展处于前三个阶段的国家属于发展中国家，处于后三个阶段则可称为发达国家

① 传统社会阶段。缺乏大幅度提高生产力的能力，不能系统地运用现代科学和技术。

② 准起飞阶段。正在向起飞阶段转化，现代科学已用于农业和工业生产，运输、通讯、电力、教育、保健等开始发展。

③ 起飞阶段。经济开始稳定增长，农业和工业的现代化导致其规模扩大。

④ 成熟阶段。经济持续发展，现代技术开始应用于各项经济活动，并开始参与国际经济。

⑤ 大众高消费阶段。实际人均收入达到较高水平，大量居民拥有相当规模的可自由支配的收入。

处在不同经济发展阶段的目标市场，呈现不同的市场需求和消费方式。经济发展阶段的高低会直接、间接影响企业的市场营销。就消费品市场而言，经济发展阶段高的国家，在重视产品基本功能的同时，比较强调产品的款式、品质及特色等，大量进行广告宣传及销售推广活动，非价格竞争比价格竞争更占优势；而在经济发展阶段低的国家，则比较侧重于产品的基本功能及实用性，以价格竞争为主要竞争方式。

2. 收入水平

消费者的需求能否得到满足以及怎样得到满足，主要取决于其经济收入的多少。消费者个人从各种来源中所得的全部收入，包括消费者个人的工资、退休金、红利、租金、赠与等收入。消费者的购买力来自消费者的收入，但消费者并不是把全部收入都用来购买商品或劳务，购买力只是收入的一部分。在分析消费者收入时必须准确_____关概念。

（1）个人总收入　个人总收入指消费者个人从各种经济来源所得到的___括个人的工资、奖金、退休金、利息、股息、红利、租金等。

（2）个人可支配收入和个人可任意支配收入　个人可支配收入指在___

金和非税性负担后的余额。它是消费者真正可用于消费的部分，影响消费者购买力水平和消费支出结构的决定性因素。

个人可任意支配收入是在个人可支配收入中减去消费者用于购买食品、支付房租及其他必需品的固定支出所剩下的那部分收入，一般还要扣除稳定的储蓄。这部分收入可作自由支配，是消费者需求变化中最活跃的因素。

在这两种收入中，由于国家税收政策的稳定性，个人可支配收入变化趋势缓慢，而个人可任意支配收入变化较大，而且在商品消费中的投向不固定，是影响高档耐用消费品、奢侈品、休闲旅游等商品销售的主要因素，也是消费者市场重点研究的收入。

（3）货币收入和实际收入　它们的区别在于后者通过了物价因素的修正，而前者没有。货币收入只是一种名义收入，并不代表消费者可购买到的实际商品的价值。所以，货币收入的上涨并不意味着社会实际的购买力提高，而货币收入的不变也不一定就是社会购买力的不波动。唯有考虑了物价因素的实际收入才反映实际社会购买力水平和变化。假设消费者的货币收入不变，物价下跌，消费者的实际收入便增加、购买力提高；相反，物价上涨，消费者的实际收入便减少、购买力降低。即使货币收入随着物价上涨而增长，但是，如果通货膨胀率大于货币收入增长率，消费者的实际收入仍会减少，社会购买力下降。

3. 消费结构

消费结构是指消费者在各种消费支出中的比例关系。消费者支出是由消费者收入决定的，量入为出，是一般的消费规律。随着消费者收入的增加，消费结构也在不断变化。

德国经济学家和统计学家恩斯特·恩格尔在1857年对英国、法国、德国、比利时等国不同收入家庭的调查基础上，发现了关于家庭收入变化与各种支出之间比例关系的规律性，提出了著名的恩格尔定律——如果需求函数中的其他因素不变，随着收入的提高，食品支出占收入的比重会不断减小。人们把食物支出占总支出的比例称为恩格尔系数，公式如下：

$$恩格尔系数=食物支出金额/总支出金额$$

按照恩格尔定律，食物支出占家庭总收入的比重是衡量一个国家、一个地区、一个城市、一个家庭生活水平高低的标准。恩格尔系数越小表明生活越富裕，越大则表示生活水平越低。联合国为了衡量世界各国富裕程度，曾规定：恩格尔系数在59%以上为绝对贫困；50%～59%为勉强度日；40%～50%为小康水平；20%～40%为富裕；20%以下为最富裕。企业从恩格尔系数可以了解市场的消费水平和变化趋势。

4. 储蓄和信贷水平

进行经济环境分析时还应看到，社会购买力、消费者支出不仅直接受消费者收入的影响，而且直接受消费者储蓄和信贷情况的影响。

个人储蓄的形式包括银行存款、债券和手持现金等，这些都随时可转化为现实购买力。在一定时期内货币收入不变的情况下，如果储蓄增加，购买力和消费支出便减少；反之，如果储蓄减少，购买力和消费支出便增加。

另外，消费者的储蓄额占总收入的比重和可获得的消费信贷也影响实际购买力。一般说着推迟了的购买力，储蓄额越大，当期购买力越低，而对以后的市场供给造成，消费信贷是一种预支的消费能力，它使消费者能够凭信用取得商品使用贷款在后。消费信贷有短期赊销、分期付款和信用卡信贷等多种形式。发费者将以后的消费提前了，即所谓的"寅吃卯粮"，它对当前社会购买是

三、文化环境

社会文化环境是指一个社会的物质文化、语言文字、宗教信仰、价值观念、消费习惯、道德规范、审美观念等的总和。不同的国家，由于所处的社会文化环境的不同，因而在认识事物的方式、行为准则及价值观念等方面都存在着明显的差异。例如，华人的春节和西方人的圣诞节是有着两种不同文化背景的消费高峰期，不同的节日风俗使他们的节日消费各具特色。另一方面，营销者本身也深受文化的影响，表现出不同的经商习惯和风格。

文化对所有营销的参与者的影响是多层次、全方位、渗透性的。它不仅影响企业营销组合，而且影响消费心理，消费习惯等，这些影响多半是通过间接的、潜移默化的方式来进行的。这里择要分析以下几方面。

(1) 教育水平　教育是通过正规及非正规的训练对受教育者施加影响的一种活动。教育水平受社会生产力、经济状况的影响，同时也影响劳动者收入水平，影响消费者对商品的鉴别力，影响消费者的文化素质、消费结构、消费偏好和审美观，从而影响着企业营销策略的制定和实施。

(2) 宗教信仰　宗教作为文化的重要组成部分，影响和支配着人们的生活态度、价值观念、风俗习惯和消费行为。世界上有许多宗教，并且有各自的主要流行区。每一宗教都有其教条、教规、节日、需求、禁忌，有其特有的阶层制度、家族观念和经济结构，从而从不同角度影响市场营销。企业的营销人员应努力获得宗教组织的支持，以便利用有利的营销机会，创造或扩大市场。

(3) 价值观念　价值观念是人们对社会中各种事物的评判标准。不同的文化背景下，价值观念差异很大，影响着消费需求和购买行为。对于不同的价值观念，营销管理者应研究并采取不同的营销策略。如日本的文化是把和谐放在首位，所以日本企业的广告宣传往往突出人们对产品的共性，而常常忽视个性；相反，西方人喜欢看到的恰恰是个性特点。亚洲国家的商品包装往往只标明商品的名称、价格；美国企业的做法却不一样，食品制造商往往利用包装使其产品在超级市场拥挤的货架上显得很突出，他们设计包装装潢是为了推销产品，起到向广大消费者呼喊"看看我、挑选我、购买我"的效果。

(4) 风俗习惯　风俗习惯是人们在长期的生活中形成的习惯性的行为模式和行为规范，是人们世代沿袭下来的社会文化的一部分。风俗习惯遍及社会生活的各个方面，如消费习惯、节日习俗、经商习惯、爱好与禁忌等。这些风俗习惯决定和影响着消费者对产品的种类、式样、色彩、图案的需求和交易方式。例如，某面粉公司设计出一种为电饭锅准备的调制食品，当该产品以昂贵的代价打入日本市场后，该公司才发现日本人以米饭的清纯而自豪，而这种调剂食品则破坏了米饭的清纯风味，该面粉公司为其所犯的这种错误，付出了昂贵的代价。

虽然风俗习惯具有高度的持续性和强烈的区域性，但随着频繁的文化交流，某些风俗习惯会发生变化。因此，营销人员不仅要研究不同的风俗习惯，还要研究不同的风俗习惯之间的相融程度，以便更好地适应千变万化的市场。

(5) 审美观念　审美观是人们对美丑、雅俗、好坏、善恶的评判，包括对艺术、音乐、颜色、形状等的鉴赏力。每一种文化对事物的品味，如对艺术、颜色的不同象征、形态、音乐等都有不同的观点。什么是可以接受的，什么是不可以接受的，即使在高度相似的市场国家中，差距也是相当大的。在一个国家或地区认为是美的，在另一个国家或地区则可能会认为是丑的。营销者必须依目标市场要求设计产品、宣传产品，以迎合顾客的心理。

不同的文化环境决定了不同的消费习惯，不同的消费模式以及获取需求满足的不同方式。因而，企业在进行市场营销活动中，必须全面了解，认真分析所处的社会文化环境，以利于准确把握消费者的需要、欲望和购买行为，正确地决策目标市场，制定切实可行的市场营销方案。

四、政治法律环境

在任何社会制度下，企业的营销活动都必定要受到政治与法律环境的强制和约束。法律是充分体现政治统治的强有力形式，政府部门利用立法及各种法规表现自己的意志，对企业的行为予以控制。政治法律环境由法律、政府机构和在社会上对各种组织及个人有影响和制约的压力集团构成。

市场营销决策很大程度上要受政治和法律环境的影响。这种环境是指由政府、社会团体、司法机构而形成的对企业营销活动产生强制和影响的各种因素。

1. 国际与国内政治形势

国际政治形势主要会对企业的国际贸易以及企业的国际市场营销活动产生深刻的影响。国内政治形势，主要是指党和国家的方针、政策及其调整变化对企业营销活动的影响。党和国家的方针政策，不仅规定了国民经济的发展方向和速度，也直接关系到社会购买力的提高和市场消费需求的增长，甚至会使消费需求结构也发生变化。如，国家扶持与限制的行业方向，对企业目标市场的选择与市场营销战略的选择都会产生重大的影响。

2. 与企业市场营销有关的经济立法

国家颁布的法律、法规是政府管理经济和维持公平交易秩序的重要方法之一，它对规范和制约企业营销行为具有权威性、强制性，企业必须依据法律、法规进行营销活动，同时凭借法律、法规维护自身的权益。近几年来，为了健全法制，加强法制，适应经济体制改革和对外开放的需要，我国陆续制定和颁布了一些经济法律和法规，例如《中华人民共和国产品质量法》、《中华人民共和国食品卫生法》、《中华人民共和国商标法》、《中华人民共和国广告法》、《中华人民共和国反不正当竞争法》、《中华人民共和国广告法》、《中华人民共和国消费者权益保护法》、《中华人民共和国专利法》等。

3. 群众利益团体发展情况

为了维护社会成员的利益而组织起来的各种公众团体，旨在影响立法、政策和舆论。随着社会进步，这样的公众团体不仅越来越多，而且在社会经济生活中的地位越来越重要。这些公众团体的活动，也会对企业营销活动产生一定的压力和影响。这些组织包括消费者协会、社区组织、环境保护组织以及相关学术团体。这些群众团体通过影响政府，给企业施加压力，使消费者利益和社会利益等得到保护。如，我国的消费者协会越来越发挥着重要的影响力。中国消费者协会于1985年1月在北京成立。其任务是：宣传国家的经济（特别是有关消费方面的）方针政策；协助政府主管部门研究和制定保护消费者权益的立法；调查消费者对商品和服务的意见与要求；接受消费者对商品和服务的质量、价格、卫生、安全、规格、计量、说明、包装、商标、广告等方面的投诉。1985年以来，中国消费者协会及相继成立的地方协会认真受理广大消费者的投诉，积极开展对商品和服务质量、价格的监督检查，并采取多种形式指导消费，千方百计地保护消费者利益，受到广大消费者的好评。我国的消费者运动正发挥着日益重要的作用，企业制定市场营销战略时必须认真考虑这种动向。

五、科技环境

科学技术是社会向前发展的根本推动力,是一种"创造性的毁灭力量"。它不仅使社会的经济发展程度和社会文化发生深刻变化,而且还能影响到企业的生产和营销行为。营销人员应准确地把握科技的发展趋势,密切注意科技环境变化对市场营销的影响,并及时地采取适当的对策。

1. 科技发展新趋势

① 技术变革步伐加快。今天市场上供应的许多商品是前几年闻所未闻的,新构思与成功应用之间的时间差正在迅速缩短,技术引入期至生产高峰之间的时间差正在大大缩短。

② 科技开发的范围大大扩大。科研人员正在从事范围惊人的新科技研究。二战以后,微电子技术、电子计算机技术、生物技术、激光技术、航天技术等都在一定程度上摧毁旧市场和创造新市场。

③ 科研研究与开发预算越来越大。由于科技的意义远较我们所感受到的更为广泛和深刻,因而各国政府和有远见的企业都花巨资从事科研与开发。据上海市外经委对发达国家和跨国公司的调查,美国每年在研究与开发方面的投入约740亿美元,日本也达到300亿美元;欧美跨国公司在研究与开发方面的投入,基本上都达到其销售额的10%以上。

④ 对科技的各种规定越来越多。随着产品越来越复杂,消费者需要在产品使用中能保证安全。因而,政府在安全、健康、环境保护等方面有了一系列的新规定和条例,用于监督和防范企业行为。

2. 科技环境对市场营销影响

科技环境的迅猛发展,给企业营销提出了新的要求,营销人员不仅要通晓科技,而且要清楚科技给营销带来什么影响。

① 由于科学技术迅猛发展,一些旧行业受到冲击、新产品不断涌现,新的市场替代旧市场,如激光唱盘技术夺走了磁带市场,复印机伤害了复写纸行业等,营销人员要注意寻找新科技源,寻找新的市场机会。

② 在一些经济发达国家,越来越多的消费者更乐于进入互联网空间浏览自己需要的信息。同时,个性化需求变得越来越明显,他们可以从网络间搜寻他们感兴趣的任何东西。电子商务技术的发展,使新的传播促销方式出现成为可能。营销人员应认真研究沟通效率,降低促销成本,研究更新的促销组合方案。

③ 人们工作、生活方式变化和科技进步,使分销策略发生巨大变化。因为人们生活方式、购物行为变化,消费者直接对商品款式、价格、功能等提出要求,使部分商品的分销环节变得更短,一些生产企业必须加强直复营销。即使通过中间商进行分销的商品,也要求中间商提供方便、舒适的购物条件。因而,各种超级市场、快餐店、便利店、大卖场等得到足够发展。另外,由于新技术的发展,引起物流的一系列革命,快速、低成本、高服务的物流方式和技术被越来越多的企业所接受。

六、自然环境

20世纪90年代以来企业和公众面临的主要问题之一是日益恶化的自然环境。自然环境的发展变化对企业的发展越来越产生强烈的影响。所以,企业的最高管理层必须分析研究自然环境的发展动向。

自然环境是影响企业进行市场营销的自然地理因素,是人类最基本的活动空间和物质来源，可以说，人类发展的历史就是人与自然关系发展的历史。自然环境的变化与人类活动休戚相关。目前，自然环境却面临危机，主要表现如下。

1. 某些自然资源短缺或即将短缺

地球上的资源包括无限资源、可再生有限资源和不可再生资源。目前，这些资源不同程度上都出现了危机。传统上，人们将地球上的自然资源分成三大类：取之不尽，用之不竭的资源，如空气、水等；有限但可更新的资源，如森林、粮食等；有限又不能更新的资源，如石油、煤和各种矿物。由于现代工业文明无限度地索取和利用，导致矿产、森林、能源、耕地等资源日益枯竭。甚至连以前认为永不枯竭的水、空气也在世界某些大城市出现短缺。目前，自然资源的短缺已成为各国经济进一步发展的制约力甚至反作用力。

2. 自然环境受到严重污染

过去，世界经济是物质经济，是肆意挥霍原料、资源、能源，特别是矿物燃料作为发展动力的经济，这种粗放型的经济增长方式使人类付出了惨重的代价。极大地消耗着地球资源。随着工业化和城市化的发展，环境污染程度日益增加。人类面临资源枯竭、海洋污染、土壤沙化、温室效应、物种灭绝和臭氧层破坏等一系列资源生态环境危机。人们对这个问题越来越关心，纷纷指责环境污染的制造者，力求达到与自然环境和谐发展。

3. 政府对自然资源管理的干预日益加强

随着经济发展和科学进步，自然环境变化及人们环境观的改变，许多国家的政府对自然资源管理加强了干预。但是，政府为了社会利益和长远利益而对自然资源加强干预，往往与企业的经营战略和经济效益相矛盾。例如，为了控制污染，企业必须购置昂贵的控制污染设备，这样就可能影响企业的经济效益。目前许多国家最大的污染制造者是工厂，如果政府按照法律和规定的污染标准严格控制污染，有些工厂就要关、停、转，从短时期来看，这样就可能影响工业的发展。因此，必须统筹兼顾地解决这种矛盾，力争做到既能减少环境污染，又能保证企业发展，提高经营效益，以达到经济可持续发展的目的。

案例与启示

美国大企业家哈默1931年从苏联回到美国时，正是富克兰林·罗斯福逐步走近白宫总统宝座的时候。罗斯福提出解决美国经济危机的"新政"，但因"新政"尚未得势，故很多人持怀疑态度。一些企业家因对"新政"怀疑，在经营决策中举棋不定。而哈默深入研究了当时美国的国内形势，分析结果认定罗斯福会掌握美国政权，"新政"定会成功。据此，他作出了一项生财的决策。

哈默认为，一旦罗斯福新政得势，1920年公布的禁酒令就会废除，为了解决全国对啤酒和威士忌酒的需求，那时市场将需求空前数量的酒桶，特别是需求经过处理的白橡木制成的酒桶，而当时市场上却没有酒桶供应。哈默在苏联住了多年，十分清楚苏联人有制作酒桶用的木板可供出口。于是，他毅然决定向苏联订购了几船木板，并在纽约码头附近设立一间临时性的酒桶加工厂，后来又在新泽西州的米尔敦建造了一个现代化的酒桶加工厂，名叫哈默酒桶厂。

当哈默的酒桶从生产线上滚滚而出的时候，正好是罗斯福出掌总统大权和废除禁酒令的时候，人们对啤酒和威士忌酒的需求急剧上升，各酒厂生产量也随之直线上升。哈默的酒桶成为抢手货，获得了可观的盈利。

资料来源：金羊网 民营经济报，2005年10月28日.

> **【分析与提示】**
> 我们知道，不论在何种社会制度下，企业的经营活动，都会与法律问题有一定关系，并以法律保护企业的权益或制约企业经营中的各种行为。所以，企业决策者在作出本企业的每项决策时，除了抓好本企业的工作，根据市场的变化情况决定经营方向外，还要认真研究那些与市场变化和本企业经营相关的国家法令政策，研究这些法令和政策的变化情况及其对市场变化及本企业经营带来的影响。如果一个企业决策者在这方面具有先见之明的眼光，那么，企业经营成功也就是理所当然的了。

第四节 营销环境分析方法

由于食品营销环境具有动态多变性、差异性和不可控性等特征，企业要想在复杂多变的营销环境中处于不败之地，就必须对营销环境进行调查分析，以明确其现状和发展变化的趋势，从中区别出对企业发展有利的机会和不利的威胁，并且根据企业自身的条件做出相应的对策。

一、机会潜在吸引力和企业成功概率分析法

不同的环境条件和机会，能给企业带来不同的潜在利润，从而形成不同的潜在吸引力。同时，企业利用各种环境机会，能够战胜竞争对手取得成功的可能性也是不同的。我们利用"机会潜在吸引力——企业成功概率"组成分析矩阵，可以进行以下分析（见图 3-3）。

① 第Ⅰ象限属于机会潜在吸引力和企业成功概率都高的状态，企业在这一市场条件下应全力去发展。

② 第Ⅱ象限属于机会潜在吸引力高和成功概率低的环境条件，企业应设法改善自身的不利条件，使第Ⅰ象限的环境机会逐步移到第Ⅱ象限而成为有利的环境机会。

③ 第Ⅲ象限属于机会潜在吸引力低和成功概率高的环境机会，对广大企业这种环境往往不予重视，对中小企业来说，正可以不失时机地捕捉这样的机会。

图 3-3 机会潜在吸引力——企业成功概率分析矩阵

④ 第Ⅳ象限属于机会潜在吸引力低和成功概率低的环境条件，对这样的环境状态，企业一般是一方面积极改善自身条件，另一方面静观市场变化趋势，随时准备利用其转瞬即逝的机会。

二、环境威胁与机会分析法

环境威胁是指环境中不利于企业营销因素的发展趋势，对企业形成挑战，对企业的市场地位构成威胁。这种挑战可能来自于国际经济形势的变化，如国内外对环境保护要求的提高，某些国家实施"绿色壁垒"，对某些生产不完全符合环保要求的产品的企业，无疑也是一种严峻的挑战。

市场机会指对企业营销活动富有吸引力的领域，在这些领域，企业拥有竞争优势。环境机会对不同企业有不同的影响力，企业在每一特定的市场机会中成功的概率，取决于其业务实力是否与该行业所需要的成功条件相符合，如企业是否具备实现营销目标所必需的资源，企业是否能比竞争者利用同一市场机会获得较大的"差别利益"。

对环境威胁的分析，一般着眼于两个方面：一是分析威胁的潜在严重性，即影响程度；

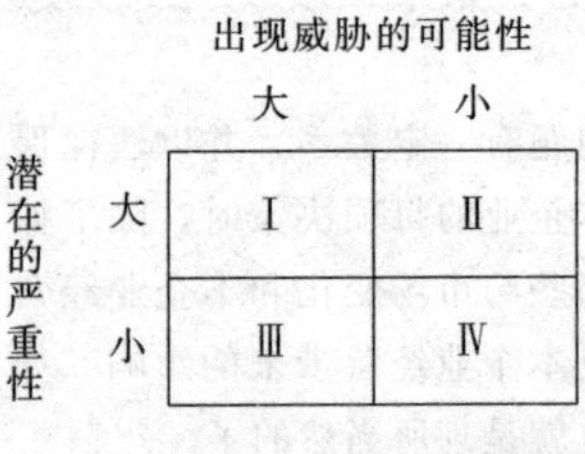

二是分析威胁出现的可能性，即出现概率。其分析矩阵如图3-4所示。

在图3-4中，处于第Ⅰ象限的威胁出现的概率和影响程度都大，企业应处于高度警惕状态，并制定相应的措施，尽量避免损失或者使损失降低到最小。对于第Ⅱ、Ⅲ象限的威胁，企业必须密切注意监视其出现与发展，给予充分的重视，要制订好应变方案。处于第Ⅳ象限的威胁出现的概率和影响程度均小，企业不必过于担心，但应注意其发展变化，若有向其他象限转移趋势时应制定对策。

图3-4 环境威胁分析矩阵

一般来说，企业对环境威胁可用以下几种对策。

1. 反攻策略

反攻策略即试着限制或扭转不利因素的发展，通过法律诉讼等方式，促使政府通过某种法令或政策等保护自身合法权益不受侵犯，改变环境的威胁。

2. 减轻策略

减轻策略即通过改变营销策略，以减轻环境威胁的程度。由于环境因素对企业营销形成一定的威胁，并且这一威胁后果不可避免，此时，减轻策略就是对付威胁的策略之一。

3. 合作策略

企业通过各种合作手段（如联合、合作、合并、参与等），由更多的社会组织组成联合体，充分利用资金、技术、设备，取长补短，分散风险，共同保护自身利益。

4. 转移策略

当受到威胁程度严重的企业，因无条件继续经营原来业务时，可采取逐步转移原来业务或调整业务范围，以减轻环境对企业的威胁。

三、SWOT分析法

SWOT分析法（自我诊断方法）是一种能够较客观而准确地分析和研究一个单位现实情况的方法。利用这种方法可以从中找出对自己有利的、值得发扬的因素，以及对自己不利的、如何去避开的东西，发现存在的问题，找出解决办法，并明确以后的发展方向。根据这个分析，可以将问题按轻重缓急分类，明确哪些是目前急需解决的问题，哪些是可以稍微拖后一点儿的事情，哪些属于战略目标上的障碍，哪些属于战术上的问题。它很有针对性，有利于领导者和管理者在单位的发展上做出较正确的决策和规划。

企业内外部情况是相互联系的，SWOT分析法是取"优势"（Strength）、"劣势"（Weakness）、"机会"（Opportunity）、"威胁"（Threat）的第一个字母构成。"SWOT"分析法形成了四种可以选择的战略（见表3-1所示）。

表3-1 "SWOT"分析法形成的四种可以选择的战略

企业外部因素 \ 企业内部因素	优势(S)	劣势(W)
机会(O)	成长型战略(SO)	扭转型战略(WO)
威胁(T)	多元化战略(ST)	防御型战略(WT)

Ⅰ. 成长型战略（SO）：利用企业内部的长处去抓住外部机会，如开发市场、扩大生产规模、增加产量等。

Ⅱ. 扭转型战略（WO）：利用外部机会来改进企业内部弱点；设法摆脱内部不利条件的

限制,尽快形成利用环境机会的能力。可以在企业内部发展改善弱势领域,或从企业外部获得该领域所需要的能力。

Ⅲ.防御型战略(WT):直接克服内部弱点和避免外来的威胁。利用企业优势去减轻或避免外来的威胁。如通过联合等形式取长补短。

Ⅳ.多元化战略(ST):利用企业长处去避免或减轻外来的威胁;强化优势领域,利用企业的内部优势直接减轻或避免外来的威胁。如企业可能利用技术的、财务的、管理的和营销的优势克服来自新产品的威胁。

企业内外环境分析的关键要素见表 3-2 所示。

表 3-2 企业内外环境分析的关键要素

	潜在的外部威胁	外 部 机 会
外部环境	市场增长较慢 竞争压力增大 不利的政府政策 新的竞争者进入行业 替代品销售额正逐步上升 消费者讨价还价能力增强 消费者偏好逐渐转变 通货膨胀递增及其他	纵向一体化 市场增长迅速 可以增加互补产品 能争取到新的用户群 有进入新市场的可能 有能力进入更好的企业集团 在同行业中竞争业绩优良 扩展产品线满足用户需求及其他
	内 部 优 势	内 部 劣 势
内部环境	产权技术 成本优势 竞争优势 特殊能力 产品创新 具有规模经济 具有良好的财务资源 高素质的管理人员 公认的行业领先者 买方的良好形象	竞争劣势 设备老化、资金拮据 战略方向不明 竞争地位恶化 产品线范围太窄 技术开发滞后 销售水平低于同行业其他企业 管理不善,相对于竞争对手的高成本 战略实施的历史记录不佳 不明原因的利润下降

案例与启示

某食品加工企业生产食用油脂,一直以生产散装油为主。随着市场竞争的激烈和消费需求的变化,其经营越来越困难。于是,就利用 SWOT 方格分析法进行分析。

企业外部因素 \ 企业内部因素	优势(S) 1. 本地市场有地理优势 2. 政府支持 3. 设备、经验的优势	劣势(W) 1. 富余人员多 2. 激励机制不完善 3. 缺乏市场竞争意识
机会(O) 小包装油将快速增长	成长型战略(SO)	扭转型战略(WO)
威胁(T) 食用油将从计划走向市场	多元化战略(ST)	防御型战略(WT)

• SO 战略:利用企业优势开发小包装油,并在价格策略上采取渗透价格,抢占市场。

• WO 战略:为强化销售,把三分之二的职工推向市场,其工资与销售业绩挂钩,大大激发了销售热情,也在一定程度上改变了"干多干少一个样"的陋习。

• ST 战略:利用自己设备和经验的优势,向周边市场扩展。

• WT 战略:深化企业体制改革,组建销售公司。

本章小结

营销环境指一切影响和制约企业营销活动及其目标实现的各种因素和力量，分为宏观环境和微观环境。微观营销环境是指直接影响和制约企业经营活动的环境因素，它包括企业内部环境、供应商、营销中介、顾客、竞争者和公众。宏观营销环境指对企业营销活动造成市场机会和环境威胁的主要社会力量，这些要素包括：人口因素、经济因素、社会文化因素、政治法律因素、科学技术因素、自然环境因素等。

所有环境因素直接或间接、单独或交叉地给企业带来机会或造成威胁。企业趋利避害的基础是对营销环境及其发展变化进行客观认识和分析。要能够不失时机地把潜在的机会变为企业发展的机会，并且能够正确地分析和对待威胁，要结合企业自身长处和弱点采取不同的措施。

市场营销环境是企业营销职能外部的因素和力量，是影响企业营销活动及其目标实现的外部条件。环境的基本特征有：客观性、差异性、多变性和相关性，是企业营销活动的制约因素，营销管理者应采取积极、主动的态度能动地去适应营销环境。微观营销环境包括企业内部、营销渠道企业、顾客、竞争者和公众等方面。宏观营销环境包括人口、经济、自然、政治法律、科学技术、社会文化环境。按其对企业营销活动的影响，可分为威胁环境与机会环境，前者指对企业营销活动不利的各项因素的总和，后者指对企业营销活动有利的各项因素的总和，企业需要通过环境分析来评估环境威胁与环境机会，避害趋利，争取比竞争者利用同一市场机会获得较大的成效。

思考与练习

一、判断题

1. 市场营销的环境是客观的，不可控的因素，所以企业只能被动地接受。（　　）
2. 对环境威胁，企业只能采取对抗策略。（　　）
3. 人口是构成市场潜量的第一要素，所以人口越多，市场也就越大。（　　）
4. 食物支出占总支出的比例被称为"恩格尔系数"。通常认为恩格尔系数越大，生活水平越低；反之，系数越小，生活水平越高。（　　）

二、结合实际回答以下问题

1. 市场营销环境有哪些特点？分析市场营销环境意义何在？
2. 消费者收入和支出结构变化对企业营销活动有何影响？
3. 市场营销环境如何进行分析？
4. 如何把握市场营销环境的变化趋势及其影响，并采取相应的对策？
5. 中国食品市场营销环境的主要特征是什么？
6. 市场环境分析方法有哪些？用其中某一种方法剖析一个食品企业营销实例。

三、案例分析

案例分析 3-1

"冷鲜肉"连锁经营目前在国内还算是新鲜事物，业内人士甚至认为，它有可能引发中国肉类工业的一场产业革命。然而这一新型的肉类经营模式，却在今年以来接连受到各地的抵制和"封杀"，该经营模式是以销售生鲜肉及肉制品为主的一种连锁经营模式，其最为显著的特点是：各连锁店实行"五统一"的发展模式，即统一形象、统一标准、统一服务、统一配送和统一管理。某肉类经营集团所推行的连锁店计划是其冷鲜肉战略中的一个重要环节。目前，该集团已经在全国开设了近600家连锁店，其中河南200家、湖北40家、四川50家、北京20家。该集团的目标是5年内将采取加盟、合资、独资等方式在全国建设2000家连锁店。

但是，正如上面提到的那样，该集团所制定的推广计划受到了阻碍。据该集团统计，至今年9月份，其冷鲜肉被公开没收、堵截的事件就超过50起，通过对全国20多个省市的77个地市的调查发现，36%的地市明确禁止外地"冷鲜肉"进入，而高达57%的地市则只准部分产品进入或部分场所销售。

各地封杀冷鲜肉的理由都是："只准销售当地肉联厂的猪肉"。然而众所周知的是，连锁经营的特点之一是总部统一配送货物，突破地域限制，从而形成极具成本优势的价格和管理体系。显然，连锁经营的企业发展模式与肉制品经营的有关规定是有冲突的。

该集团在进入某省市场后的几个月内，该省部分地区肉类经营企业便出现了"全线亏损"，大多定点屠宰场因销量急剧下降而面临停产，近1万名职工可能下岗。对于当地政府而言，除了财政税收方面的损失之外，保持社会的稳定也是他们作出封杀决定的重要因素。

【案例思考】

1. 该企业在推行起连锁计划时所受到的主要影响是什么？
2. 什么是市场营销环境？为什么要对营销环境进行分析？
3. 该企业应该在其发展过程中注意环境因素的影响，应该对哪些环境要素进行分析？

资料来源：中国人事教育网，http://www.62.com.ru/data/2007/0552/article_1043.htm。

第四章
市场营销调研与需求预测

★ 学习目标与要求

1. 了解市场营销调研的类型、作用和方法,掌握市场营销调研的含义,熟悉市场营销调研过程

2. 了解食品市场调查的步骤和方法,掌握食品市场预测的主要内容及市场需求预测方法

★ 基本概念

食品市场营销调研 普查 抽样调查 定性预测方法 定量预测法 专家意见法

第一节 食品市场营销调研

食品市场是食品企业经营活动的场所,它能灵敏而迅速地反映出产品的需求及其变化的趋势。市场调查和市场预测是研究食品市场的重要手段,它们密切相关又存在区别。市场调查的目的是了解食品市场活动的历史与现状,市场预测是研究食品市场未来的发展趋势。市场调查是市场预测的前提。在市场经济条件下,食品企业只有透过食品市场现象的偶然性、复杂性、流动性和模糊性,去认识食品市场需求和食品流通的客观性、必然性、规律性和确定性,揭示食品市场的本质及其发展规律,并能在自己的策划中对"未来"的变化做出迅速准确的反应,从而做出正确决策,这样才能使企业适应市场,主动出击,真正地满足市场的现实和长远需要,提高经济效益,在竞争中立于不败之地。

一、营销调研的含义和作用

食品市场营销调研,就是运用科学的方法,有目的、有计划系统地收集、整理和分析研究有关食品市场营销方面的信息,提出解决问题的建议,供营销管理人员了解营销环境,发现机会与问题,作为食品市场预测和营销决策的依据。食品市场调查实质上就是取得和整理、分析食品市场营销信息的过程。掌握及时、准确、可靠的食品市场信息是食品企业经营管理机构的一项重要任务。西方国家近几十年来使用了许多先进的信息调查技术和手段,为企业提供了最新的市场营销信息及其分析依据,给企业带来了巨大的效益。美国的企业通常将销售额的 0.02%~1% 作为市场调查的预算。食品市场调查对于掌握食品市场的变化动态,了解食品市场的供求规律,为制定食品市场的营销战略和实施战略计划有着重要作用。因此,国内食品企业管理者必须认识到信息的重要性,认识市场调查的作用,重视市场调查工作。具体来说有以下几个方面。

1. 了解食品市场的供求情况,推广适销对路的食品

通过对食品市场购买力、消费水平、消费结构、消费趋势等的调查,了解市场食品需求

总量及需求结构;通过对食品生产、食品库存、进口及其商品需求和货源的调查,了解食品的供应总量,从而有利于了解市场的供求情况和变化规律。食品企业可以发现食品市场上尚未满足的消费需求,测算现有产品及营销策略满足消费需求的程度,为企业调整生产经营,确定企业发展方向、产品开发和改进营销策略提供依据,使企业不断地推出适销对路的产品,增加本企业产品的市场份额,从而赢得市场,在激烈的市场竞争中占据有利的地位。

2. 开拓新的市场,发挥潜在的竞争优势

食品的特殊性决定了食品市场不同于其他商品市场。通过市场调查可以使食品企业充分认识食品市场的特征,掌握食品市场的发展规律,发现消费者的潜在需求,从而根据企业本身的实力情况,选择新的市场机会。特别是在现代社会,人们对生命健康有了新的认识和新的理念,人们对食品的消费需求层次越来越高,市场上的潜在机会很多,企业的发展潜力也很大。

3. 有利于确定经营策略,从而扩大销售

通过对食品市场调查,可以进一步分析研究产品适销对路的情况,确定哪些食品能在激烈的市场竞争中站稳脚跟,从而准确有效地采取营销策略。随着科学技术的进步,新技术、新工艺、新材料被广泛采用,产品的更新换代速度加快,越来越多的新产品被推向市场,但这些新产品能否被消费者所接受,老产品是否还有市场,这除了产品本身的原因外还有营销策略和方法上的问题。因此,食品企业通过市场调查和销售信息反馈,可以掌握食品销售情况,据此确定经营品种和经营策略,使产品得以推广。

4. 改善食品企业经营管理水平,提高经济效益

食品市场调查是食品企业改善经营管理水平,增强企业活力,提高经济效益的基础。通过市场调查,可以发现企业自身存在的问题,促使企业从经营的购、销、运、存各环节,经营的人、财、物、时间、信息等客观要素,经营管理的层次、部门等不同方面进行调整,改进工作。食品企业可以根据市场调查的资料,分析研究产品的生命周期,确定开发新产品、整顿或淘汰老产品的计划,制定产品生命周期各阶段的市场营销策略。综合运用各种营销手段,采取切实可行的促销手段、广告宣传和售后服务等形式,尽量减少不必要的中间环节,缩短运输路线,降低储运费用和销售成本,以最低的成本费用将食品转移到消费者手中,使企业在市场竞争中获得更好的经济效益。

二、营销调研的类型及内容

1. 营销调研的类型

在食品市场调查中,由于市场调查目的与要求不同,所涉及的市场范围、信息、时间等也就不同,从而形成多种市场调查。现介绍几种常见的类型。

(1) 根据市场调查的目的不同划分

① 探索性调查。探索性调查是指企业对需要调查的问题尚不清楚,无法确定应调查哪些内容时所采取的方法。一般处于整个调查的开始阶段。企业只是收集一些有关的资料,以确定经营者需要研究的问题的症结所在。例如,某食品企业近年来销售量持续下降,但公司不清楚是什么原因,是经济衰退的影响,广告支出的不足,销售代理效率低,还是消费者习惯的改变?要明确问题原因就可以采用探索性调查的方式,如可以从中间商或者用户那里收集资料找出最有可能的原因。至于问题如何解决,则应根据需要再作进一步调研。这种调查一般不必要制定严密的调查方案,往往采取简便的方法以尽快得出调查的初步结论即可。如收集现有的二手资料或询问了解调查主题的有关人员。

② 描述性调查。描述性调查是为进一步研究问题症结所在,通过调查如实地记录并描述收集的资料,以说明"什么"、"何时"、"如何"等问题。例如,在销售研究中,收集不同时期销售量、广告支出、广告效果的事实资料,经统计说明广告支出什么时候增加几个百分点、销售量有了多少个百分点的变化等;又如收集某种产品的市场潜量、顾客态度和偏好等方面的数据资料。描述性调查是比较深入、具体地反映调查对象全貌的一种调查活动。进行这类调查必须拥有大量的信息情报,调查前需要有详细的计划和提纲,以保证资料的准确性。一般要实地进行调查。

③ 因果性调查。因果性调查是收集研究对象事物发展过程中的变化与影响因素的广泛性资料,分清原因与结果,并明确什么是决定性的变量。例如,销售研究中,收集不同时期说明销售水平的销售量(额)、市场占有率、利润等变量资料,收集不同时期影响销售水平的产品价格与广告支出、竞争者的广告支出与产品价格、消费者的收入与偏好等自变量资料,在这些资料基础上决定这些自变量对某一因变量(如销售量)的关系,其中何者为决定性自变量。因果调查是在描述性调查的基础上进一步分析问题发生的因果关系,并弄清楚原因和结果之间的数量关系,所用调查方法主要为实验法。

总之,探索性调查所要回答的问题主要是"什么";描述性调查所要回答的问题主要是"何时"或"如何";因果性调查所要回答的问题主要是"为什么"。一般先进行探索性调查,然后再进行描述性调查或因果性调查。

(2) 根据被调查对象的范围大小划分

① 普查。这是一种全面调查,是以整个食品市场为调查对象,对食品市场上某些产品的生产、供应、销售、储存和运输情况在一定时点上的专门调查。如食品原料普查;企业为了解新食品投放市场的效果而进行的普查;库存食品的普查等。食品市场普查通常采用两种方式,一种是组织专门的普查机构和人员,对调查对象直接调查;另一种是在具有比较完整的统计资料的情况下,利用有关单位内部收集的统计资料进行汇总。普查的优点是:所获得的资料完整、全面,但普查所耗费的人力、财力和时间较多;特别是第一种调查方式,不是所有食品企业力所能及的事,一般不常使用;除非被研究总体中单位较少,项目比较简单。

② 重点调查。重点调查是指在调查对象总体中,选择一部分重点因素进行的调查。所谓重点因素是指某些或某个对经营活动有较大影响的因素,尽管这些因素在总体中只是一部分,但它们在整个经营活动中起着较大的作用。例如食品营养状况调查就是一种重点调查,为了顾客的身体健康,应对影响食品营养的有关因素进行分析,同时对食品也进行调查,以指导该类食品在一定时间内的生产和销售,从而达到适量生产又能保证人们的身体健康的双重效果。

重点调查的特点是以较少费用开支和时间,比全面调查更加及时地掌握基本情况,以利于调查人员抓住主要矛盾,采取措施。重点调查主要在紧急情况下使用。

③ 典型调查。典型调查是一种专门调查和一种非全面调查。食品市场的典型调查是对食品市场的某些典型现象、典型内容、典型单位进行的调查。它是在对调查总体进行初步分析的基础上,从中有意识地选取具有代表性的典型进行深入调查,掌握有关资料,由此了解现象总体的一般市场状况。

典型调查适用于调查总体庞大、复杂,调查人员对情况比较熟悉,能准确地选择有代表性的典型作为调查对象,而不需要抽样调查的市场调查。典型调查在药品市场调查中经常采用。

典型调查的关键在于正确选择典型。选择典型不当就会失去调查的意义,不仅不能正确反映药品市场一般情况，有时甚至会走向反面。选择典型的标准，一般可以选择中等或平均水平的调查个体。在数量上，一般来说，如果总体发展条件比较一致，选一个或几个有代表性的典型个体进行调查就行了；当总体较多，而且各个体差异较大，则需要把总体按一定的标志划区分类，然后选择为调查对象。

④ 抽样调查。即根据随机原则，从调查对象总体中按一定规则抽取部分而进行的调查。在药品抽样调查中，样本可以是某个品种的一部分，也可以是某些品种的一个或多个。例如某企业从外地购进某种食品，需要进行质量和等级检查，这种情况不必将食品全部打开进行全面验收，而可采用随机取样，从中抽取一部分进行检查，计算出等级品率以及抽样误差，从而推算出这种食品的质量和等级情况，并用概率表示推算的可靠程度。这种方法既能排除人们的主观选择，又简便易行，是广泛使用的重要方法。根据抽样的方法不同又可分为随机抽样、等距抽样、分层抽样、整群抽样、机械抽样、分类抽样等。

2. 食品市场调查的内容

(1) 食品市场基本环境调查　食品市场环境是指影响食品企业生产经营管理活动的外部各环境因素的综合。食品企业的生存和发展总是在一定的市场环境下进行的。在市场经济条件下，食品企业生产和经营的自主权将得到更充分的保障。但是，食品企业在生产经营中必须遵守国家的政策、法规和宏观调控的要求，以及国际惯例和准则的规定，必须了解科技及社会文化发展对企业生产经营的制约和影响，只有这样才能制定出切实可行的经营决策，才能在市场竞争中取得主动权。食品市场的基本宏观环境调查包括政治环境、法律环境、经济环境、社会文化环境和科技环境以及地理气候环境等的调查。

① 政治法律环境调查：主要是了解影响和制约食品市场的国内外政治形势以及国家管理食品市场的有关方针政策、法制体系、各种法律法规等。

② 经济环境调查：包括国内经济环境和国外经济状况，宏观经济的发展趋势和微观经济的现状，国民收入、经济结构、购买力水平和物价水平等。

③ 社会文化环境调查：食品企业进行市场调查时分析的社会文化环境主要是指消费者受教育的程度、文化水平、民族传统、宗教信仰、风俗习惯、思维方式、卫生健康水平和审美观等。

(2) 食品市场供需调查

① 食品市场供应的调查。食品企业在生产经营过程中必须了解整个食品市场的货源情况，包括货源总量、构成、质量、价格和供应时间等。必须对本企业的供应能力和供应范围了如指掌。食品市场供应量的形成有着不同的来源，可以先对不同的来源进行调查，了解本期市场全部食品供应量变化的特点和趋势，再进一步了解影响各种来源供应量的因素。

② 食品市场需求的调查。食品市场需求的调查是食品市场调查的核心内容，因为现代市场营销要以消费者的需求为中心。食品市场需求调查的内容包括食品现实需求量和潜在需求量及其变化趋势、消费需求结构、用户数量分布、食品使用普及情况、消费者对特定食品的意见等方面。供需的变化决定市场的变化，市场的变化会影响食品企业的经营方向。所以食品市场需求的资料是食品市场调查的重要内容。

③ 顾客状况调查。顾客是企业的服务对象，企业只有了解顾客，才能制定出有针对性的营销对策。顾客状况调查的主要内容包括消费心理、购买动机、购买行为调查，社会、经济、文化等对购买行为的影响，消费者的品牌偏好及对本企业产品的满意度等。

④ 竞争对手状况调查。市场经济是竞争的经济，优胜劣汰是竞争的必然结果。对食品企业来说，随时了解竞争对手的情况，是使自己立于不败之地的有效方法。竞争对手状况调

查是对与本企业生产经营存在竞争关系的各类企业的现有竞争程度、范围和方式等情况的调查。调查主要包括如下内容。

a. 有没有直接或间接的、潜在的竞争对手，如有的话，是哪些？

b. 竞争对手的所在地和活动范围。

c. 竞争对手的生产经营规模和资金状况。

d. 竞争对手生产经营的产品品种、质量、价格、服务方式以及在消费者中的声誉和形象。

e. 竞争对手的技术水平和新产品开发的情况。

f. 竞争对手的销售渠道及控制程度。

g. 竞争对手的宣传手段和广告策略。

通过调查，可将本企业的现有条件与竞争对手进行对比，为制定有效的竞争策略提供依据。

⑤ 市场营销状况调查

a. 产品调查。市场营销中产品的概念是一个整体的概念。其调查内容包括：产品生产能力调查；产品功能、用途调查；产品线和产品组合调查；产品生命周期调查；产品形态、外观和包装的调查；产品质量的调查；老产品改进；对新产品开发的调查；食品售后服务的调查等。

b. 价格调查。价格在一定情况下会影响供需的变化。其调查内容包括：国家在食品价格上有何控制和具体规定；企业食品的定价是否合理，市场对此的反应情况；竞争者品牌的价格水平及市场的反映情况；新食品的定价策略；消费者对价格的接受程度和消费者的价格心理状态；食品需求和供给的价格弹性及影响因素等。

c. 销售渠道调查。销售渠道调查内容主要有以下几个方面：企业现有销售渠道能否满足销售食品的需要；销售渠道中各环节的食品库存是否合理，有无积压和脱销现象；销售渠道中的每一个环节对食品销售提供哪些支持；市场上是否存在经销某种或某类食品的权威性机构及他们促销的食品目前在市场上所占的份额是多少；市场上经营本企业食品的主要中间商，对经销食品有何要求等。通过上述调查有助于企业评价和选择中间商，开辟合理的、效益最佳的销售渠道。

d. 促销调查调查的内容包括：广告的调查，包括广告诉求调查、广告媒体调查、广告效果调查等；人员推销的调查，包括销售人员的安排和使用调查、销售业绩和报酬的调查、本企业销售机构和网点分布及销售效果的调查、营业推广等促销措施及公关宣传措施对食品销售的影响调查等。

第二节 食品市场调查的步骤和方法

一、食品市场调查的步骤

食品市场调查是一种有目的、有计划进行的调查研究活动。科学的市场调查必须按照一定的步骤进行，科学的调查步骤是取得调查成功的基础，能保证市场调查的顺利进行和达到预期的目的。不同类型的市场调查，虽然程序不尽相同，但从基本方面分，市场调查的步骤一般分为以下四个阶段。

1. 市场调查的准备阶段

食品市场调查的准备阶段是市场调查的决策、设计、筹划阶段。这个阶段的具体工作有3项，即确定调查目标，设计调查方案，组建调查队伍。

（1）确定调查目标　合理确定调查目标是搞好食品市场调查的首要前提。确定市场调查目标包括选择调查课题，进行初步探索等具体工作。调查课题是食品市场调查所要说明或解决的市场问题。选择调查课题是确定调查目标的首要工作，因为正确地提出问题是正确认识问题和解决问题的前提。

在选择调查课题之后和设计调查方案之前，必须围绕选定的课题进行一些探索性调查研究。初步探索的主要目的，不是直接回答调查课题所要解决的问题，而是为正确解决调查课题探寻可供选择的方向和道路，为设计调查方案提供可靠的客观依据。通过初步探索，要正确地确定市场调查的起点和重点。初步探索是直接为设计调查方案做准备的，是食品市场调查准备阶段不可缺少的一步重要工作。

通过确定调查目标，可以明确为什么要调查，调查什么问题，具体要求是什么，搜集哪些资料等。只有明确目标才能确定调查对象、内容和采取的方式、方法。所以调查目标是整个调查中的首要问题。例如某企业的产品年度订货下降，这就要求了解到底是什么原因造成的，是产品质量达不到要求？是企业的售后服务跟不上？是竞争对手向市场投放了新产品？还是该产品的市场需求量下降？要针对企业销售量下降问题，确定调查目标，决不能漫无边际，无的放矢。

（2）设计调查方案　科学设计调查方案是保证市场调查取得成功的关键。市场调查是一项有计划的调查研究工作，其计划性是通过市场调查方案具体体现出来的。市场调查方案是整个食品市场调查工作的行动纲领，它起到保证市场调查工作顺利进行的重要作用。食品市场调查方案一般包括以下主要内容。

① 明确调查目标。将调查目标分解，使其更具体、更明确，并按其重要程度进行排队，突出重点。

② 设计调查项目和工具。市场调查的内容是通过调查项目反映出来的。调查项目是调查过程中用来反映市场现象的类别、状态、规模、水平、速度等特征的名称或各类数据。市场调查工具是指调查指标的物质载体。如调查提纲、调查表、调查卡片、调查问卷等。设计出的调查项目最后都必须通过调查工具表现出来。设计调查工具时，必须考虑到调查项目的多少，调查者和被调查者使用是否方便，对资料进行整理分析时的需要等。

③ 规定调查对象和调查单位。市场调查对象是指市场调查的总体，市场调查对象的确定决定着市场调查的范围大小。调查单位是指组成总体的个体，都是调查项目的承担者。根据调查对象和调查单位，确定收集资料的来源、性质和数量。

④ 确定调查方法。调查方法的选择要根据市场调查的目的、内容，也要根据一定的时间、地点、条件下市场的客观实际状况。由于同一市场调查课题可以采用的方法不止一种，同一调查方法又能够用不同的调查课题。因此，调查者必须认真地比较，做到既节省调查费用又能达到调查目的。

⑤ 落实调查人员和工作量安排。在食品市场调查方案中，要最终计算调查人员和经费的数量，并落实其出处。这是市场调查顺利进行的基础和条件，也是设计调查方案时不容忽视的内容。此外，还应对市场调查人员的工作量进行合理安排，使市场调查工作有条不紊地进行。

（3）组建市场调查队伍　认真组建调查队伍是顺利完成调查任务的基本保证。做好食品市场调查人员的选择、培训和组织工作，建立能够顺利完成任务的调查队伍，也是市场调查准备阶段的一项重要工作。调查人员的选择，要从政治素质、知识文化程度、工作经验和技能等方面综合考察，决不能仅仅注重其工作技能。合格的调查人员是保证市场调查结果可靠的重要条件。对调查队伍要从职能结构、知识结构、能力结构及年龄、性别结构等，进行合理安排，使之成为一支精干的、能顺利完成调查各阶段工作的队伍。组建一支良好的调查队伍，不仅要正确选择调查人员，而且要对调查人员进行必要的培训。对调查人员的培训内容有思想教育、知识准备、方法训练等，思想教育是先导，知识准备是基础，方法训练是重点。培训的方法有集中讲授、阅读和讨论、模拟、现场实习等。

2. 市场调查收集资料阶段

在确定了调查课题，设计好了市场调查方案，组建起调查队伍之后，就可进入市场资料收集阶段。收集资料是按照调查设计的要求，收集有关被选中的调查单位的信息的过程，也就是调查实施的过程。收集资料是关系到市场调查成功与否的关键一步，而资料的收集关键又在于调查实施过程中严格的组织管理和质量控制。主要包括以下两方面的内容。

（1）收集二手资料　二手资料主要有两个来源：一是内部资料；二是外部资料。内部资料指企业营销系统中储存的各种数据，如企业历年的销售额、利润状况，主要竞争对手的销售额、利润状况，有关市场的各种数据等。外部资料指公开发布的统计资料和有关市场动态、行情的信息资料。外部资料的来源有政府有关部门、市场研究机构、咨询机构、广告公司、期刊、文献、报纸等。

（2）实地调查收集资料　实地调查是调查人员现场收集资料的过程，是市场调查的主体，也是市场调查的关键环节。实地调查直接反映了市场活动过程和问题，是进行市场研究的基础。实地调查的方法有询问法、观察法和实验法等。在实地调查中，主要的环节是"询问"。在现场实地调查中，经常遇到的问题是：①被调查者不在家，因此要注意事先约好时间；②被调查者不予合作，拒绝回答问题，这就需要在调查前说明调查意图，打消被调查者疑虑，取得其信任；③被调查者随便回答，造成误差，这就要求调查人员要善于启发，辨别真伪，进行核实；④由于调查人员的年龄、性别、态度或技巧方面的原因，有可能使调查结果产生偏差，这就要注意提高调查人员的素质，合理组织，加强相互配合与复核检查，以保证调查材料的真实可靠。

3. 市场调查研究阶段

市场调查研究阶段，主要任务是对市场调查收集到的资料进行鉴别与整理，并对整理后的市场资料做统计分析和开展研究。

（1）资料的准备　资料的准备是把调查中采集到的资料转换为适合于汇总制表和数据分析的形式，它是整个调查过程中的一个重要环节。通常，资料准备工作比较费时、费力，但对调查资料的最终质量和统计分析却有很大影响。准备的整个过程既有自动完成的，也有手工完成的。

（2）资料的分析　资料分析主要是运用统计分析技术对采集到的原始资料进行运算处理，并由此对研究总体进行定量的描述与推断，以揭示事物内部的数量关系与变化规律。在进行调查方案的设计时，就需要根据调查项目的性质、特点、所要达到的目标，预先设计好资料数据分析技术，制定好分析的计划。否则，就会出现所收数据资料不符合分析要求的现象。资料分析人员不仅需要熟悉各种统计方法，还要熟悉统计分析软件和计算机操作。对资料的分析，要根据不同的需要采用不同的分析方法，如时间序列分析、因素分析、相关分析、误差分析、判断分析等。总之，对调查资料进行分析后，一般能够达到反映客观事物及其规律性的目的。

4. 市场调查总结阶段

总结阶段是市场调查的最后阶段，它的主要任务是撰写市场调查报告，总结调查工作，评估调查结果。

调查报告是用文字、图表的形式反映调查内容和结论的书面材料，是整个调查研究成果的集中体现，是对市场调查工作最集中的总结。撰写调查报告是市场调查的重要环节，必须使调查报告在理论研究或实际工作中发挥重要作用。食品市场调查报告一般包括以下内容：①引言。说明调查的目的、对象、范围、时间、地点等。②摘要。简要概括整个研究的结论和建议，这是高层决策者最看重的部分。③正文。详细说明调查过程、调查内容、调查方法、结论和建议。④附件。包括样本分配、数据图表、问卷附本、访问记录、参考资料等。

提交调查报告后，调查人员的工作并没有结束，他们还应追踪了解调查报告是否被采纳，采纳的程度和实际效果如何。此外，还应对调查工作的经验教训加以总结，进一步提高市场调查的水平，为今后的市场预测工作提供借鉴。另外还应评估调查结果，主要是评估学术成果和应用成果两方面。对市场调查加以评估，目的是总结市场调查所取得成果的价值。

二、原始资料调查的方法

原始资料调查的方法主要有3种，即询问法、观察法和实验法。

1. 询问法

询问法是指选择一部分代表人物作为样本，通过访问或填写问询表征询意见。询问式调查是收集原始数据中使用最广泛的一种方式，尤其是了解人们的知识、态度、偏好和购买行为的有效方法。

按照与被调查者接触方式不同，询问式调查有以下3种具体方法。

(1) 当面询问 当面询问是指调查者面对面地向被调查者询问有关问题，对被调查者的回答可当场记录。调查方式可采用走出去、请进来或召开座谈会的形式，进行一次或多次调查。调查者可根据事先拟定的询问表（问卷）或调查提纲提问，也可采用自由交谈的方式进行。这种方法的优点是直接与被调查者见面，能当面听取意见并观察反应，能相互启发和较深入地了解情况，对问卷中不太清楚的问题可给予解释；可根据被调查者的态度灵活掌握，或进行详细调查，或进行一般性调查，或停止调查；资料的真实性较大，回收率高。缺点是调查成本较高，尤其是组织小组访问时；调查结果易受调查人员技术熟练与否的影响。

(2) 电话询问 电话询问是指调查人员根据抽样设计要求，通过电话询问调查对象。这种方法的优点是资料收集快，成本低；可以询问面谈感到不自然或不便的问题；可按拟定的统一问卷询问，便于资料统一处理。缺点是调查对象只限于有电话的用户，调查总体不够完整；不能询问较为复杂的问题，不易深入交谈和取得被调查者的合作。

(3) 信函询问 信函询问是指调查者将设计好的询问表直接邮寄给被调查者，请对方填好后寄回。这种方法的优点是：调查区域广泛，凡邮政所达到地区均可列入调查范围；被调查者有充分的时间考虑；调查成本较低；调查资料较真实。缺点是询问表的回收率较低，回收时间也较长；填答问卷的质量难以控制，被调查者可能误解询问表中某些事项的含义而填写不正确。一般限于调查较简单的问题，不易探测用户的购买动机。

(4) 留置问卷 留置问卷是介于邮寄调查和面谈之间的一种方法，它综合了邮寄调查由于匿名而保密性强和面谈调查回收率高的优点。具体做法是，由调查员按面谈的方式找到被调查者，说明调查目的和填写要求后，将问卷留置于被调查处，约定几天后再次登门取回填好的问卷。留置问卷调查的关键之一是保证匿名性。

(5) 网上调查　随着网络应用的推广，网上调查方法的重要性日益提高，应用范围不断扩大。网上调查有电子邮件调查和互联网页调查两种。该调查方法有如下特点：①调查对象有一定的局限性。网上调查只能在那些已联网的用户中进行，而联网用户只占总人口的一小部分，当然，这种局限性会随着网络的普及而趋于减弱。②回答率难以控制。就像邮寄调查中只有一定比例的收件人回答传统的邮寄问卷一样，网上也只是某些收件人会回答问卷。但是它有一定的新奇性，回答率可能会高些。③整个调查较难控制。首先是调查对象的选择较难控制，其次是样本量难以控制，再次是问卷回答质量难以控制，最后是调查的持续时间难以控制。④成本较低，传播迅速。

2. 观察法

观察法是指调查人员对某一具体事物进行直接观察，如实记录。可以是调查人员直接到调查现场进行观察，也可以是安装照相机、摄像机、录音机等进行录制和拍摄。观察性调查的具体方式有以下3种。

(1) 直接观察　直接观察是指调查人员亲自到现场进行观察。例如，调查人员亲自到大超市观察顾客走过食品货架或选购食品时，对不同品牌食品的兴趣和注意程度。

(2) 店铺观察　店铺观察是指调查人员亲自站柜台或参加展览会、展销会、订货会等，以观察和如实记录所要调查的内容。

(3) 痕迹观察　痕迹观察是指调查人员通过观察某事项留下的实际痕迹来了解所要调查的情况。例如，某食品企业在几种报纸上刊登同一广告，在广告下面附有一张表格或回条，请读者阅后把表格或回条剪下来寄给企业有关部门，以便于企业了解在哪种报纸上刊登广告最为有效，为今后选择广告媒体和测定广告效果提供依据。

(4) 行为记录　行为记录是指在调查现场安装一些仪器设备，调查人员对被调查者的行为和态度进行观察、记录和统计。如通过摄像机观察顾客购买产品的过程、选购产品的情况等，借以了解消费者对品牌的爱好与反应。这样能从侧面了解顾客的购买心理，对了解消费者的需求有一定的价值。

观察法的优点是可以比较客观地收集资料，直接记录调查的事实和被调查者在现场的行为，调查结果更接近实际。缺点是观察不到内在因素，只能报告事实的发生，不能说明其原因；比询问法花钱多，调查时间长；要求观察人员有较高的业务水平，从而使观察法的利用受到限制。

3. 试验法

试验法是指从影响调查问题的许多因素中选出一两个因素，将他们置于一定条件下进行小规模试验，并对试验结果进行分析的一种方法。此种方法应用范围很广，尤其是因果性调查常采用此种调查方法。例如，将某一品种的食品改变包装、价格、广告等以后对药品销售量会产生什么影响，都可以先在小规模的市场范围内进行试验，观察消费者的反应和市场变化的结果，然后考虑是否推广。试验法有以下两种具体方法。

(1) 实验室试验　如在实验室观察人们对不同广告的兴趣程度。

(2) 销售区域试验　如在某一销售区域试验调整某一营销策略会带来什么结果。

试验法的优点是方法科学，可获得较正确的原始资料。缺点是不易选准社会经济因素相类似的试验市场，且干扰因素多，影响试验结果；试验时间较长，成本较高。

上述3种调查方法各有优缺点，使用时可根据调查问题的性质、要求深度、费用多少、时间长短和实施能力等进行选择。3种方法可以单独使用，也可以结合使用。

三、抽样调查的方法

在市场调查中,抽样调查是一种非全面调查,就是根据随机原则或非随机原则从调查对象总体中抽取一部分单位作为样本进行调查,然后根据抽样结果推算出总体特征的一种调查方式。这种方法可以在比较短的时间内,用较少的费用和人力即可展开调查;其调查资料可以用数理统计方法进行统计,能获得比较准确的资料,简便易行,是目前食品市场调查中采用的最基本的调查方法。抽样方法大体上可分为两大类,一是随机抽样,二是非随机抽样。

1. 随机抽样

随机抽样是指按照随机原则抽取样本,即完全排除人们主观意识的选择,在总体中每一个体被抽取的机会是均等的。随机抽样的具体方法有以下 3 种。

(1) 简单随机抽样　简单随机抽样又被称为完全随机抽样,是指从总体中随机抽取若干个个体为样本,抽样者不作任何有目的的选择,而是用纯粹偶然的方法抽取样本。它是随机抽样中最简便的一种方法。在市场调查活动中采用的简单随机抽样方法,主要有掷骰子法、抽签法、随机号码表法和出生年月法等。

(2) 分层随机抽样　分层随机抽样也称为类型抽样法或者分类抽样法,是指将调查的市场母体划分成若干个具有不同特征的次母体,这些次母体一般叫做层(或叫做组),再从各层的单位中随机抽取样本。怎么样分层,并无一定规则。例如,调查某地区食品经营企业的食品周转情况,先按其经营规模分为大型、中型和小型企业 3 种类型(次母体),然后再从 3 种类型中分别随机抽取样本。如果是调查消费者,一般可按照收入、性别、年龄、家庭人口、教育程度、职业等分层。总之,要尽量使各层之间具有显著不同的特性,同一层内的个体则具有相同的特性。一般来说,当总体中的调查单位特性有明显差异时,可分层随机抽样。

(3) 分群随机抽样　分群随机抽样又称集团抽样法,是先将调查总体按一定的标准(如地区、单位)分为若干群体,再从中按随机原则抽取部分群体,由被选中的群体中的所有单位组成样本的抽样调查方法。分群随机抽样法所划分的各群体,其特性大致要相近,而各群体内则要包括各种不同特性的个体。

此法与分层抽样的区别在于:分层抽样法分成的各层彼此之间差异明显,而每层内部差异很小,即层间方差大,层内方差小。分群抽样正好相反,分成的各群之间彼此差异不大,而群内差异明显,即群间方差小,群内方差大。从抽取样本方式上看,分层抽样每层都要按一定数目抽取样本,而整群抽样是从分成的若干群体中抽取样本的。

2. 非随机抽样

非随机抽样是指按照调查目的和要求,根据一定的主观设定的标准来选择抽取样本,也就是对总体中的每一个体不给予被选择抽取的平等机会。非随机抽样的具体方法有以下 3 种。

(1) 任意抽样　任意抽样也称便利抽样,它是指样本的选择完全根据调查人员的方便来决定,通常没有严格的标准。比如,在街头上向过路行人随意作访问调查;在柜台销售食品过程中向购买者作询问调查等。实行任意抽样法的基本理论根据,就是认为母体中的每一分子都是相同的,故任意选出的样本与总体的特性并无差别。其优点是使用简单方便,也较为经济。但抽样偏差大,其调查结果可信程度低。因为它很难作误差分析,在正式市场调查中不宜采用任意抽样法。而在非正式的市场调查中,却是被应用得最多的一种调查取样的方法,尤其是对一些保健品等的调查。

(2) 判断抽样　判断抽样也叫目的抽样或主观抽样，是指按照市场调查者对实际情况的了解和主观经验选定调查样本单位的一种非随机抽样方法。使用这种方法，样本的选定者必须对总体的特征有相当的了解，一是选样本时应该选择"多数型"样本，即在调查总体中选择能够反映大多数单位情况的个体为样本；或是选择"平均型"样本，即选择在调查总体中能代表平均水平的样本，避免挑选"极端型"，使样本更具有代表性。依据判断抽样法所选定的样本，易于符合市场调查人员的调查需要，同随机选定的样本相比，回收率比较高，而且简便易行，所以具有一定的实践意义。判断抽样法适用于总体中调查单位比较小，调查者对调查对象的特征了解得比较清楚，样本数目不多的调查；或企业为了迅速解决日常经营决策问题的客观依据资料，也常常使用判断抽样的方法。

(3) 配额抽样　配额抽样法又称定额抽样法，是指将调查对象按规定的控制特征分层，按一定控制特征规定样本配额，由调查人员随意抽取样本的抽样方法。配额抽样是按调查人员的主观判断直接抽取样本，相关的控制特征可以包括性别、年龄等。配额抽样与分层抽样有相似之处，都是事先对总体所有单位按某种标准分层，将样本分配到各层中。但它们也有明显的区别：在分层抽样中，是按随机原则在各层中抽取样本；而在配额抽样中，样本的抽取不是随机的，调查人员可以根据主观判断或方便原则抽取样本。

这种方法的优点是简便易行，成本低，没有总体名单也可以进行。但是控制特性多时，计算较复杂，且缺乏统计理论依据，无法准确估计误差。

第三节　食品市场需求的测量与预测

一、食品市场预测的必要性

食品市场预测是在食品市场调查的基础上，利用一定的方法或技术，测算一定时期内食品市场供求趋势和影响市场营销因素的变化，掌握食品市场变化规律，从而为食品企业的营销决策提供科学的依据。食品市场预测的必要性表现在以下几个方面。

1. 食品市场预测是食品企业经营管理决策的重要前提条件

食品企业要做出正确的经营决策，必须掌握当时的食品市场环境，做出食品市场发展变化的趋势预测。这是食品企业明智决策的首要条件。

2. 市场预测是食品企业制定生产经营计划的重要依据

食品企业在制定生产经营计划时，除了依据国家指导性政策外，还必须考虑社会、市场、用户的需求和企业本身经济效益的要求，这就要求食品企业能够在预测了未来趋势的基础上根据市场的变化情况及时地做出计划的调整。

3. 食品市场预测有利于食品企业掌握市场主动权

食品市场的需求结构经常发生变化，在产品品种、价格、质量、促销手段和售后服务等方面存在着激烈的竞争。商场如战场，取胜的基本条件是"知己知彼"，才能"百战不殆"。因此企业必须充分掌握食品市场的动态，把握竞争对手的竞争策略和竞争方式，有针对性地调整经营战略与战术，做出超前决策，抢在竞争对手之前采取必要行动，掌握竞争的主动权。

4. 食品市场预测有利于食品企业开拓市场，提高市场占有率

市场占有率是反映一个企业竞争能力的一个首要指标，也是各企业想方设法想提高的指标。通过食品市场预测可以发现目标市场，发现市场需求潜量和企业的销售潜量，从而有效

地开展销售推广工作，占领目标市场，扩大销售数量，提高市场占有率。

5. 食品市场预测有利于改善经营管理，提高经济效益

通过食品市场预测，使经营者避免盲目性，增强自觉性，发现市场机会，调整经营策略，改善经营管理水平；合理使用人、财、物、时间和空间，正确选择安排企业生产经营各环节的人、财、物的比例，做到人尽其才，物尽其用，生产出产销对路的药品；加速资金周转，节约各环节的费用，提高经济效益。

二、食品市场预测的主要内容

食品市场预测的内容十分丰富。凡是涉及和影响食品市场变化的因素都属于预测的范围。食品企业应该根据企业不同时期面临的各种内外环境和企业经营活动的需要确定预测的内容。从为食品企业进行市场营销决策提供依据的目的出发，食品市场预测的主要内容如下。

（1）市场需求预测　食品市场需求是一种食品在一定的地理区域和一定时期内，在一定的营销环境和营销方案下，由特定的顾客群体愿意购买的总数量构成。食品市场需求预测包括质与量两个方面。从质的方面考察，市场需求预测要解决"需求什么"的问题；从量的方面考察，市场需求要解决"需求多少"的问题。这方面的预测包括顾客调查与分析，市场需求趋势分析预测，消费心理变化趋势分析预测，食品需求量预测，需求潜量和结构预测。

（2）食品的预测　食品是食品企业经营活动过程的物质基础，经营活动过程是通过食品的流动来实现的。食品预测主要包括产品组合预测，需求食品的品种、规格、包装、品牌、质量等的预测，食品标准管理预测，食品生命周期预测等。

（3）食品科技发展趋势预测　当前世界科学技术迅猛发展，新技术、新工艺、新材料的推广使用，对企业的食品生产成本、定价等都有重要影响，并对企业经营带来深刻的影响。食品科技发展趋势预测主要包括对食品科学技术未来发展的预测，食品生产新工艺的预测，新产品开发与应用预测等。

（4）竞争预测　在市场经济情况下，竞争对企业影响很大。食品市场营销的竞争预测主要包括市场竞争主体变化预测，竞争对手的数量、各自的实力变化预测，主要竞争对手的产品、营销组合、经营策略、企业竞争实力的现状及其变化预测，市场竞争态势变化预测，竞争对手对本企业竞争策略的反应及影响程度的预测等。

（5）价格预测　在正常情况下，价格围绕价值上下波动，是市场波动的主要标志与信息载体。价格预测包括：价格总水平及通货膨胀、利息、汇率的变化趋势的预测，主要产品价格走势及变化幅度预测，价格政策预测，成本变化预测，价格波动幅度与影响预测，定价策略与方法发展预测，价格心理预测等。

（6）企业财务预测　企业财务预测就是对未来一定时期内企业经营活动所取得的有效成果和资金消耗这两者进行预测。以最小的物耗，争取最大的经济效益，是每个食品企业所要求达到的共同目标。企业财务预测能为企业经营决策提供财务上的科学依据，对改善企业经营管理，提高经济效益具有重要意义。预测企业财务的主要指标有商品销售额、劳动生产率、资金占有及资金周转率、流通费用及流通费用率、利润和利润率、设备利用率等。

（7）外部环境预测　外部环境预测是影响食品企业经营活动的不可控因素，这些不可控因素经常处于变动之中。环境的变化，可能给企业带来可以利用的市场机会，也可能给企业带来一定的环境威胁。预测、分析把握经营环境的变化，善于从中发现并抓住有利于企业发展的机会，避开或减轻不利于企业发展的威胁，是企业经营决策的首要问题。外部环境预测

有：经济环境预测，政策措施预测，人口预测，病疫情预测，自然环境预测等。

三、食品市场预测的步骤

一般来说，预测要按图4-1的程序进行。

明确预测目标 → 搜集资料 → 选择预测模型 → 分析评价 → 确定预测结果

图4-1 市场预测的步骤

1. 明确预测目标

预测工作的第一个程序是明确预测目标，即预测什么，通过预测要解决什么问题，进而明确规定预测目标、预测期限和预测目标的数量单位。预测目标要避免空泛，要明确具体，如确定对某一种食品或几种食品销售量的预测，期限是短期，还是中、长期预测。预测目标不同，所需要的资料和采用的方法也会不同。预测目标选准确了，才能提高预测效果。

2. 收集和整理资料

资料是预测的基础。预测的资料依据就是食品市场调查中直接情报信息和间接情报信息。一个食品企业无论进行何种预测，都必须极其强调可靠的数据资料。应该根据预测的目的和种类去收集资料，包括二手资料和原始资料、数据资料、文字资料等。对所收集到的资料要进行认真整理和审核，对不完整的和不适用的资料要进行必要的调整，从而保证资料的准确性、系统性、完整性和可比性。此外，对经过整理和审核的资料还要进行初步分析，观察资料结构的性质和各种市场因素间的相互依存关系，如食品价格变动和广告宣传对市场需求的影响等，作为选择适当的预测方法和模型的依据。

3. 选择预测方法和模型

在预测时，应根据预测目标和占有的信息资料，选择适当的预测方法和预测模型。预测方法不同，预测结果也就不一样。预测方法和预测模型的选择，还要考虑预测费用的多少和对预测精度的要求。按照选定的预测方法所得出的预测结果，一定要尽量接近于客观事物的实际情况。有时还可以把几种预测方法结合起来使用，互相验证和综合分析预测结果。一般来说，对定量预测，可以建立数学模型；对定性预测，可以建立逻辑思维模型。然后选择适当的预测方法进行预测模型计算和估计。

4. 分析评价

由于市场的发展变化受多种因素影响，通过预测模型预测的结果往往与实际情况有出入，不能直接运用。预测结果的误差愈大，准确性愈小。误差过大，预测结果就会失去实用价值。所以必须事先进行分析评价，把误差控制在最小可能限度内。分析评价时要充分考虑到企业内部、外部的影响因素，分析其对未来发展的影响，并找出出现误差的原因。

5. 确定预测结果

无论是定量预测的数学模型，还是定性预测的逻辑思维模型，都是在一定假设性条件下（假设未来似于过去）进行的，因此，预测得出的数量模型不可能完全准确全面。所以，在进行分析评价之后，要将未考虑到的因素的影响范围和影响程度以及误差原因等作综合分析，以修正调整预测模型得出的预测数量，得出较准确、较完善的预测结果。

四、食品市场预测的主要方法

市场预测的方法很多，归纳起来可分为两大类，即定性预测方法和定量预测方法。

1. 定性预测方法

定性预测法也叫经验判断预测法，主要是通过市场调查，采用少量的数据和直观材料，结合人们的经验加以综合分析，做出判断和预测。定性预测的主要优点是：简便、易行、省时、经济，一般不须要先进的计算设备，不需要高深的数学知识准备，易发挥人的主观能动作用。但常带有主观片面性，往往受预测者经验、认识的局限，精确度比较差。适用于对某一事物的发展趋势、优劣程度和发生概率的估计。定性预测的具体方法主要有以下几种。

（1）购买者意向调查法　购买者意向调查法是指在营销环境和条件既定的情况下，对购买者意向进行调查，从中获得信息，通过综合分析，预测出消费者购买意向的主要变动方向。一般来说，在满足下面三个条件的情况下，购买者意向调查比较有效。

① 购买者的购买意向是明确清晰的。
② 这种意向会转化为顾客购买行动。
③ 购买者愿意把其意向告诉调查者。

购买意向调查预测一般用抽样调查法来选择调查对象，用询问法作为调查手段。也可采用订货会、座谈会、展销会等形式进行。这种方法的优点是节省人力、物力，方便迅速，但受被调查者的态度和样本选择的代表性等因素的制约。

（2）经验判断法　经验判断法是预测人员根据已掌握的信息资料进行必要的市场调查研究，凭自身的知识和经验，对食品市场未来一定时期的发展趋势做出主观判断。这种方法简单实用，能汇集各方面的意见，但预测结果受预测人员业务知识水平、个性特点、掌握资料的情况以及分析综合能力的影响。

（3）专家意见法　专家意见法是指由专家们对未来可能出现的各种趋势做出评价的方法。可以分为专家会议法和个别专家意见法。

① 专家会议法。专家会议法是根据市场预测的目的和要求，向一组经过挑选的有关专家提供一定的背景资料，通过会议的形式对预测对象及其背景进行评价，在综合专家分析判断的基础上，对市场趋势做出量的推断。这种方法的优点是：与会专家能畅所欲言，自由辩论，充分讨论，集思广益，从而提高了预测的准确性。但是预测容易受专家个性和心理因素的影响，也容易受权威意见的影响，从而影响预测的科学客观性。

② 个别专家意见法。个别专家意见法又称德尔菲法，是美国兰德公司于20世纪40年代末提出的。德尔菲是古希腊传说中的神谕之地，城中有座阿波罗神殿可以预卜未来，因而得名。德尔菲法是以匿名的方式，逐轮征求一组专家各自的预测意见，直至专家意见基本趋向一致，最后由主持者进行综合分析，确定市场预测值的方法。这是一种有发展前途的预测方法。与其他预测方法相比，德尔菲法具有以下几个特点。a. 匿名性：在整个预测过程中专家之间互不见面，不发生横向联系，主持者与专家之间的联系采取书信方式，背靠背地分头征求意见。专家的预测意见也是以匿名的形式发表。b. 反馈性：德尔菲法不是一次性作业，而是采取多次逐轮征求意见，每一次征询之后，预测主持者都要将该轮情况进行汇总、整理，作为反馈材料发给每一位专家。c. 收敛性：整个预测过程避免了专家之间心理上的影响，并通过反复补充资料、交流信息，使各专家的意见趋于一致。

德尔菲法的优点是分别征询意见，既可发挥各位专家的智慧，集思广益，又可避免专家间的相互影响和迷信权威的倾向；而且考虑问题时间充分，准确度高。这是一种权威性预测法，西方国家多采用这种预测方法，也是其食品市场预测中常用的一种方法。其缺点是信件往返时间长，费时费力。

2. 定量预测法

定量预测法又称分析计算预测法,是在依据市场调查所得的比较完备的统计资料,运用数学,特别是数理统计方法,建立数学模型,用以预测食品市场未来数量表现的方法的总称。运用定量预测方法,一般需要大量的统计资料和先进的计算手段。这种方法的优点是预测结果准确可靠,科学性强;缺点是对不可控因素较多的产品难以进行有效的预测。所以采用定量预测方法时,要求所收集的资料完整、准确、详细,预测对象的发展变化趋势要相对比较稳定。常用的定量预测方法有以下几种。

(1) 平均数法

① 算术平均法:算术平均法是把过去各时期的实际数据相加,与时期总数相除,所得的算术平均值即为未来时期的预测值的一种预测方法。其计算公式是:

$$x_{n+1}=(x_1+x_2+x_3+\cdots+x_n)/n=\sum x_i/n$$

式中,x_{n+1} 表示 $n+1$ 期预测值;x_1,$x_2\cdots x_n$ 代表各期实际销售额;n 表示时间序列的资料期数。

例如:某市一个超市 2006 年 1~6 月份,方便面销售额分别为 25 万元,22 万元,20 万元,19 万元,23 万元,19 万元。试预测方便面 7 月份食品的销售额。

根据上述公式计算 7 月份的预测值为:

$$预测值=(25+22+20+19+23+19)/6=21.3(万元)$$

算术平均法的优点是计算方便。当预测对象长期无显著变动趋势和季节变动时,采用此法的预测结果大致可以令人满意。缺点是所有观察值不论新旧在预测中一律同等对待,这是不符合市场发展的实际情况的。因而只适用于销售情况平稳、无季节性变化的产品的预测。

② 加权平均法:为了克服算术平均法的缺点,在预测中给每个观察值以其重要性判断赋予不同的权数,这就有了加权平均法。对于不同时期的实际数给予不同的权数处理后再求平均值,更能反映事物客观规律及未来发展趋势;普遍认为越是近期的数据,越能反映发展趋势,应给予较大的权数。加权平均数的计算公式是:

$$x_{n+1}=\sum f_i x_i/\sum f_i$$

式中,x_{n+1} 是 $n+1$ 期的预测值;x_i 是各期的统计数据;f_i 是 i 期数据的权数,$i=1,2,3,\cdots,n$。

例:某食品企业近三个月的利润分别为 35 万元,32 万元,38 万元,试预测第四个月的利润额。

因为离预测期越近的数据对预测值的影响就越大。所以设第一、第二和第三月销售额的权数分别是 0.25、0.35、0.40,则第四个月的销售预测额为:

$$预测值=(35\times0.25+32\times0.35+38\times0.40)/(0.25+0.35+0.40)=35.15(万元)$$

(2) 季节指数预测法 季节指数法是以市场季节性周期为特征,计算反映在时间序列资料上呈现出的有季节变动规律的季节指数,并利用季节指数进行预测的一种预测方法。如食品市场上的防暑降温和保健食品都会呈现季节性的规律变动。下面是季节指数预测法的计算步骤。

例如:某超市 2000~2004 年清热降火的饮料分季节的销售资料见表 4-1 和表 4-2。

根据以上资料,要求计算:①各季节指数;②已知 2005 年该饮料的销售量将比 2004 年增长 3%,求各季销售量预测值。

表 4-1　2000～2004 年清热降火饮料分季节销售资料　　　　　单位：万元

年　份	第一季度	第二季度	第三季度	第四季度	合计
2000	182	1144	1728	118	3172
2001	231	1208	1705	134	3278
2002	330	1427	1932	132	3821
2003	220	1302	1872	130	3524
2004	226	1390	1962	133	3711

表 4-2　季节指数计算表　　　　　单位：万元

项　目	一季度	二季度	三季度	四季度	总合计数
历年各季合计数	1189	6471	9199	647	17506
季节指数/%	27.16	147.86	210.19	14.79	400

第一步，求历年季合计数。如第一季合计数＝182＋231＋330＋220＋226＝1189（万元），其余类推。

第二步，求历年总合计数：3172＋3278＋3821＋3524＋3711＝17506（万元）。

第三步，求总合计数的季平均数：17506÷4＝4376.5（万元）。

第四步，求季节指数。用历年各季合计数除以季平均数。

如第一季度的季节指数＝(1189÷4376.5)×100％＝27.16％，其余类推。

第五步，求出 2005 年的清热降火饮料销售的预测值：3711×(1＋3％)＝3822.33（万元）。

第六步，求出预测年度的季平均数：3822.33÷4＝955.58（万元）。

第七步，求出 2005 年每个季度的销售额预测值：

第一季度预测值＝955.58×27.16％＝259.54（万元）

第二季度预测值＝955.58×147.86％＝1412.92（万元）

第三季度预测值＝955.58×210.19％＝2008.53（万元）

第四季度预测值＝955.58×14.79％＝141.33（万元）

（3）一元线性回归法　回归预测法是借助回归分析这一数理统计工具进行定量预测的方法。利用预测对象和影响因素之间的因果关系，通过建立回归方程式来求预测值。例如保健品需求量与居民收入水平之间存在着明显关联，其规律可以用近似的函数来表示。

回归预测法根据有关因素的多少而分为一元线性回归法、多元线性回归法与非线性回归法等。在食品市场预测的实际工作中，一元线性回归模型较常见。其公式为：

$$y = a + bx$$

其中，y 是因变量，即预测值；x 是自变量，即影响因素；a、b 为回归系数。

一元线性回归预测法，主要是找到一条倾向性的回归直线，使该直线到实际资料各点之间的偏差平方和为最小，最能代表实际各点的变动倾向，以此来了解事物未来的发展趋势，以该直线作为预测的依据。

根据最小二乘法原理，分别对 a、b 求偏导数，并令其偏导数为 0，得方程组为：

$$\sum y_i = na + b\sum x_i$$
$$\sum x_i y_i = a\sum x_i + b\sum x_i^2$$

解得：
$$a = \frac{\sum y_i}{n} - b\frac{\sum x_i}{n}$$
$$b = \frac{n\sum x_i y_i - \sum x_i \sum y_i}{n\sum x_i^2 - (\sum x_i)^2}$$

如果 x 自变量是一组等长期的时间变量，那么我们可以令 $\sum = 0$，即当期数是奇数时，将 $x=0$ 置于数据资料的中间项；当期数是偶数时，将 $x=-1$ 和 $x=1$ 置于数据资料的中间两项。此时，求解 a、b 的公式可以简化为：

$$a = \sum y_i / n$$
$$b = \sum x_i y_i / \sum x_i^2$$

例如：某食品厂 2000~2004 年的销售额分别为 560 万元、620 万元、685 万元、747 万元、800 万元，试用一元线性回归法预测 2005 年的销售额。

本例中 y 代表销售额，x 是时间变量，n 是资料期数。$n=5$ 是奇数，按简化方法计算如表 4-3 所示。

表 4-3　回归系数的计算表　　　　　　　　　　　单位：万元

年　份	时序(x)	销售额(y)	xy	x^2
2000	-2	560	-1120	4
2001	-1	620	-620	1
2002	0	685	0	0
2003	1	740	740	1
2004	2	800	1600	4
合　计	0	3405	600	10

经计算得：$a = \sum y_i/n = 3405/5 = 681$　　　$b = \sum x_i y_i / \sum x_i^2 = 600/10 = 60$

回归方程为　　　　　　　　　$y_i = 681 + 60 x_i$

2005 年的时序应为 3，将 $x_i = 3$ 代入回归方程得：

2005 年的预测值 $y_3 = 681 + 60 \times 3 = 861$（万元）

以上介绍的是观察期数为奇数的方程参数的求法。如果期数为偶数时，应特别注意两点：一是中间两项的时序分别为 $x=-1$，$x=1$，每期之间的间隔为 2，则中间两项的前后两项的时序数 $x=-3$，$x=3$；二是最后预测时，预测时期的时序也要间隔两年一期。这两点是特别易出错的，需十分注意。

本 章 小 结

本章主要概括介绍了食品市场营销调研的含义和作用，详细讲解了食品市场调查的步骤和方法。在调查的基础上，企业可以采用定性和定量预测的方法测算食品市场的供求趋势。

思考与练习

一、判断正误并说明理由

1. 实验法是收集第一手资料的基本调查方法。　　　　　　　　　　　　　　（　）
2. 分群抽样要求各群之间个体特征具有显著的差异性。　　　　　　　　　　（　）
3. 分层抽样要求各层内部个体特征具有显著的类似性。　　　　　　　　　　（　）

4. 德尔菲法的匿名性是指专家背靠背发表意见。（　　）
5. 随机抽样时总体中每个个体被抽做样品的可能性均等。（　　）

二、简答与论述

1. 什么是营销调研？营销调研的主要内容是什么？
2. 食品市场调查的方法有哪些？
3. 什么是定性预测方法？包括哪些方法？
4. 企业准备上一种袋装早餐方便饮品，如果你是市场部经理，为了解市场需求，将会如何规划市场调查程序。

三、案例分析

案例分析 4-1

三次失策，苦汁自饮

美国西部的佩伯尔基农庄从 1979～1984 年连续三次预测失误，使农庄自食其盲目经营的苦果。

20 世纪 70 年代末，佩氏农庄几乎成了传统、优质农副产品的代名词，无论是新鲜蔬菜或冰冻制品，只要是冠以佩氏牌子，在市场上总是很抢手。1979 年佩氏农庄准备扩大战果。农庄的董事们进行了长时间的酝酿，他们认为：人们的饮食模式正在改变，传统的家庭餐食已经衰退，人们需要在无规则的时间里饮食味道鲜荑、数量不多却又饶有趣味的"非餐食"食品。1980 年初，佩氏农庄推出了夹心膨胀型面制糕饼类食品。1980 年 3 月，这条食品线在加州的贝克斯菲尔德经过了小型试验，试验结果表明，这种食品与三明治相比更能引起人们的食欲，烹饪方便，价格便宜。于是他们将其命名为"得利"食品。董事们预测，这种食品上市 1 年后，销售额不会低于 4000 万美元这一保本数字。

可是 1 年之后，"得利"食品的销售额只有 3500 万美元，大大低于佩氏农庄的事先预测。这是佩伯尔基农庄有史以来的第一次严重失利。农庄的老板克鲁奇先生承认："得利"食品的牛肉馅肉质太老，令人极不满意；消费者并没有真正接受"得利"的新风味；更主要的是"得利"食品在早期决策过程中没有一个明确的定位策略，目标顾客在哪儿、是谁，至今尚不清晰，1982 年 5 月，佩氏农庄的董事们又坐到一起，重新设计着新的方案。一位董事说"据可靠消息，3 部系列电影《星球大战》将于 1982 年春天上映，这将赐予我们开发儿童饼干市场的良机。"董事会又形成了一个所谓"万无一失"的方案。

就在《星球大战》第 3 部上映的 1982 年春天，佩氏农庄的"星球大战饼干"批量上市。起初确实迎合了儿童的心理，销势看好，佩氏农庄信心十足地加快了生产步伐。但是，时过几个月，形势急转直下，很多超级市场都不愿销售这种饼干。这些零售商认为佩氏农庄的饼干出厂价太高，他们不得不将零售价定为 1.39 美元，这在当时已超过了任何儿童饼干的价格。佩氏农庄设法降低生产成本，这样又使"星球大战饼干"的一些质量指标低于了正常标准，致使超级市场拒收货物。佩氏农庄使用"星球大战饼干"这一名称已与卢中斯电影公司签订了专利许可协议，因而在亏本情况下，佩氏农庄也必须硬着头皮生产。这个老名牌农庄又遇到了新问题。

在"星球大战饼干"刚刚滞销的同时，佩氏农庄的董事们又进行了"拯佩伯尔基"商讨会，计划引进一种新的高质量产品——非过滤优质苹果汁。当时，美国消费者们购买了 80% 的苹果汁都是经过过滤的，十分清净，儿童消费占据很大的比重。他们将新产品投放于康涅狄格州的哈特福特和新哈劳两地试销，取得了令人鼓舞的结果。于是，佩伯尔基就地购买了一家大型食品加工厂。1984年初，印有佩伯尔基农庄名称的苹果汁在康涅狄格州铺天盖地。

但是，当农庄将这种所谓"味美甘润的天然苹果汁"推向美国其他市场时，由于美国人对天然饮料并未产生浓厚的兴趣，人们对这种未经过滤的、有很多絮状物的东西望而生畏；另外，产品名称和广告中没有一点"适宜于儿童"的宣传字样。销售走滞使农庄以优惠价格出售产品，而降价又引起人们更大的猜疑。这种恶性循环使佩氏农庄进入第三次困境。

1984年财政年度，佩伯尔基农庄的经营利润下降了18％。1985年，那家巨大的食品加工厂整个关闭，至此，优质苹果汁只能作为自饮的苦汁。

资料来源：宋小敏. 市场营销案例实例与评析. 武汉工业大学出版社，2002.

【案例思考】

1. 分析佩伯尔基农庄三次预测失误的原因。
2. 结合案例谈谈营销调研和预测对新产品开发的重要意义。

第五章

购买者行为分析

★ 学习目标与要求

1. 掌握影响消费者行为的因素,消费者行为的基本模式
2. 掌握消费者的购买类型及各种类型的特点
3. 掌握消费者市场购买行为的分析方法
4. 利用消费者行为的基本模式,并根据影响消费者行为的主要因素全面观察和认识特定消费者的行为特点
5. 根据消费者购买决策过程五个阶段的行为特点和要求,形成企业相应营销策略的基本思路
6. 基本准确地判断特定消费者的购买类型,并提出有针对性的营销策略

★ 基本概念

消费者市场需求　需求层次论　购买动机　影响消费者行为的因素
购买行为　购买行为类型　购买决策过程　复杂的购买行为
寻求品牌的购买行为　减少失调的购买行为　习惯性购买行为

市场营销的目标是使消费者的需求得到满足并获得利润。目标能否实现取决于消费者是不是乐意实施购买活动。可见对于市场营销,最重要的不在于考虑生产什么,销售什么,而在于搞清楚消费者希望购买什么以及购买的行为特征。只有消费者乐意购买你的产品,企业的目标才能实现,因此只有认真研究和分析了消费者的购买行为特征,才能有效地开展企业的营销活动。然而消费者的购买行为是很复杂的,经常受各种因素的影响,会产生很大的差异。本章即对消费者的需求及其购买行为进行比较全面地分析。

第一节　消费者的需求和购买动机

消费者的行为是由动机支配的,而动机又是由消费者的需求引起的,需求和动机与行为有着直接而紧密的联系。这是由于人们的任何消费行为都是有目的的,这些目的或目标的实质是为了满足人们的某种需要或欲望。需求、动机与行为的关系如图5-1所示。

需求 —激发→ 动机 —驱动→ 行为 —达到→ 目标 —满足需要→ 行为结束

图5-1　需求、动机与行为的关系

从图5-1可以看出,就一次行为过程而言,直接引起、驱动和支配行为的心理要素是需求和动机。需求是消费者行为的原动力,动机则是消费者行为的直接驱动力。因此,在研究

消费者的行为时，就必须研究消费者的需求与动机，把握消费心理与行为的内在规律。

一、消费者市场

消费者市场是指个人或家庭为了满足自身生活需要而购买产品或服务的市场，是整个经济活动为之服务的最终市场。消费者市场在整个市场体系中居于基础性的中心地位。市场营销学研究消费者市场，核心是研究消费者的购买行为，即消费者购买商品的活动和与这种活动有关的决策过程。目前，我国消费者市场已成为整个国民经济大市场中十分重要的组成部分，消费者市场中经营活动的成败，不仅关系到企业经营目标的实现，而且关系到广大消费者的切身利益和生活质量。

二、消费者市场需求

消费者市场需求是指在一定时间内，一定价格水平下，消费者愿意而且能够购买的商品和劳务的总和。作为需求，它应同时具备下面两个条件：第一，要有购买的欲望，即想要购买，愿意购买；第二，要有购买能力，即有实现购买欲望的货币支付能力。需求是购买欲望和购买能力的统一，两者缺一不可。

企业的一切营销活动都是从满足消费者需求出发的。因此，对消费者需求进行深入细致的研究，掌握其变化规律，对于满足消费者的需求，有效地开展营销活动，具有十分重要的意义。消费者市场需求有如下特征。

1. 多样性和差异性

多样性和差异性是消费者市场需求的最基本特征。不同的消费者由于在地理位置、民族传统、宗教信仰、生活习惯、兴趣爱好、年龄性别、职业特点、经济条件等方面存在着不同程度的差异，他们对产品和服务的需求也就千差万别。就同一消费者而言，他们对不同的商品和同种商品的不同规格、价格、质量、款式、颜色等都会产生多种多样的需求，从而决定了消费者需求的多样性。

2. 扩展性

随着经济的发展和社会的进步，人们的生活水平在不断提高，消费观念在不断更新，消费者对产品和服务的需求也在不断发展变化，需求的内容、形式、层次在不断提升，不会长期停留在原有水平上。消费者需求的这种扩展性，一般是沿着由简单到复杂，由低级到高级，由数量上的满足到追求消费质量的方向前进的。认识到消费者需求的扩展性，要求企业必须具有连续开发新产品的能力，认真做好市场调查和预测工作，使企业的发展适应于消费者市场需求的发展。

3. 周期性

消费者市场需求的变化还具有周期性的特点。随着时间的推移，消费者已经满足的需求还会重复出现，但这不是对原有需求简单的重复，而是在形式或内容等方面有所变化和更新。这主要是由消费者的生理运行机制及某些心理特征引起，并受到自然环境变化周期、商品生命周期和社会时尚变化周期的影响。例如曾经很长时间无人问津的粗粮、杂粮，如今在营养、健康、绿色的消费观念下，又重新登上了餐桌。

4. 可诱导性

一定阶段社会政治经济制度的变革，道德观念的更新、生活和工作环境的变迁、社会交往的启示、广告宣传的诱导、生态环境的变化等，都可能改变消费者需求。也就是说消费者需求不是一成不变的，是可诱导的，营销者可以通过有意识的内部或外部的活动引导消费者按照预期的目标转移。如消费者购买食品容易受到个人情感和受厂家、商家促销影响，容易受广告、商品包装，新奇的特点、降价、商店的气氛、营销人员的劝告等各种外在因素的影响。企业营销人员应通过制订正确的营销策略，采用各种方法，正确引导和影响消费者，使消费者潜在的需求变为现实的购买。

5. 分散性

消费者市场是以个人和家庭为基本单位进行购买和消费的。限于每个家庭的人数、需要量、购买能力、存放条件，以及商品有效期等因素，消费者购买一般是小批量、多批次的零星购买，尤其是购买日常消费品比较

图 5-2 马斯洛的需求层次图

频繁。另外，千家万户的消费者在空间位置上也比较分散，因而消费者市场具有分散性的特征。

6. 层次性

消费者的需求是有层次的，美国心理学家马斯洛于 1943 年提出著名的"需求层次论"，将人类的需求分成五个层次：生理的需求、安全的需求、社会的需求、尊重的需求及自我实现的需求。它们是依照由低到高的层次组织起来的。一般来说，当低层次的需要基本满足后，较高层次的需求随即出现，人们就是在不断的追求中，产生新的需求，新的行为动力。这种需求层次可由图 5-2 表示。

（1）生理的需求　指与个人生存直接相联系的需求，它涉及最基本生活资料的满足，如衣、食、住、行等的基本需要。马斯洛认为，当生理方面的需求没有满足时，生理需求是驱使人们进行各种行为的强大动力，当生理需求得到一定程度的满足之后，人们才会产生高一层次的需求。

（2）安全的需求　当人们的生理需求得到了一定程度的满足之后，人们最需要的是周围不存在一切威胁他生存的因素。人们的生活环境要具有一定的稳定性，有一定的秩序，即他所生活的社会有一定的安全感，或者生活中某种势力能够对他进行相应地保护，需要所处的环境中没有混乱、没有危险、没有灾难、没有疾病、没有焦躁等不安全因素的折磨。

（3）社会的需求　包括归属感、爱情、友谊等方面的需求，希望能被社会上某些团体或者他人所接受，使自己在精神上有所归属。如果这种需求不能被满足的话，人们会强烈地感到孤独，感到被抛弃。在这种需求的驱使下，人们会致力于与他人的感情联络和建立社会关系。如：主动地结交朋友，参加某些团体或集会，寻找喜欢自己的人和自己所爱的人。

（4）尊重的需求　是指人们想通过自己的才华与成就获得他人的尊重，即要求他人给予尊敬、赞美、赏识和承认地位的需求。

（5）自我实现的需求　希望个人自我潜能得到极度发挥。要求自己成为有能力达到的最优秀的人。这种需求在其他各种需求都得到满足之后才可能出现，是最高层次的需求。

马斯洛认为，生理的需求和安全的需求是人们最基本的需求。一般说来当基本的需求没有满足时，这些需求会具有强大的驱动力，驱使人们去进行各种行为来满足最基本的需求，只有当基本需求得到了一定程度的满足时，其他高层次的需要才会出现。

在这五个层次的需求中，低一层次的需求只要有了相当程度的满足，即有 60% 或者 75% 的满足，并不一定要有 100% 的满足，就会出现较高一层次的需求。对于诸如不同文化程度的人来说，各需求层次的满足不是一定要在满足了低层次需求的基础上才出现较高层次

的需求的,有时会出现颠倒现象,如知识分子在低层次的需求没有得到满足时,也会直接出现高层次的需求。

许多市场营销学者认为,"人类需求层次论"对解释消费者的购买行为是有用处的。例如:处于较低层次的消费者,将收入的大部分花在购买食品充饥上,随着这一基本需求得到满足,消费者对保健品、休闲食品的需求量将逐渐增加,同时开始注重食品的营养结构以及食品的品牌、包装等。

案例与启示

金龙鱼的广告词"1∶1∶1",曾经被一些广告人认为是当年最失败的广告语之一。但如同"今年过节不收礼,收礼只收脑白金"一样,这实际上是一个成功的营销案例。

金龙鱼第二代调和油主要是为了应对竞争对手的进攻。它把竞争对手主打的健康概念,向前推进了一大步。金龙鱼使人们认识到人体饮食中饱和脂肪酸、单不饱和脂肪酸和多不饱和脂肪酸达到1∶1∶1的比例时,最有益于健康。尽管有的广告人认为这个概念普通消费者很难看懂、其科学性值得怀疑。但通过推广"1∶1∶1",大大减轻了竞争对手对金龙鱼的竞争压力。

金龙鱼的成功反映了在消费品推广中,"健康"牌越来越重要。同时也表明,在同质化的激烈竞争中,中国市场仍然存在大量机会,只是需要企业提供更好的概念和升级产品推广技巧。

金龙鱼的以上广告策划入选为2003十大经典案例是为了褒扬它面对市场挑战时快速的反应能力,以及在食品油市场中,第一个和消费者讲道理,深度传播自己产品有益于"健康"的创新行为——从此以后,再不是只有保健品才和消费者讲道理了。

【案例思考】

1. 金龙鱼成功的原因是什么?
2. 市场上同样打"健康"牌的产品有哪些?

【分析与提示】

随着人们生活水平的提高,对食物的需要早已脱离了简单的生理需要阶段,金龙鱼推广健康概念的诉求,正好符合人们已经发展了的需要,在普通食品的营销中非常新鲜。虽然在保健品中是老生常谈,但保健品行业的推广方法在食品、饮料、服装等众多传统行业,仍有着巨大适用空间。健康食用油、新鲜果汁、高钙牛奶、含铁酱油、营养强化面粉……健康概念在快速消费品中越来越重要,这将为很多传统产品提供产品创新的机会。上海已经出现了大豆蛋白内衣,将来也许我们还要穿上不含甲醛、不染色的天然彩棉内衣。

资料来源:世界营销评论. MKT. ICXO. com(日期:2006-12-21)http://mkt.icxo.com/html-news/2006/12/21/981550-1.htm.

第二节 消费者的购买动机和购买行为分析

一、消费者的购买动机

当消费者一旦产生需求欲望,他便会产生实现需求愿望的动机。购买动机是使消费者做出购买某种商品决策的内在驱动力,是引起购买行为的前提,也就是引起购买行为的原因。有什么样的动机就有什么样的行为。消费者的购买动机可以分为以下三类。

一类是生理性动机。消费者购买其维持生命生理需要的基本生活资料，如粮食、副食品、服装等。有了这些商品，人的生存才有保障。实现这个目的的购买动机是人的最基本的购买动机。

二是心理性动机。消费者由认识、情感、意志等心理过程引起的购买动机，主要是满足精神需要的动机。主要包括如下动机。

① 感情动机。是指由人的感情需要而引发的购买欲望。感情动机可以细分为两种情况，一种是情绪动机，另一种是情感动机。情绪动机是指由于人们情绪的喜、怒、哀、乐的变化所引起的购买欲望。针对这种购买动机，在促销时就要营造顾客可以接受的情绪背景。情感动机是指由人们的道德感、友谊感等情感需要所引发的动机。比如说，为了友谊的需要而购买礼品，用于馈赠亲朋好友等。

② 理智动机。是指消费者对某种商品有了清醒的了解和认知，在对这个商品比较熟悉的基础上所进行的理性抉择和做出的购买行为。拥有理智动机的往往是那些具有比较丰富的生活阅历、有一定的文化修养、比较成熟的中年人。他们在生活实践中养成了爱思考的习惯，并把这种习惯转化到商品的购买当中。

③ 惠顾动机。消费者基于经验与感情，对某个特定的商品、品牌、企业、商店产生特殊的信任和偏爱所产生的重复性的购买动机。

三是社会性动机。消费者生活在一定的社会环境之中，受到社会因素的影响，产生购买某些商品来满足社会性购买的动机。例如，购买食品和衣物送到受洪涝、地震灾区支援受灾群众的购买动机。

具体而言，在现实经济生活中，这三种动机还呈现出一些不同的表现形式，如求实、求新、求同、求美、求名、求便等。这些不同的购买动机带来不同的购买行为，企业应该根据消费者的动机来了解他的购买行为，按照他的购买行为来进行营销决策。

二、消费者购买行为

购买行为就是指消费者为满足某种需要在购买动机的驱使下以货币换取商品或服务的行为。任何消费者要维持生存、发展和享受，都必须不断地通过购买行为获得各种必需品与服务。所以，消费者的购买行为是人类社会普遍存在的一种行为方式。

对消费者购买行为规律的研究首先涉及到消费者购买行为的基本模式，它主要回答以下一些问题。

(1) What——买何商品　要研究顾客购买什么，以决定生产什么。

(2) Why——为什么购买　顾客为什么购买呢？是为了自己消费还是馈赠亲朋好友，如果是为了自己消费，在包装上便可以不增加顾客购买的压力；如果要馈赠亲朋好友，包装上则要讲究一些。

(3) When——何时购买　要研究消费者购买决策过程中的时间规律性，以适当调整营销对策。比如食品，往往在春节到来之前是最畅销的时候。这个时候，为了适应购买的时间特征，应建立临时的分销渠道，或者摆出临时摊位。

(4) Where——何处购买　是到超市还是到百货商场或中间商那里去购买？这涉及到不同的营销渠道的选择问题，可以多样化。比如，购买牛奶或豆浆，消费者愿意在小区超市或在家里购买，那么就可以借助超市进行商品分销，或采取直销的形式；购买生日蛋糕，消费者更愿意到专卖店去购买，企业就可以设立专卖店，或采用网上直销的形式。

(5) Who——何人购买　通常要考虑几种不同的角色，比如谁是倡导者即购买的倡议者,谁是决策者,谁是购买者,谁是使用者。

谁是购买的倡导者关系到我们如何选择何种广告媒体。比如对儿童饮料广告,广告媒体就应该选择电视,因为目前小孩看电视的时间较多,看到适合他消费的商品,他就会成为积极的倡导者。

在选择广告媒体之后,在宣传广告的内容上还要考虑决策者,要突出宣传企业优于竞争对手产品的主要方面,以便决策者能够做出购买企业的产品的决策。接下来还有购买者和使用者,对购买者必须热情接待;对使用者,要让他获得良好的购后感受,使他成为再度购买的倡导者。

(6) How——如何购买 要根据消费者的要求来组织营销活动。消费者是愿意一次性付款还是分期付款,是要求送货还是自己提货,这些都是应该考虑的。

这些问题往往要通过广泛深入的市场调查来获得答案,而企业则必须在此基础上去发现消费者的购买行为规律,并有的放矢地开展营销活动。

菲利普·科特勒提出了一个强调社会两个方面的消费行为的简单模式。如图 5-3 所示。

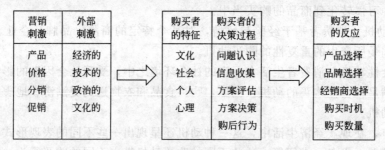

图 5-3 消费者购买行为模式

图 5-3 说明消费者购买行为的反应不仅要受到产品、价格、分销、促销影响,还要受到经济、技术、政治、文化因素的影响。而不同特征的消费者对于外界的各种刺激和影响又会基于其特定的内在因素和决策方式做出不同的反应;从而形成不同的购买取向和购买行为。这就是消费者购买行为的一般规律。

在这一购买行为模式中,"营销刺激"和各种"外部刺激"是可以看得到的,购买者最后的决策和选择也是可以看得到的,但是购买者如何根据外部的刺激进行判断和决策的过程却是看不见的。这就是心理学中的所谓"黑箱"效应。购买者行为分析就是要对这一"黑箱"进行分析,设法了解消费者的购买决策过程以及影响这一决策过程的各种因素的影响规律。所以对消费者购买行为的研究主要包括两个部分,一是对影响购买者行为的各种因素的分析,二是对消费者购买决策过程的研究。

三、消费者购买行为类型

消费者的购买行为要受内在、外部等诸多因素的影响,因此,消费者的购买行为表现得非常复杂,每个消费者都有不同于他人的特点。对消费者行为分类的标准很多,每一种方法都可以从不同的侧面反映消费者行为的特点。

1. 根据消费者在购买决策过程中起支配作用的心理特征划分

(1) 习惯型购买行为 习惯型的购买行为是指消费者根据自己对商品的信念做出的购买决策的购买行为。例如消费者长期使用某种特定品牌的商品,对其产生良好的信任感和偏爱,购买时心中有数,目标明确,很少受到广告宣传和时尚的影响,也很少受到周围气氛、他人意见的影响。这种类型的购买行为在日常生活必需品的消费中比较多见。

(2) 冲动型购买行为　冲动型购买行为指易受到外界因素影响而迅速做出购买决策的行为。消费者往往是由情绪引发的，容易受产品外观、广告宣传或相关人员的影响。由于事先没有经过充分的信息收集，对所购买商品缺乏必要的了解，决定轻率，易于动摇，因此最易产生退货现象。当然，这也是在促销过程中可以大力争取的对象。

(3) 理智型购买行为　理智型购买行为是指以理智为主做出商品购买决策的购买行为。这类消费者通常在做出购买决策之前都经过仔细比较和考虑，对所要购买商品的有关知识了解较为全面，因而不容易被打动，不轻率做出决定，决定之后也不轻易反悔。所以企业一定要真诚地提供令顾客感到可信的决策信息，如果提供的信息可信，他就会对企业产生信任而再度光临；如果提供的信息不可靠，那么下次他可能就对企业的其他产品敬而远之。

(4) 经济型购买行为　经济型购买行为是指消费者多从经济角度做出购买决策的购买行为。这类消费者对商品价格变化较为为敏感，往往以价格作为是否购买的首要标准。针对这种购买行为，在促销中要使之相信，他所选中的商品是最物美价廉的、最经济合算的，要称赞他很内行，是很善于选购的顾客。

(5) 情感型购买行为　情感型购买行为指易受感情支配做出购买决策的行为。这样的消费者往往有一定的艺术细胞，情感体验较为深刻，善于联想，审美灵敏，多以商品是否符合个人的情感来作为确定购买决策的标准。在购买过程中，他们比较容易受到促销宣传和情感的诱导，对商品的选型、色彩及知名度都极为敏感。针对这种行为，可以在包装设计上、在产品的造型上下功夫，让他产生美好的联想，或在促销活动中注入一些内涵。

(6) 模仿型购买行为　模仿型购买行为是指模仿他人的消费行为做出购买决策的行为。这类消费者有很强的从众心理。他们喜欢新事物，经常被别人的生活方式所吸引，购买决策强烈地受到流行、时尚和他人意见的影响。对要购买的商品缺乏必要的了解，而且也不愿做信息的收集和有关知识的学习，所以很难在比较的基础上做出自己的判断。

2. 根据购买过程中参与者的介入程度和品牌之间的差异划分

美国学者阿萨尔根据在购买过程中参与者的介入程度和品牌之间的差异程度，区分出四种类型的消费者购买行为，如表 5-1 所示。

表 5-1　购买行为的四种类型

品　牌　差　异	高　介　入　度	低　介　入　度
品牌之间有明显差别	复杂的购买行为	寻求品牌的购买行为
品牌之间有较小差别	减少失调的购买行为	习惯性购买行为

(1) 复杂的购买行为　消费者初次购买差异性很大的耐用消费品时发生的购买行为。购买这类商品时，通常要经过一个认真考虑的过程，广泛收集各种有关信息，对可供选择的品牌反复评估，在此基础上建立起品牌信念，形成对各个品牌的态度，最后慎重地做出购买选择。对于这类购买行为，营销人员应尽量多地掌握消费者的信息，评估其购买行为。必要时可采取措施，协助消费者学习有关商品的特点、性能等知识以及品牌与性能特征之间的关系，以便使消费者作出较为明智的选择。

(2) 减少失调的购买行为　消费者购买差异性不大的商品时发生的一种购买行为。由于商品本身的差异不明显，消费者一般不必花费很多时间去收集并评估不同品牌的各种信息，而主要关心价格是否优惠，购买时间、地点是否便利等。这类购买行为从引起需要、产生动机到决定购买，所用的时间比较短，但购买后消费者很可能会发现商品有某些地方不太如意或不协调,因而产生烦恼,此时消费者会更多地了解情况来减轻心理压力,并证明自己的购买行为是正确的。对这类情况,营销人员应尽可能多与购买者沟通,使他们增加信念,提高对所选购商品的满意度。

(3) 习惯性的购买行为 消费者购买价格低廉、品牌差异小、经常性购买的商品,如食用油、盐之类的日常消费品时,他们的介入程度低,一般随时就近购买,随用随买。这类购买行为属习惯性购买行为。消费者不需要寻找、收集有关信息,也无须对品牌信念、特点进行研究、评价。而经常是在看电视、报刊时被动地接受信息,品牌选择以熟悉为依据。购买后一般不对其进行评价。对于这类消费者,营销人员可以采取价格优惠、营业推广等措施来开展营销活动,鼓励消费者试用,并协助其建立起对自己产品购买习惯。

(4) 寻找品牌的购买行为 这是为了使消费多样化而常常变换品牌的一种购买行为,一般是指购买牌号差别虽大但较易于选择的商品,如罐头、饼干、糖果、糕点之类的商品,消费者购买时一般不做评价,待购买试用或品尝之后才可能有评价,下一次购买也许会重新选择一种品牌试用或品尝。这种购买行为并非是对产品不满意,而只是想换一种口味而已。企业对于这种购买行为的消费者,应采用多品牌策略,给消费者有更大的挑选机会,也可以采用廉价、优惠、赠券、试品尝等方式来引导消费者购买。

现实生活中,消费者的购买行为要复杂得多,营销者应了解自己目标市场的消费者购买行为属于哪种类型,然后结合实际情况做具体分析,有针对性地采取不同的营销策略。

第三节 影响消费者购买行为的因素

消费者的购买行为,即消费主体通过支出(包括货币或信用)而获得所需商品或劳务时的选择过程,这个过程的形成与发展要受到许多因素的影响,其中主要因素有个人因素、心理因素和社会文化因素。

一、个人因素

影响消费者购买行为的个人因素包括:消费者年龄及家庭生命周期的阶段,经济状况,生活方式,个性特征。

1. 消费者年龄及家庭生命周期的阶段

年龄和性别是消费者最为基本的个人因素,具有较明显的共性特征。不同年龄的消费者由于各人经历不同,他们价值观、思维方式、兴趣和爱好存在较大差别,因此购买或消费商品的种类和方式也有较大区别。例如儿童是糖果和玩具的主要消费者,青少年是文体用品的主要消费群,成年人是家用电器的购买者,而老年人是保健品的主要消费者。不同年龄的消费者消费方式也不同,年轻人重品牌,跟时尚,常冲动消费;而老年人讲实用性,常根据经验消费。

家庭生命周期是指消费者从年轻时独立生活到老年直至死亡的家庭生活全过程。购买行为受到家庭生命周期不同阶段的影响(如表 5-2 所示)。

2. 消费者受教育水平与职业

由于受教育程度不同,消费者往往在价值观、审美观等方面存在较大差异,这种差异会在消费行为上表现出来。如受教育程度较高的消费者在精神生活消费方面花费往往较大。另外受教育水平越高,对产品的相关知识了解越多,对产品性能的认识越全面,越容易首先接受新生产品。

表 5-2　家庭生命周期的阶段

家庭生命周期的阶段	特征	典型需要以及相应的产品
单身阶段	年轻、单身	社交需要,娱乐需要,新消费观念的带头人
新婚阶段	年轻、没有子女	住房需要,各种家具、电器等耐用品消费
"满巢"Ⅰ期	年轻夫妇,有6岁以下的幼儿	家庭用品购买的高峰期,购买较多的儿童用品
"满巢"Ⅱ期	年轻夫妇,有6岁或6岁以上的小孩子	注重档次较高的商品及子女的教育投资,文化娱乐消费增加
"满巢"Ⅲ期	年纪较大的夫妇,有未独立的孩子	更新耐用消费品,注重储蓄,购买冷静、理智
空巢阶段	年纪较大的夫妇,与子女已分居	健康需要,娱乐及服务性消费支出增加
孤独阶段	老年、单身人士	情感,健康需要,安全保障

不同职业的消费者需求的主要内容不同,体力劳动者对劳动保护用品及运输服务有普遍的需求;而脑力劳动者则主要需要服饰、书籍及其他学习用品。其次,不同职业的消费者对相同类商品的兴趣、偏好也有所差异,比如对服饰、家具及家庭装饰用品,教师、医生职业的消费者喜欢素雅、别致的花型,而农民、工人职业或个体业主消费者则追求华丽、红红火火类的图案。

3. 经济状况

经济状况的好坏直接决定着消费者的购买能力,从而决定他们购买哪些商品以及购买的数量。消费者一般在可支配收入的范围内考虑以合理的方式安排支出,以便更有效地满足自己的需要。收入低的顾客往往比收入高的顾客更关心价格的高低。企业应密切关注居民的个人收入、储蓄率的变化,合理制定价格策略。

4. 生活方式

生活方式是根据人们自己的价值观念等安排生活的模式,并通过其活动、兴趣和意见表现出来。生活方式勾勒了一个人在社会上的行为及相互影响的全部,比一个人的阶层或性格更能说明问题,营销者需深入了解产品与各种生活方式消费者群体的关系,从而加强产品对消费者生活方式的影响。

5. 个性和自我形象

个性是个体在多种情境下表现出来的具有一致性的反应倾向,它对于消费者是否更容易受他人的影响,是否更倾向于采用创新性产品,是否对某些类型的信息更具有感受性等均有一定的预示作用。自我概念也称自我形象,是指每个人对自己的认识,其中有时是指一个人希望把自己塑造成什么形象,有时则是指在社会交往中,别人怎样看待自己。由于每个人总是希望表现自我形象,并把购买行为作为表现自我形象的重要方式,因此,一般说来,消费者总是购买那些与自己形象相称的商品。企业营销应使产品形象与目标消费者的自我形象达到一致,从而促使他们购买。

二、心理因素

影响消费者购买行为的心理因素主要包括动机、感觉和知觉、学习、态度。

1. 动机

动机这一概念是由伍德沃斯于1918年率先引入心理学的。他把动机视为决定行为的内在动力。一般认为,动机是"引起个体活动,维持已引起的活动,并促使活动朝向某一目标进行的内在作用"。消费动机是一种升华到足够强度的需要,它能够及时引导人们去探求满足需要的目标。

2. 感觉和知觉

消费者有了购买动机后，就要采取行动，至于采取什么行动则受到认识过程的影响。消费者的认识过程由感性认识和理性认识两个阶段组成，感觉和知觉属于感性认识过程，感觉是指人们通过感官对外界刺激形成的反映，知觉则是人脑对直接作用于感觉器官的客观事物的整体反应。

3. 学习

人类的有些行为是与生俱来的，但大多数行为是从后天经验中得来的，这种通过实践，由于经验而引起的行为变化的过程就是学习。学习的过程是驱使力、刺激物、提示物、反应、强化诸因素相互影响和相互作用的过程。

4. 态度

所谓态度，是指人们对事物的看法，它体现着一个人对某一事物的喜好与厌恶的倾向。一般来说消费者的态度形成主要有三方面的依据：一是消费者本身对某商品或劳务的感觉；二是相关群体的影响；三是自己的经验或学习的知识。消费者态度的形成是一个逐步的过程，而一旦形成，就会呈现为稳定一致的模式影响人们的消费行为，要改变消费者的态度就需要企业在营销策略方面作重大的调整。

三、社会文化因素

1. 文化因素

作为人类在社会发展过程中所创造的物质财富和精神产品的文化，不仅表现着人类智慧发展的历程和人类文明的标志，而且直接影响着人们的欲望和行为。影响消费者购买行为的文化因素是指所形成的共同的价值观、信仰、道德、风俗习惯，而不同的价值观、道德观、信仰和风俗习惯是影响人们消费行为的深层原因。

2. 社会阶层

社会阶层是指由于收入水平、教育程度等方面的差异，在社会生活中会形成兴趣爱好、生活需求、价值取向相似或相近的群体或集团，他们在一定的社会经济结构处于相同的经济地位。不同社会阶层的人，在购买行为和购买种类上具有明显的差异性。

3. 相关群体

相关群体是指影响消费者行为的个人或组织。群体成员在接触和互动过程中，通过心理和行为的相互影响与学习，会产生一些共同的信念、态度和规范，它们对消费者的行为将产生潜移默化的影响。研究相关群体影响至关重要。

相关群体有 3 种形式：一是主要团体，包括家庭成员、亲朋好友和同窗同事。主要团体对消费者的购买行为发生直接和主要的影响。二是次要团体，即消费者所参加的工会、职业协会等社会团体和业余组织。这些团体对消费者购买行为发生间接的影响。三是期望群体。消费者虽不属于这一群体，但这一群体成员的态度，行为对消费者有着很大影响。例如影星、歌星、球星。

相关群体对消费者购买行为的影响主要有三个方面：一是影响消费者的生活方式，进而影响其购买行为；二是引起消费者的购买欲望，从而促成其购买行为；三是影响消费者对产品品牌及商标的选择。因此，企业在市场营销中，应充分利用社会群体的影响，尤其是相关群体的意见领导者的影响，要注意研究意见领导者的特性，提供其爱好的商品，并针对他们做广告，以发挥其"导向"和"引导"作用。

4. 家庭

家庭是社会的细胞，也是社会基本的消费单位，家庭成员对消费者的购买行为起着直接和潜意识的影响。对消费者购买行为的影响，在不同类型的家庭中其影响是有区别的。有人把家庭分为四种类型，即丈夫决定型、妻子决定型、共同决定型、各自做主型。另外，在不同商品的购买中，家庭成员的影响亦有区别。

案例与启示

日本有一家 W 厂生产巧克力糖，从前一直排名同行业的第二名，但近年来效益下降已经滑到了第三位，为了改变这种被动的局面，公司决定开发新的产品，于是花重金请了美国的一家市场分析公司来进行调查。一个月以后，在基于调查报告的基础上，公司推出了一种名为"爱情巧克力"的产品。将巧克力放在一本精美的外形像书的包装盒内，这本书的名字叫"爱情书"。另外公司还请了很多社会学，心理学等方面的专家在每一颗糖的糖纸上写上一句富有哲理的话，爱情书分为了不同的阶段，不同的阶段有不同的话语的糖纸。例如：当两个青年男女初次见面时，男生可以送给女生第一册爱情书，由于大家关系不明确，糖纸上写的内容也只是一些泛泛的话语，如"成功在于勤奋"这样一些无关紧要的话。当两人再次见面时，互相都有了好感以后，男生就可以送出第二册爱情书，这时糖纸上的话语就会有些暧昧，如"你长得真漂亮"。随着关系的进一步深入糖纸上的话语也越来越浓情蜜意，到了最后，女孩子收到这种巧克力并不是用来吃而是想急于知道糖纸上的话语。

资料来源：中国养殖网，http://www.chinabreed.com/manage/sale/2006/04/2006040550113.shtml，营销故事：巧克力糖的故事，2006-04-05。

【案例思考】
1. 该厂家产品畅销的原因是什么？
2. 你认为这种做法还可以推广到什么产品的销售中去？

【分析与提示】

东方人表达感情比较含蓄，借助不同的爱情书可以表达自己不同阶段的感情，厂家完全从消费者的消费心理出发，有针对性地迎合顾客需求是吸引顾客的关键。

第四节 消费者购买的决策过程

在购买时，消费者要经过一个决策过程，包括认识需求、收集信息、选择评价、购买决策和购后感受。营销者应该了解每一个阶段中的消费者行为，以及哪些因素在起影响作用。这样就可以制定针对目标市场的行之有效的营销方案。

一、参与决策的角色

消费一般以家庭或个人为单位，从事购买活动的通常却是家庭中的一个或几个成员。在购买决策中，人们可能会扮演下列一种角色或几种角色。

① 发起者：首先提出或有意购买某一产品或服务的人。

② 影响者：其看法或者建议对最终购买决策具有一定影响的人。
③ 决定者：在是否购买、为何买、哪里买等方面作出部分或全部决定的人。
④ 购买者：实际购买产品或服务的人。
⑤ 使用者：实际消费或使用产品、服务的人。

企业有必要认识以上这些角色，因为这些角色对于设计产品、确定信息和安排促销方式和预算是有关联意义的。

二、购买决策的过程

一般将消费购买决策分为五个阶段，如图5-4所示。

1. 认识需求

消费者的购买行为过程从对某一问题或需要的认识开始的。由于有了某种需要，而这种需要又未得到满足，人们才会通过购买行为来使之满足。所以消费者总是首先要确认自己还有哪些需要未得到满足，在多种需要都未得到满足的情况下，迫切希望最先得到满足的需要是什么，然后才会考虑购买什么，购买多少。所以认识需要是购买过程的起点。

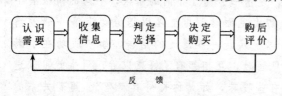

图5-4 消费者购买决策过程

人们的需要可以是由内在的刺激引发的，也可以是由外在的刺激引起的，如饥渴会驱使人们购买食物，而鲜美的食物也会刺激人们的食欲而促使人们去购买。这时消费者可能会察觉到他目前的实际状况与理想状况的差异，会认识到需求。可见，市场营销活动不仅应当进行缜密的市场调查，了解人们的需要并根据人们的需要提供合适的商品，而且还应通过产品创新来唤起人们的需要。

营销人员应去识别引起消费者某种需要的环境，从消费者那里去收集信息，弄清楚可能引起消费者对某些商品感兴趣的刺激因素，从而制定适宜的营销策略。

2. 收集信息

（1）消费者如何收集信息　消费者最终的购买行为一般需要相关信息的支持。认识到需要的消费者，如果目标清晰、动机强烈，购买对象符合要求，购买条件允许，又能买到，消费者一般会立即采取购买行动。

在许多场合，认识到的需要不能马上满足，只能留存记忆当中。随后，消费者对这种需要或者不再收集近一步的信息，或者进一步收集信息，或者积极主动收集信息。

（2）消费者搜集信息的积极性

① 需要十分迫切的消费者，会主动寻找信息。

② 需要强度较低的消费者，不一定积极、主动寻找信息，但对有关的信息保持高度警觉、反应灵敏——处于"放大的注意"的状态。比如，一个人想在不久以后购买电脑。他会对有关的广告、商店里的电脑品牌、熟人或不相识者关于电脑的议论，比平时更加留心。

③ 需要强度继续增加到一定程度，就会像需要一开始就很强烈的消费者，进入积极主动寻求信息的状态。

（3）消费者收集信息的程度　消费者收集信息的范围和数量取决于两个因素：购买类型和风险感。

① 购买类型。初次购买的信息要多，范围较广；重复购买所需信息较少，内容也不一样。

② 风险感。消费者对风险的认识，一方面受产品、价格影响：价格越高，使用时间越长，风险感越大，就会努力搜寻更多的信息。另一方面受个人因素影响：同样的购买，谨小慎微的人风险感就大，办事马虎的人风险感则小。

消费者容易感受到的购买风险主要有以下几种。

　a. 效用风险——所购产品是否适用。

　b. 经济风险——花钱是否值得。

　c. 名誉风险——被品头论足，人们会怎么看待。

（4）消费者信息的来源

①　个人来源：家庭、朋友、邻居、熟人等。

②　商业来源：广告、销售人员、经销商、包装、陈列、展销会等。

③　公共来源：大众媒介、消费者权益保护机构等。

④　经验来源：接触、检查及使用某产品等。

这些信息来源的相对影响力因产品和消费者的不同而变化。总的说来，信息主要来自商业来源，而最有影响力的是个人来源，公共来源的信息可信度较高。

3. 判定选择

这是指消费者对收集到的有关待购商品的信息进行处理的过程。

通过收集信息，消费者熟悉了市场上的竞争品牌，如何利用这些信息来评价确定最后可选择的品牌？其过程一般是：某消费者只能熟悉市场上全部品牌的一部分，而在熟悉的品牌中，又只有某些品牌符合该消费者最初的购买标准，在有目的地收集了这些品牌的大量信息后，只有个别品牌被作为该消费者重点选择的对象。如图5-5所示。

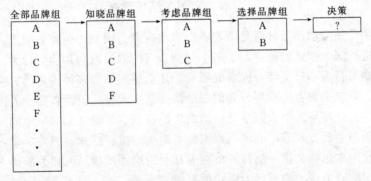

图 5-5　判定选择的过程

4. 决定购买

在判定选择阶段，消费者会在选择组的各种品牌之间形成一种偏好，也可能形成某种购买意图而偏向购买他们喜爱的品牌。消费者决定购买的内容是多方面的，包括商品种类、商品品牌、购买时间、购买地点、购买数量、购买方式等。所以，从购买意向转化为购买行为，还要有一个时间过程，购买活动越复杂或越重要，所需的时间就越长。

在购买意图与购买决策之间，有两种因素还会产生影响作用。第一种因素是其他人的态度，第二种因素是未预期到的情况。这两种因素若对购买意图有强化作用，则购买决策会顺利实现，反之，则购买决策受阻。

5. 购后评价

（1）购后感受的含义　消费者购买以后，往往通过使用或消费购买所得，检验自己的购买决策：重新衡量购买是否正确；确认满意程度；作为今后购买的决策参考。

预测、衡量购后感受，有以下两种理论。

①"预期满意"理论。该理论认为，消费者购买产品以后的满意程度取决于购买前期望得到实现的程度。如果感受到的产品效用达到或超过购前期望，就会感到满意，超出越多，满意感越大；如果感受到的产品效用未达到购前期望，就会感到不满意，差距越大，不满意感越大。

②"认识差距"理论。这种理论认为，消费者在购买和使用产品之后对商品的主观评价和商品的客观实际之间总会存在一定的差距，可分为正差距和负差距。正差距指消费者对产品的评价高于产品实际和生产者原先的预期，产生超常的满意感。负差距指消费者对产品的评价低于产品实际和生产者原先的预期，产生不满意感。

(2) 顾客满意的价值　消费者对产品满意与否直接决定着以后的行为。顾客满意的价值体现在以下几方面。

① 忠诚于你的公司时间更久。
② 购买公司更多的新产品，增加购买数量，提高购买产品的等级。
③ 为你的公司和品牌、产品说好话。
④ 忽视竞争者品牌和广告并对价格不敏感。
⑤ 向公司提出产品/服务的建议。
⑥ 由于交易惯例化而比新顾客降低了服务成本。

以上步骤表明，消费者的购买活动，先于购买而发生，后于购买而结束。售货现场的交易过程只不过是消费者决策步骤中的一步，企业必须了解整个购买过程，才能有效地开展工作。

本 章 小 结

企业的一切营销活动都是从满足消费者需求出发的。因此，企业必须投入更多的精力对消费者需求进行深入细致的研究，了解不同消费者的购买取向和购买行为。

消费者的购买行为不仅受经济因素的影响，还会受到其他多种因素的影响，从而会产生很大的差异。影响消费者的购买行为的非经济因素主要有：消费者的个人因素、心理因素和所处的社会文化环境。个人因素是指消费者的性别、年龄、家庭生命周期、职业、教育、个性、经历与生活方式等；心理因素则是指购买动机、感知、感觉、学习及态度与信念等；社会文化因素包括文化、消费者所在的社会阶层和所接触的相关群体等。这些因素从不同的角度影响着消费者购买行为模式的形成。

消费者购买行为通常是一种群体决策行为，决策群体中一般包含发起者、影响者、决策者、购买者和使用者等不同的角色。这五种角色相辅相成，共同促成了购买行为，是企业营销的主要对象。

根据消费者在购买决策过程中起支配作用的心理特征，我们可以将购买行为分成习惯型购买行为、冲动型购买行为、理智型购买行为、经济型购买行为、情感型购买行为、模仿型购买行为；根据购买过程中参与者的介入程度和品牌之间的差异我们可以将购买行为分成复杂的购买行为、减少失调的购买行为、习惯性的购买行为、寻找品牌的购买行为四种类型。消费者典型的购买决策过程一般可分为认识需要、收集信息、判定选择、决定购买、购后评价与反馈等五个阶段。

营销者应了解自己目标市场的消费者购买行为属于哪种类型，然后结合实际情况做具体分析，在购买决策过程的不同阶段，有针对性地采取不同的营销策略。

思考与练习

一、判断正误并说明理由

1. 人类在社会发展过程中所创造的物质财富和精神产品的文化，仅表现着人类智慧发展的历程和人类文明的标志，而不会直接影响着人们的欲望和行为。（　　）
2. 人口越多，市场的规模和容量就越大。（　　）

二、结合实际回答以下问题

1. 消费者市场需求具有什么特征？
2. 影响消费者购买行为的主要因素有哪些？举例说明这些因素对购买决策行为的影响。
3. 购买决策一般要经过哪几个主要阶段？为什么说"银货两讫"后购买行为过程并没有结束？
4. 请分析在食品的购买过程中，家庭的不同成员各充当什么角色？
5. 消费者购买商品的决策类型并不是一成不变的，为什么？从你的经验中举出例子来支持你的答案。

三、案例分析

案例分析 5-1

泰国首都曼谷有家"酒吧"的主人，在门口放着一个巨型酒桶，外面写着醒目的大字"不准偷看！"。许多过往行人十分好奇，偏偏非要看个究竟不可。哪知道，只要把头探进桶里，便可以闻到一种清醇芳香的酒味，还可以看到桶底中隐显着"本店美酒与众不同，请享用！"字样，不少大叫"上当"的人，却在粲然一笑之后顿觉酒瘾大发，于是进店去试饮几杯。

【案例思考】

试分析该酒吧是利用了消费者的哪一种心理进行营销的。

资料来源：节选自四川新闻网—厂长经理日报讯，2004-1-10，广告有"趣"才有效．http：// www.newssc.org/gb/Newssc/meiti/cjb/mrkd/userobject/oai173579.html.

案例分析 5-2

微调口味，击败强手

菲律宾乔比利公司于1975年由一名菲籍华人开办，起初是一家冰激凌厅，并学习了美国的快餐技术。后来，他们发现了汉堡包是最受欢迎的一种三明治，于是决定做汉堡包生意。在十多年生产经营中，由于乔比利公司经营有方，不断探索，使得这家公司生意越做越红火，而且击败了汉堡包鼻祖麦当劳的有力竞争。到1990年乔比利公司的总销售额达到6600万美元，比1989年的5300万美元增加了19％。目前，这家公司占菲律宾快餐市场的42％，占汉堡包市场的59％，而麦当劳只占菲律宾快餐市场的17％，汉堡包市场的24％。乔比利公司是如何击败麦当劳的呢？

① 强有力的威胁。1982年麦当劳汉堡包获得菲律宾政府许可，打入菲律宾市场。这对当时经营状况较好的乔比利公司来说是一个强大的竞争威胁。乔比利公司想尽办法与之抗争，终无良策。于是试图利用降价手段击败麦当劳。不料这一策略不仅没有使乔比利占据竞争优势，反而导致了一些误解。如在短时间内，谣言四起，有人传说乔比利公司的小馅饼中含有蚯蚓肉，还有人说这家公司竭力利用自己的多种关系将麦当劳挤出某些地方的销售中

心。多种不利因素的影响，使得这家公司信誉严重受损，经营几乎陷于崩溃的边缘。

② 注重口味，吸引顾客。面对竞争的威胁和消费者的多种误解，乔比利公司经过深入地调查研究，认为要与历史悠久、声誉极佳的麦当劳竞争，就必须根据菲律宾人的消费特点，生产出符合当地人口味的快餐食品。经营方向一经确定，公司便全力以赴，改进生产工艺，如将肉馅饼在油炸之前，掺入整只鸡蛋和调味品，而不是像其他餐厅只是用肉。他们还请一些老顾客免费品尝，品尝者大都认为这种汉堡包正中自己的口味。一位老顾客埃文斯说："他们的食品不错，我喜欢它的口味。"乔比利公司终于通过自己的努力，改变了公司的形象，吸引了顾客。

③ 抓住偏好，扩大销售。菲律宾人在购买食品时大都有其独特的偏好。乔比利公司充分意识并抓住这一点。于是该公司在研制特色食品的同时，又在广告上大做文章，如制造一些印有可爱吉祥物的宣传品，像杯子、玩具、书包和小饰物等，全部折价卖给老顾主，这种做法也正迎合了当地人的偏好，于是乔比利公司最终还是顾客盈门。对于该公司独特的生产经营策略，就连其老对手麦当劳在菲律宾的代理人也深为佩服："他们抓住了顾客的口味和爱好，这一点就连我们也是望尘莫及的。"

资料来源：宋小敏等编著. 市场营销案例实例与评析. 武汉工业大学出版社，2002.

【案例思考】

1. 试分析当1982年麦当劳打入菲律宾市场时，该家公司的优势与劣势。
2. 乔比利公司如何利用竞争优势打败麦当劳？这说明了什么？
3. 营销企业为什么要分析和研究消费者的个性和偏好？如何从中捕捉市场机遇？

第六章 目标市场营销

★ 学习目标与要求

1. 明确市场细分的作用及其依据,掌握市场细分的具体方法与步骤
2. 解释企业如何利用市场细分识别具有吸引力的市场,有效运用市场细分标准对食品市场进行细分
3. 理解市场细分的有效条件、目标市场营销战略选择应考虑的因素
4. 学会从经济价值角度评价细分市场
5. 懂得如何选择目标市场和进行准确的市场定位(STP分析法)

★ 基本概念

市场细分 目标市场 市场定位 无差异策略 差异化策略 集中性策略

从某种意义上说,人口的总量就是食品的整体市场,每个人都有可能成为其中的顾客。任何一个企业都不可能为这一市场的全体顾客服务。因为顾客人数太多,他们的需求和欲望又各不相同,而企业的资源又是有限的,因此食品生产及经营企业会将整体市场细分为若干具不同消费特征的购买群体,即进行市场细分;然后选择其中能为之有效服务的一个或数个子市场作为目标市场,即进行目标市场选择;最后在目标市场中确定自己的产品在市场中的位置,确立优势地位,即市场定位;这一过程就是目标市场营销。

目标市场营销包括三个内容:市场细分(Segmenting)、目标市场选择(Targeting)、市场定位(Positioning),所以又被称为STP战略(见图6-1所示)。

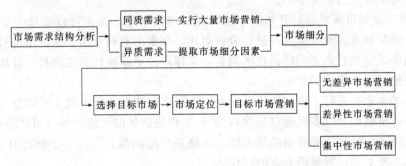

图6-1 目标市场营销过程

第一节 市场细分

一、市场细分的概念与作用

市场细分的概念是美国市场学家温德尔·史密斯于20世纪50年代中期提出来的。在此

之前，企业往往把消费者看成具有同样需求的整体市场，就单一产品为所有的购买者进行大量生产、大量分配和大量促销，即进行大众化营销。大众化营销可以以最低的成本，进而以较低的价格获取较高的毛利。早期的福特公司就是奉行这一策略的典型代表，他只提供单一的黑色T型汽车给所有的用户；早期的可口可乐公司也只生产一种6.5盎司的瓶装可乐。然而随着生产力水平的发展，生产规模的扩大，企业之间的竞争日益激烈；同时人们的收入水平不断提高，消费者的需求日益多样化，这些都给大众化营销造成了很大的困难，从而导致了市场细分概念的提出。这一概念一诞生即被业内人士广泛接受和应用，许多营销专家都把细分看作是继"以客户为中心"观念之后的又一次营销革命。

所谓市场细分就是指按照消费者的收入水平、职业、年龄、文化、购买习惯、偏好等细分变量，把整个市场划分成若干个需求不同的子市场或次子市场的过程，其中任一子市场或次子市场都是一个有相似需求的购买者群体。

市场细分的前提条件是消费者需求的差异性，即异质市场的存在。从需求的角度可以将市场分为同质市场和异质市场。同质市场是指消费者对某种商品的需求和对企业的营销策略反应一致的市场。异质市场是指消费者对某种商品的需求和对企业的营销策略反应差异明显，且不易改变的市场。如食品市场中，有的消费者购买食品是自己食用，有的则是为了馈赠亲友。也正是这种消费者需求的差异性才使食品市场细分成为可能，同时也才有必要。同质市场与异质市场不是绝对的和一成不变的，随着科技的进步、社会消费水平的提高以及价值观念的改变，一些同质市场也在向异质市场转化，如食盐市场中也出现了加钙盐、加碘盐等满足不同顾客需求的产品。

这里必须指出的是，市场细分不是根据产品品种、产品系列来进行的，而是从消费者的角度进行划分的，是根据消费者的需求、动机、购买行为的多元性和差异性来划分的。市场细分对食品企业的生产、营销起着极其重要的作用。

① 有利于选择目标市场和制定市场营销策略。市场细分后的子市场比较具体，企业比较容易了解消费者的需求，可以根据自己经营思想、方针及生产技术和营销力量，确定自己的服务对象，即目标市场。在细分市场上开展营销活动，增强了市场调研的针对性，市场信息反馈迅速，企业易于掌握市场需求的变化，并迅速准确地调整营销策略，取得市场主动权，提高企业的应变力和竞争力。

② 有利于发掘市场机会，开拓新市场。通过市场细分，企业可以对每一个细分市场的购买潜力、满足程度、竞争情况等进行分析对比，探索出有利于本企业的市场机会，使企业及时做营销决策，进行必要的产品技术储备，掌握产品更新换代的主动权，开拓新市场，以更好、更快地适应市场的需要。

例如，某企业在进行了市场调研后，发现上海市的啤酒市场大致上可以分为两大类：一类是味偏苦，价格偏高（多属进口品牌）；另一类价格偏低但味道欠佳（国产品牌）。于是该企业开发上市了一种味道偏淡而品质上佳，价格适中的新品牌，一下子就打开了上海市场，市场占有率不断上升，得到消费者的好评。

③ 有利于集中人力、物力投入目标市场。任何一个企业的资源都是有限的，通过市场细分，目标市场选择，企业可以集中人、财、物等各种资源去争取局部市场上的优势。这一作用在中小型食品生产和经营企业中尤为突出。通过市场细分，他们可以发现那些被大型企业所忽视且尚未满足或没有被充分满足的消费需求，集中精力，将有限的资源用在最适当的地方，发挥最大的效用。以便在激烈的市场竞争中占有一席之地。

④ 有利于企业更好地满足消费者的需求，提高经济效益。现代市场营销学的核心就是

满足消费者的需求。通过市场细分，企业才能更准确地了解不同细分市场中消费者的需求，并有针对性地去满足。当市场中越来越多的企业奉行市场细分策略时，产品就会日益多样化，消费者的需求就会得到更好的满足。企业生产出适销对路、满足市场需要的产品，可以加速商品流转，降低企业的生产销售成本，提高企业的经济效益。

案例与启示

日本泡泡糖市场年销售额约为740亿日元，其中大部分为"劳特"所垄断。可谓江山唯"劳特"独坐，其他企业再想挤进泡泡糖市场谈何容易。但江崎糖业公司对此却并不畏惧，公司成立了开发班子，专门研究霸主"劳特"产品的不足和短处，寻找市场的缝隙。经过周密调查分析，终于发现"劳特"的四点不足：第一，以成年人为对象的泡泡糖市场正在扩大，而"劳特"却仍旧把重点放在儿童泡泡糖市场上；第二，"劳特"的产品主要是果味型泡泡糖，而消费者的需求却正在多样化；第三，"劳特"多年来一直生产单调印条板状泡泡糖，缺乏新型式样；第四，"劳特"产品价格是110日元，顾客购买时需多掏10日元的硬币，往往感到不便。通过分析，江崎糖业公司决定以成人泡泡糖市场为目标市场，并制定了相应的市场营销策略。不久便推出功能性泡泡糖四大产品：司机用泡泡糖使用了浓度薄荷和天然牛黄，以强烈的刺激消除司机的困倦；交际用泡泡糖，可清洁口腔，祛除口臭；体育用泡泡糖，内含多种维生素，有益于消除疲劳；轻松性泡泡糖，通过添加叶绿素，可以改变人的不良情绪。并精心设计了产品的包装和造型，价格定为50日元和100日元两种，避免了找零钱的麻烦。功能性泡泡糖问世后，像飓风一样席卷全日本。江崎公司不仅挤进了由"劳特"独霸的泡泡糖市场，而且占领了一定的市场份额，从零猛升至25%，当年销售额达175亿日元。

资料来源：宋小敏等编著. 市场营销案例实例与评析. 武汉工业大学出版社，1993.

【案例思考】

江崎公司是如何发现市场机会的？

二、市场细分的原则

市场细分的作用越来越被企业所重视。但必须指出，市场细分的目的是发现市场机会，而不是为了细分而细分，不是分得越细越好。因为市场细分最大的问题就是有可能增大市场成本。企业为了满足不同细分市场的需求，要开发生产多种产品，并分别采取不同的分销渠道及促销手段，这都会促使成本增长，规模经济效益变小，因此市场细分必须适可而止。如何寻找合适的细分标准，对市场进行有效细分，在营销实践中并非易事。一般而言，成功、有效的食品市场细分应遵循以下基本原则。

1. 细分市场之间的异质原则和细分市场内的同质原则

细分市场之间的异质原则是指不同细分市场的消费者的需求应具有差异性，对同一市场营销组合方案，不同细分市场会有不同的反应。如果不同细分市场顾客对产品需求差异不大，行为上的同质性远大于其异质性，此时，企业就不必对市场进行细分。另一方面，对于细分出来的市场，企业应当分别制定出独立的营销方案。如果无法制定出这样的方案，或其中某几个细分市场对是否采用不同的营销方案不会有大的差异性反应，也不必进行市场细分。

细分市场内的同质原则是指在同一细分市场中消费者的需求应是相同或相似的，对同一市场营销组合方案，会有相同或相似的反应。如果同一细分市场中的消费者的需求存在较大的差异，或对同一市场营销组合方案有不同的反应，说明这一细分市场的细分程度不够，还应进一步细分。

2. 细分市场可衡量原则

细分市场可衡量原则是指细分后的市场应是可以识别和衡量的，亦即细分出来的市场不仅范围明确，而且对其容量大小也能大致做出判断。首先要确定据以细分市场的变量应是可以识别的；其次，对细分后的市场规模、市场容量应是可以计算、衡量的。否则细分的市场将会因无法界定和度量而难以把握，市场细分也就失去了意义。

3. 细分市场足够大原则

细分市场足够大原则是指细分出来的市场，其容量或规模要大到足以使企业获利并具有发展的潜力。这里所说的市场容量不是单纯的市场中消费者的人数，而是指需要并有购买力的消费者群体。这就要求企业在进行市场细分时，必须考虑细分市场上顾客的数量，以及他们的购买能力和购买产品的频率。如果细分市场的规模过小，市场容量太小，细分工作烦琐，成本耗费大，获利小，就不值得去细分。

4. 细分市场可开发性原则

细分市场可开发性原则是指细分后的子市场是企业能够而且有优势进入、并能对其施加影响的市场。

① 企业在一定成本内能达到细分市场的要求。这对企业来说，就是市场进入壁垒的高低。企业应有能满足细分市场的相应的人力、物力、财力等资源。

② 有关的信息能够通过一定媒体顺利传递给该市场上的大多数消费者。被确定的细分市场的消费者能有效地理解企业的产品概念；企业在一定时期内有可能将食品通过一定的分销渠道运送到该市场。

5. 细分市场稳定性原则

细分市场稳定性原则是指细分市场的特征应在一定时期内保持相对的稳定。因为在细分过程中，调查分析本身都需要一定时间，没有一段稳定期，这个细分的市场也就没有意义了。同时，市场调查及开发新产品、调整营销策略都会给企业带来成本的增长，过于频繁的市场变化会影响企业的经济效益。

三、市场细分的依据

市场细分的前提是消费者需求的差异性，产生这些差异的因素就是进行市场细分的依据，也称为市场细分的标准或市场细分的变量。由于引起消费者需求差异的因素是多样的，因此市场细分也包含许多变量，不同的行业，不同的产品，不同的企业都各有不同，没有严格统一的标准。消费者市场细分的依据主要有四大类变量：地理、人口、心理和行为。如表6-1所示。

表 6-1 消费者市场细分变量一览表

主要细分变量	次 要 细 分 变 量
地理	区域、地形地貌、气候、城乡、城市规模、人口密度、交通、环保、其他
人口	国籍、种族、职业、受教育程度、性别、年龄、收入、家庭规模、家庭生命周期、其他
心理	社会阶层、生活方式、个性、购买动机、偏好、其他
行为	追求利益、使用时期、使用者状况、使用频率、品牌忠诚度、对产品的了解程度、对产品的态度、其他

1. 地理细分

地理细分是根据消费者工作或居住的地理位置、自然环境来细分市场。俗话说一方水土养一方人，由于地理环境、自然气候、饮食文化、风俗习惯等因素的影响，处在同一地理环境下的消费者的需求与偏好往往具有相似性，购买行为、购买习惯、对企业采取的营销策略与措施的反应也有相似性。例如，对食品来说，农村居民注重食品的数量、营养，而城镇居民则对食品消费的质量、口味和方便化的要求更高；北方人口味偏咸，而南方人则更喜欢甜食，我国就素有"南甜北咸，东辣西酸"的说法。

地理因素是一种静态因素，易于识别，是市场细分应给予考虑的重要因素。但处于同一地理位置的消费者的需求仍会有很大差异。比如，在我国的一些大城市，如北京、上海，流动人口逾百万，这些流动人口本身就构成了一个很大的市场，很显然，这一市场有许多不同于常住人口市场的需求特点。所以，简单地以某一地理特征区分市场，不一定能真实地反映消费者的需求共性与差异，企业在选择目标市场时，还需结合其他细分变量予以综合考虑。

案例与启示

气候因素决定饮食文化

气候的时空差别和地理环境的差异往往通过物产影响饮食的用料和人们的习惯口味、嗜好。例如海洋性气候显著的沿海地区以海鲜菜著称；江河两岸地区以河鲜菜闻名；河流的下游与上中游的河鲜口味也略有区别，位于上中游的峡谷急流段的河鲜因鱼虾需抗急流才能生存，其肉具明显的弹韧性，吃起来不止是鲜美，还有特殊的口感；大陆性气候显著的内陆山区则以野味和山珍著称；干旱气候区则以牛羊等牲畜为食，但与湿润气候区比较而言，干旱地区的牛羊肉少膻味，且瓜果菜质量佳；同是稻谷，北方所产的稻谷质量因蛋白质含量高而优于南方。

气候的冷热干湿也影响到人们的饮食习惯。一般讲来湿热地区的人重干香辣（用干辣椒）；伏旱地区的人善清香辣（用新鲜辣椒）。从季节变化来看，南岭以南的粤、贵、闽、台、琼等地，一年之中春夏季节要清热而冬季要补寒，因而民间便有"冬进补春夏解热"的饮食习惯，使药膳在这里更易流行，药膳早已进入平常百姓家，并成为高中档菜色。北方气候四季分明，冬天室内暖和，加以土壤为微碱性土，土、水和食物多含钙，更易满足人们健康需要，药膳只是病人需要，因而药膳不如南方流行。

西北部黄土高原土壤含钙过多，加上大风天气和干旱，使居民嗜醋，有利于消除体内的钙沉淀，可以预防各种结石病。南甜北咸则与物产和气候有关，南方产糖，湿度大，使人体蒸腾小，因而嗜好吃糖，而不需吃用过多的盐。广东人就有"煲糖水"的风俗；北方地区的相对湿度小，人体蒸腾量大，需要消耗较多盐分，故口味偏咸。

因此，这便形成了分区的饮食文化差别，我国习惯上有"南甜北咸，东辣西酸"的口味分布特征。受到气候、地理、民族文化和宗教信仰等因素的影响，实际的分区还要比此复杂。如大到南甜北咸，东辣西酸；小到四川的麻辣，山东的咸鲜、广东的清鲜、陕西的浓厚等。总之是各有各的原料，各有各的方法，各有各的口味。这种迥然不同的饮食文化特点在烹饪理论中用一个术语来表达，就是"风味"。

摘自：气象知识，2004年第4期．

文章来源：中国公众科技网，叶岱夫，2006-11-19

http://weather.cpst.net.cn/ttsd/2006-11/163942869.html.

2. 人口细分

所谓人口细分，就是按照人口变量来细分消费者市场。人口变量很久以来一直是细分消费者市场的重要变量，食品企业经常以人口作为市场细分的依据。这主要是因为人口变量比较容易衡量，有关数据相对容易获取，用人口变量细分市场简单易行。人口变量主要包括：年龄、性别、收入、职业、教育水平、家庭生命周期、民族等。如表6-2所示。

表6-2 人口细分变量分析

细分变量		营销要点
性别	男女构成	了解男女构成及消费需求特点
年龄	婴儿、儿童、少年、青年、成年、老年	掌握年龄结构、比重及各档次年龄的消费特征
收入	白领和蓝领；高收入、中高收入和低收入者	掌握不同收入层次的消费特征和购买行为
职业	工人、农民、军人、学生、干部、教育工作者、文艺工作者	了解不同职业的消费差异
教育水平	文盲、小学、中学、大学等	了解不同文化层次人群购买种类、行为、习惯及结构
家庭生命周期	单身阶段、备婚阶段、新婚阶段、育儿阶段、空巢阶段、寡鳏阶段	研究各家庭处在哪一阶段，不同阶段消费需求的数量和结构
民族	汉族、满族、回族、蒙古族等	了解不同民族的文化、宗教、风俗及不同的消费习惯

用人口状态细分市场，可以是单个变量细分，如仅仅以"性别"这个变量来细分化妆品市场，但许多情况下采用多变量细分。某保健品生产企业发现，保健品市场可以按三类变量予以细分（见图6-2）。

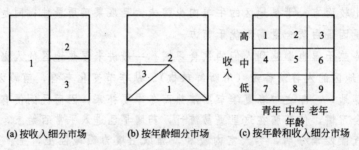

(a) 按收入细分市场　　(b) 按年龄细分市场　　(c) 按年龄和收入细分市场

图6-2 市场细分的一般方法

在图6-2中，(a) 图是用消费者收入来细分市场，该保健品企业认为，消费者收入层次不同，其需求也不同。用收入变量可把市场细分为3个子市场，其中"1号市场"最大。(b) 图是用消费者年龄层次细分市场，对于保健品，青年购买者、中年购买者、老年购买者之间的需要有明显的区别，按这一标准划分的三个市场中，"2号市场"规模最大。(c) 图则是用"收入"与"年龄"两个变数并重细分市场。用收入低、收入中、收入高和青年、中年、老年等变量来细分市场，则把一个市场划分为9个子市场。其中1号市场是"高收入青年购买者市场"，9号市场是"低收入老年购买者市场"，等等。显然，这一划分比 (a)、(b) 方法更科学，也更有实效。

例如，20世纪90年代初期，南京已经开始向居民供应"色拉油"，可是大部分居民都不能接受这种"太透明"的食用油。但是，在鼓楼区，这种油卖的特别好。究其原因，原来，该区多为政府机关和高校所在，由于职业和受教育程度的不同，他们较别的城区的人们更能理解"色拉油"属精练品，低油烟、低杂质，比普通"豆油"、"菜籽油"更具保健作用。所以，虽然价格较高，该区消费者也能自愿接受。

3. 心理细分

心理细分是以消费者的心理特点和性格特征为依据对市场进行细分。目前市场上商品越来越丰富，生活水平不断提高，人们的心理变量对购买行为的影响也越来越大。尤其是在比较富裕的社会中，顾客购物已不限于满足基本生活需要，因而消费心理对市场需求的影响更大。所以，消费心理也就成为市场细分的又一重要标准。

① 生活方式。生活方式是人们对消费、工作和娱乐的特定习惯。通俗地讲，生活方式是指一个人怎样生活。人们追求的生活方式各不相同，如有的追求新潮时髦，有的追求恬静、简朴；有的追求刺激、冒险，有的追求稳定、安怡。不同生活方式的消费者对产品有着不同的需求和兴趣爱好；消费者生活方式的改变也就会产生新的需求。这充分说明，生活方式是影响消费者的需求和欲望的一个重要因素。在现代市场营销实践中，有越来越多的企业运用消费者的生活方式来细分消费者市场，并且按照生活方式不同的消费者群体来制定不同的市场营销组合。例如，烟草公司针对"挑战型吸烟者"、"随和型吸烟者"及"谨慎型吸烟者"推出不同品牌的香烟，就是依据生活方式细分市场。

案例与启示

酒类市场细分女士专用酒流行起来

据一位业内人士介绍，近年来，随着人们生活水平的提高，年轻人越来越崇尚个性化的生活方式，女性尤其是年轻女性饮酒的人数在不断增加。根据一项调查显示，近三年来，中国各大城市中时常有饮酒行为的女性人数正在以每年22%的速度增长，各种国产的、进口的、专门针对女性的酒类品种目前已达到几十种。一位啤酒经销商介绍，由于饮酒的女士数量增长很快，各种女士酒近来不断上市。仅在最近一段时间，燕京啤酒集团推出了无醇啤酒，吉林长白山酒业也出了"艾妮靓女女士专用酒"，还有台湾烟酒公司研制成功一种功能性饮料五芝啤酒，其出发点很大程度上也是针对女性市场的。此外还有哈尔滨泉雪啤酒有限公司推出的有保健功能的含"肽"啤酒，也推出营养概念，抢占女性啤酒市场。业内专家介绍说，目前国内市场上的各种女士酒大约有40种，都是近来才出现的，预计还会有更多类似的酒出现。

资料来源：中国食品产业网，http://www.foodqs.com/news/jsdt01/200391720297.htm。

---

② 性格。性格是指一个人较稳固的对现实的态度和习惯化了的行动方式所表现出的心理特征。性格是人的心理个别差异的重要方面，人的个性差异首先表现在性格上。为此，营销者越来越注意给他们的产品赋予品牌个性，树立品牌形象，以符合相对应的目标消费者的个性，以求得其目标市场的认同。

不同性格购买者在消费需求上有不同特点（见表6-3）。

4. 行为细分

根据购买者对产品的了解程度、态度、使用情况及购买时机和频率、追求的利益和消费者对品牌的忠诚度等将他们划分成不同的群体，叫行为细分。行为变数能更直接地反映消费者的需求差异，因而成为市场细分的最佳起点。

所谓的行为变数是指和消费者购买行为习惯相关的一些变量，包括购买时机和频率、追求的利益、使用情况和消费者对品牌的忠诚度等。

表 6-3　不同性格消费者类型

性格	消费需求特点
习惯型	偏爱、信任某些熟悉的品牌,购买时注意力集中,定向性强,反复购买
理智型	不易受广告等外来因素影响,购物时头脑冷静,注重对商品的了解和比较
冲动型	容易受商品外形、包装或促销的刺激而购买,对商品评价以直观为主,购买前并没有明确目标
想像型	感情丰富,善于联想,重视商品造型、包装及命名,以自己丰富想像去联想产品的意义
时髦型	易受相关群体、流行时尚的影响,以标新立异、赶时髦为荣,购物注重引人注意,或显示身份和个性
节俭型	对商品价格敏感,力求以较少的钱买较多的商品,购物时精打细算、讨价还价

① 购买时机。根据消费者提出需要、购买和使用产品的不同时机,将他们划分成不同的群体。例如,城市公共汽车运输公司可根据上班高峰时期和非高峰时期乘客的需求特点划分不同的细分市场并制定不同的营销策略;生产果汁之类清凉解暑饮料的企业,可以根据消费者在一年四季对果汁饮料口味的不同,将果汁市场消费者划分为不同的子市场。

② 追求利益。消费者购买某种产品总是为了解决某类问题,满足某种需要。然而,产品提供的利益往往并不是单一的,而是多方面的。消费者对这些利益的追求时有侧重,如对购买手表有的追求经济实惠、价格低廉,有的追求耐用可靠和使用维修的方便,还有的则偏向于能显示出社会地位等不一而足。

③ 使用者状况。根据顾客是否使用和使用程度细分市场。通常可分为:经常购买者;首次购买者;潜在购买者;非购买者。大公司往往注重将潜在使用者变为实际使用者,较小的公司则注重于保持现有使用者,并设法吸引使用竞争产品的顾客转而使用本公司产品。

④ 使用数量。根据消费者使用某一产品的数量大小细分市场。通常可分为大量使用者、中度使用者和轻度使用者。大量使用者人数可能并不很多,但他们的消费量在全部消费量中占很大的比重。美国一家调研公司发现,美国啤酒的 80% 是被 50% 的顾客消费掉的,另外一半顾客的消耗量只占消耗总量的 12%。因此,啤酒公司宁愿吸引重度饮用啤酒者,而放弃轻度饮用啤酒者,并把重度饮用啤酒者作目标市场。公司还进一步了解到大量喝啤酒的人多是工人,年龄在 25～50 岁之间,喜欢观看体育节目,每天看电视的时间不少于 3～5 小时。很显然,根据这些信息,企业可以大大改进其在定价、广告传播等方面的策略。

⑤ 品牌忠诚程度。企业还可根据消费者对产品的忠诚程度细分市场。有些消费者经常变换品牌,另外一些消费者则在较长时期内专注于某一或少数几个品牌。通过了解消费者品牌忠诚情况和品牌忠诚者与品牌转换者的各种行为与心理特征,不仅可为企业细分市场提供一个基础,同时也有助于企业了解为什么有些消费者忠诚本企业产品,而另外一些消费者则忠诚于竞争企业的产品,从而为企业营销决策提供启示。

⑥ 购买阶段。消费者对各种产品了解程度往往因人而异。有的消费者可能对某一产品确有需要,但并不知道该产品的存在;还有的消费者虽已知道产品的存在,但对产品的价值、稳定性等还存在疑虑;另外一些消费者则可能正在考虑购买。针对处于不同购买阶段的消费群体,企业进行市场细分并采用不同的营销策略。

⑦ 态度。态度是指一个人对某些事物或观念长期持有的好与坏的认识上的评价、情感上的感受和行动的倾向。不同消费者对同一产品的态度可能有很大差异,如有的很喜欢持肯定态度,有的持否定态度,还有的则处于既不肯定也不否定的无所谓态度。针对持不同态度的消费群体进行市场细分并在广告、促销等方面有所不同。

根据购买者产生需要、购买或使用产品的时机,可将他们区分开来。例如,航空公司专门为度假的顾客提供特别服务，某糖果公司利用某些节日来增加糖果的销量。时机细分可以帮助企业拓展产品的使用范围，原来仅在早餐上饮用的橙汁，通过公司的宣传开始在晚餐、宴会和休闲时饮用，从而扩大了橙汁的销量。

四、市场细分的方法

任何企业都可运用上述标准进行市场细分。但是由于各个企业经营方向、具体产品不同，因而在方法上必然有所不同，这种差别主要表现在选用标准的内容、选用标准的数量及选用标准的难易程度三个方面。

1. 单一变量细分法

就是根据影响消费者需求的某一个重要因素进行市场细分。如根据年龄这一变量可以将饮料市场分为成人与儿童两个市场，早期的娃哈哈饮料就是专门针对儿童市场的。

2. 多个变量综合细分法

就是根据影响消费者需求的两种或两种以上的因素进行市场细分。比如，针对奶粉市场，可按消费者所处的地区、年龄、收入及品牌忠诚程度将市场细分为100多个细分市场。采用多个变量综合细分法，当使用的变量增加时，细分市场的数量会按几何级数增加，这会给细分市场的选择带来困难，同时也不必要。因此很多企业采用了系列变量细分法。

3. 系列变量细分法

就是根据企业经营的特点并按照影响消费者需求的诸因素，由粗到细地进行市场细分。这种方法可使目标市场更加明确而具体，有利于企业更好地制定相应的市场营销策略。我们仍以奶粉市场的细分为例，如图6-3所示。

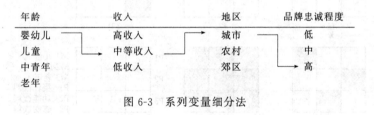

图 6-3 系列变量细分法

第二节 目标市场选择

所谓目标市场是指企业根据自身的经营条件所确定的营销活动所要满足的需求，即决定进入的子市场。

在制订市场营销策略时，企业必须在复杂的市场中发现何处最适合销售它的产品，购买人是谁，购买者的地域分布、需求爱好以及购买行为的特征是什么。有了明确的目标市场也就明确了企业所服务的对象，企业才能有针对性地制订一系列措施和策略。它是制订营销战略的首要内容和基本出发点，企业的一切营销活动都是围绕目标市场展开的。

一般来说，目标市场的选择都是与市场细分相联系的。市场细分是目标市场选择的前提条件和基础，选择目标市场是市场细分的目的。

一、细分市场的评价

1. 评估细分市场

对于一个企业而言，由于其资源条件的限制，并不一定有能力进入细分市场中的每一个子市场,也不是所有的子市场都有吸引力,这就要求我们首先对细分后的子市场进行评估。在评估各个不同细分市场时,企业必须考虑两个因素:细分市场的吸引力、企业的目标和资源。

(1)细分市场的吸引力

① 细分市场的规模及其成长性。没有足够的销售量就无法构成现实的市场,难以保证合理的盈利水平,也就无法成为目标市场。分析市场规模既要考虑现有的水平,更要考虑其发展潜力,以保证企业有长期稳定的发展前景。

② 细分市场的盈利性。有适当规模和成长率的市场若缺乏盈利性同样不能成为目标市场。著名管理学家迈克尔·波特认为,决定一个市场长期盈利潜力的因素有5个:行业内部竞争、潜在竞争者的威胁、替代品的威胁、供应商的议价能力和客户的议价能力。

③ 市场规模。市场规模大小是相对的,应根据企业的实力选择适当的规模。

(2)企业的目标和资源

① 企业现有的人力、物力、财力资源能否满足细分市场的需求。

② 对细分市场的投资是否符合企业的长远目标。

2. 目标市场选择的模式

企业在对不同的细分市场评估后要选择目标市场,常见的进入目标市场的模式有5种,如图6-4所示。

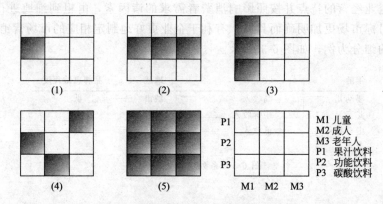

图6-4 企业进入目标市场的常见模式

(1)密集单一型市场 指用单一的产品占领一个细分市场,企业的产品和服务对象都集中于一个细分市场。这种模式可以使企业更了解该细分市场的需要,进行专业化的市场营销,同时竞争者通常较少。但这种模式的风险较大,一旦这一细分市场不景气或有强大的竞争者出现,都会使公司陷入困境。

(2)产品专业化 企业集中生产一种产品,并向各类顾客销售这种产品。采用这种模式的企业通常使用相似的产品,不同的品牌。这种模式有利于企业在某类产品方面树立良好的形象。但同样也存在潜在的风险,当同类产品中出现全新的替代产品时,企业会面临巨大的冲击。

(3)市场专业化 企业生产不同的产品满足特定顾客群体的需要,即面对同一市场生产不同的产品。采用这种模式,企业专门为特定的顾客群体服务,可与这一群体建立长期稳定的关系,并树立良好的形象。

(4)选择性专门化 企业在市场细分的基础上,选择进入若干细分市场,针对每个不同的细分市场提供不同的产品与服务。通常企业所选择的这些细分市场之间很少存在联系。采用这种模式可以分摊企业的风险,一个细分市场的失败也不会影响企业的整体利益。但要求企业有较强的资源及营销能力。在采用这种模式时应避免贪多的毛病,不是选择目标市场越多越好,因为这样会分散公司的资源。它们的共同特点应是有吸引力并符合公司的要求。

(5) 完全覆盖市场 是指企业用各种产品满足各种顾客群体的需求,也就是说企业所面对的是一个整体市场。既可以采用差异化营销,也可以采用无差异营销来达到这一目标。只有大公司才能采用这种模式。

二、目标市场策略

企业选择进入目标市场的模式不同,目标市场的确定范围不同,所采用的营销策略也就不同。企业可供选择的目标市场策略有3种:无差异策略、差异化策略和集中性策略。

1. 无差异策略

无差异策略是指企业把一个产品的整体市场看作是目标市场,只向市场推出单一产品,采用一种市场营销组合。之所以在这个市场中只投放一个产品,只采用一种市场营销组合方式,是因为企业认为整个市场需求是相同的,或者即使需求有差异但也可以忽略不计。

无差异策略的主要优点是其成本的经济性。以单一品种满足整体市场,生产批量较大,可以实现规模生产,降低单位产品的生产成本;单一品种可以减少储存量,节约存货成本;单一的促销方案可以节省促销费用;单一的渠道可以节省渠道成本;不进行市场细分还可以减少市场调研、新产品研制、制订市场营销组合策略的人、财、物等方面的投入。最后,无差异策略可以使消费者建立起超级品牌的印象。

无差异策略的缺点也很明显。首先,随着社会经济的发展和消费者收入水平的提高,消费者需求的差异性日益明显,个性化需求时代已经到来,而无差异策略恰恰忽略了这种差异性;其次,如果同一市场中有众多的企业采用这一策略,就会加剧整体市场的竞争,会造成两败俱伤;再者,采用这一策略的企业反应能力和适应能力较差,当其他企业提供有特色、有针对性的产品时,企业容易在竞争中失利。

无差异策略主要适用于具有广泛需求和大批量需求,公司也能够大量生产、大量销售的产品。食品中的原料即具有这样的特点,可以采用这一策略。只有这样,无差异策略的优点即成本的经济性才能体现出来。早期的可口可乐公司是世界上奉行这一策略的最成功的代表。但是很少有企业采用这一策略,即使采用也限于在短时间内,而且只有具有实力的大公司才能采用。当市场条件发生变化,如有新的竞争者出现时,很多公司又不得不放弃这一策略。

案例与启示

可口可乐是世界上最畅销的软饮料之一,自1886年问世以来,可乐瓶形固定、容量少、几十年一贯制,一直奉行无差异市场策略,其广告语"请喝可口可乐"使用至今。

百事可乐公司创建于1898年,比可口可乐公司整整晚了12年,但是,百事公司敢于同强手一比高下,积极实施创新战略、差异化战略,不断提升企业核心竞争力。百事可乐在业界首先推出2升瓶装,并率先挑起价格大战(其广告语是"一样代价,双重享受"),通过让消费者得到更大实惠,成功地夺走了可口可乐在美国消费者中的相当一部分市场。

同时，百事可乐还不断改进包装，相继为美国消费者推出新的25罐纸板包装的"方块"百事可乐；12盎司装开瓶后可再封瓶的"小百事"；8盎司罐装的"迷你百事"以及促销特卖的1000毫升瓶装"大开口"百事可乐。在百事可乐发起的凌厉攻势中，可口可乐被逼得走投无路，因为他们不可能轻易改变瓶装量，除非下决心丢弃10亿个左右的6.5盎司的瓶子；也不能降低售价，因为市场上已有数十万台限用5美分币投币购买的冷饮购买机无法改造。

有人预言，未来的世纪，将是运动、健康和休闲的世纪。从1955年到1960年，百事可乐主动发起广告大战，用全新的创新争取自己的"目标顾客"。经过严密认真的市场调查后，百事可乐公司果断地将"新一代的美国人"作为自己的"目标顾客"，并展开了针锋相对的"百事时代"广告大战。

这一系列营销广告不仅迎合了青年一代充分显示自己朝气蓬勃、富于青春活力、做时代先锋的愿望，也迎合了年轻人追求时尚、摆脱传统的心理，同时极大地吸引了那些不甘心"衰老"的中老年人，他们渴望展示自己仍然具有的青春风采，也要喝充满活力的百事可乐。一系列广告宣传产生了轰动的从众效应，喝百事可乐成为美国的时尚。鲜明的广告主题使百事可乐成功地贴近了青年消费群体，拉近了与顾客的距离。随着广告片的播放，百事可乐的销量扶摇直上，取得了空前佳绩。

在百事可乐诞生92周年时，百事可乐终于赶上了竞争对手。1990年，两大"可乐"平分秋色，各占一半市场。实践证明，创新是竞争挑战者的利器。企业竞争能力的关键是创新能力。只有创新才能使弱小企业形成与众不同的差异。

实际上，任何一个行业都不是只有唯一的一种最佳方式，因为很多的客户有各种不同的需求。好的竞争方式有很多种，有很多提供价值的方式。有一种关于竞争的想法更加有用：如何能够做到与众不同，并且以这种方式提供独特的价值。这种竞争方式为顾客提供了更多的选择，为市场提供了更多的创新。

选编资料来源：中国老年网．http：//blog．chelder．com．cn/userl/LKS8391/archives/2006/5738.html．

2．差异化策略

差异化策略是指企业在市场细分的基础上，选择若干细分市场作为自己的目标市场，并针对每个细分市场生产不同的产品，采取不同的市场营销策略。采用这种策略的企业一般都具有多品种、小批量、多规格、多渠道、多种价格和多种广告形式的营销组合等特点，以满足不同细分市场的需求。

差异化策略的优点表现在以下几个方面：第一，有针对性的产品和市场营销组合可以更好地满足消费者的需求，同时有利于企业扩大销售总量，提高市场占有率。第二，可以降低企业的经营风险。由于细分市场之间的关联性不大，一个产品市场的失败不会威胁到整个企业的利益。第三，有特色的产品及其营销策略可以提高企业的竞争力。第四，一个企业在多个细分市场取得良好的效益后，可以提升公司的知名度，有利于企业对新产品的推广。

差异化策略同样有其局限性，它的不足之处主要是成本较高。由于生产的品种多、批量小，单位产品的生产成本提高；市场调研及新产品开发成本、存货成本也会相应提高；多样化的营销策略使渠道、广告成本都会增加。

随着生产力水平的发展，生产规模的扩大，企业之间的竞争日益激烈；同时人们收入水平的不断提高，消费者的需求日益多样化，差异化策略被越来越多的企业所接受和采用。宝洁公司是奉行这一策略的成功代表。然而并不是所有的公司都适宜采用。采用这一策略的企业通常要求有较雄厚的人力、物力、财力资源，有较高的技术水平、设计能力及高水平的经营管理人员。

3. 集中性策略

该策略也称密集性策略。即企业选择一个或少数几个细分市场作为目标市场，集中力量为该市场提供高度专业化的产品和营销，满足顾客需求。

集中性策略与无差异策略的不同在于：无差异策略是以整体市场为目标市场，而集中性策略不是面对整体市场，也不是把力量分散到广大市场上，而是集中企业的营销优势，把有限的资源集中在一个或少数几个细分市场上，实行专业化的生产和销售，以充分满足这些细分市场的需求。采用集中性策略的企业，其目的不是要追求在大市场上的市场占有率，而是为了在一个小的细分市场上取得较高的，甚至是支配地位的市场占有率。

集中性策略的优点首先是可以集中企业的优势，充分利用有限的资源，占领那些被其他企业所忽略的市场，以避开激烈的市场竞争。其次，专业化的生产和销售可以使这一特定市场的需求得到最大限度的满足，并在特定的领域建立企业和产品的高知名度。再次，高度专业化满足了特定的需求，目标顾客愿意接受较高的价格，可以使企业保持较高的利润率。

集中性策略的局限性在于风险较大。企业将其所有的精力集中于一个市场，一旦这个市场中消费者的需求发生变化，或有强大的竞争者进入，或企业的预测及营销策略制订有缺陷等，都有可能使企业因无回旋余地而陷入困境。

大小企业都可以采用集中性策略，尤其适用于资源有限的小企业。采用这一策略，小企业可以避开与大企业的正面竞争，选择那些大企业未注意或不愿进入的市场，往往更易获得成功。然而在选用这一策略时应注意的是：进入市场前应进行充分的市场调查，以保证企业经营方向的正确；同时，所进入的市场应有足够的规模利润和增长潜力，能最大限度地降低经营风险。

案例与启示

同质化还是差异化——康师傅的选择

1996年，顶新旗下品牌康师傅在方便面有了长足发展的同时，开始涉足到糕饼的生产。首先推向市场的第一个产品是康师傅雪饼。当时，旺旺米饼的市场地位已经比较稳定，市场份额已占80%。

康师傅雪饼推出前，以惯例进行口味测试，并与主竞品（市场主导品牌）进行了比较，方法是两个去除了包装的产品，让消费者评判哪一个更好吃，最后以此统计消费者的偏好度。在与旺旺的测试中，康师傅和旺旺的分值分别是5∶5，也就是说康师傅和旺旺在品质上没有差别。

康师傅的雪饼刚刚入市时，销量一路攀升，其市场份额一度增长到20%，与旺旺成为两大雪饼"寡头"。但是好景不长，几个月后，各处的仓库开始爆仓，米饼大量积压。原因很简单：在雪饼市场，康师傅与旺旺的竞争为同质化竞争，由于主竞品先期进入市场，其市场地位已经形成，而自己的产品与主竞品的差异性太小，因此无法改变消费者先入为主的观念。

所谓"吃一堑,长一智",1997年,顶新糕饼事业群开始创新其他产品时选择了差异化策略,如乐芙球、彩笛卷等。最值得称道的是3+2夹心饼干。当时夹心饼干市场同样有主导品牌,如纳贝司克、奥利奥,纳贝司克是巧克力夹心的主品牌,奥利奥是奶油夹心的主品牌。这些夹心品是两片夹心,而康师傅的夹心饼干是3层饼体夹两片奶心,这是夹心饼干的一种创新。在口味测试时,3+2与奥利奥的消费者偏好度为6:4,这说明"3+2"在产品上有一定的优势。顶新糕饼事业群在其夹心饼干的命名上也别出心裁。3层饼体,2层夹心,就叫"3+2",用数字命名,很直接的将产品的特点告诉给消费者,而且饼干用数字命名的很少。

当时奥利奥的市场零售价一包为5.3元;而"3+2"的零售价定为3.8元,这等于比竞争对手的价格要低20%,低的价位,再加上强势广告以及免费试吃等促销活动,使"3+2"一炮打红。一年下来,康师傅的夹心饼干的销量要比竞争对手高出许多,一改以往奥利奥领导夹心饼干的局面。根据差异性原则,康师傅又适时地推出了咸酥夹心饼干,也很受消费者的欢迎。

资料来源:中国经营报,1999-03-30.

【案例思考】
1. 康师傅糕饼在初入市场时采用同质化是否得当?
2. 你对康师傅夹心饼干的差异化策略如何评价?

资料来源:汤定娜,万后芬.中国企业营销案例.高等教育出版社,2001.

三、影响目标市场选择的因素

以上我们介绍了3种目标市场策略的特点和各自的优、缺点,企业在选择时应综合考虑各方面的因素。

1. 企业实力

企业实力是指企业的设备、技术、资金管理和营销能力的综合反映。一般来说,实力雄厚、生产能力和技术能力较强、资源丰富的企业可以根据自身的情况和经营目标考虑选择无差异策略或集中性策略。反之,实力不强的小企业,无力兼顾更多的市场,最好选择集中性策略。

2. 产品自身的特点

产品自身的特点主要是指产品的同质化特点。产品本身的同质化现象,其性能特点、型号等是否存在差异性。有些产品之间不存在差别,即使存在差异,但客户一般不重视或不加以区分,那么它们的竞争就主要集中在价格和服务上。这些产品一般都是未经过加工的初级产品,如钢铁、大米、食盐等。对于这类产品,采用差异化策略或集中性策略是不必要的,通常宜选择无差异策略。然而大部分产品在性能和品质等方面的差异较大,一般加工类产品都属于这一类。对于这类产品,一方面客户的选择余地较大,另一方面生产者竞争面较广,竞争的形式也较为复杂。为了应对竞争,企业宜采用差异化策略或集中性策略。

3. 市场差异性

市场差异性是指不同细分市场中客户的需求及对企业的营销刺激的反应是否具有明显的差异。如市场的差异性较大,无差异策略是无法满足所有客户的需求的,企业宜选择差异化策略或集中性策略。反之,市场的差异性较小,差异化策略或集中性策略都会浪费资源,影响效率,因此宜选择无差异性策略。

4. 产品生命周期

这里所说的产品生命周期指的是产品的市场生命周期。处在不同的市场生命周期阶段，产品的竞争、销售等特点都是不同的。在导入期及成长期前期，同类产品的竞争者较少，企业也通常没有进行多品种开发和生产的能力，宜选择无差异策略。一旦进入成长期后期和成熟期，竞争日益激烈，为使本企业的产品区别于竞争者，确立自己的竞争优势，应采用差异化策略或集中性策略。当产品步入衰退期时，市场需求量逐渐减少，企业不宜再进行大规模生产，更不能将资源再分散于多个市场份额小的细分市场，宜采用集中性策略。

5. 市场供求趋势

当产品在一定时期内供不应求时，消费者没有选择的余地，需求即使有差别也可以忽略不计，可以采用无差异策略以降低成本。当供过于求时，企业宜采用差异化策略或集中性策略。但任何产品供不应求的卖方市场状态通常都是暂时的和相对的，最终都会向买方市场转化。

6. 竞争对手的策略

任何企业在市场中都要面对竞争者，竞争对手的策略会直接影响到企业策略的选择。当竞争对手采用无差异策略时，企业宜选择差异化策略或集中性策略，以区别于竞争对手，提高竞争力。如竞争对手采用差异化策略，企业应进行进一步的细分，实行差异化策略或集中性策略。

案例与启示

"酷儿"——儿童果汁饮料细分市场的超级霸主

2001年3月，当统一企业在果汁饮料市场上首先推出PET（塑料瓶）包装的鲜橙多时，恐怕连他们自己也没有想到会给国内果汁业带来什么样的变化。短短一年多的时间，果汁饮料市场已经"战火纷飞"了。康师傅的每日C，娃哈哈的鲜橙汁，随后乐百氏、健力宝在此领域也有所动作，每个地区也有一些地方性品牌进入了跟随的行列。不久，饮料巨头可口可乐又借"酷儿"杀进原先在他们看来并不起眼的果汁饮料市场。"酷儿"以其独特的目标市场策略一举成功，成为2002年果汁饮料市场最亮的一道风景线。

2002年元旦前后，仿佛一夜之间，在河南省几个主要城市郑州、洛阳等地的商场、超市、街边小店中，随处可见一种名叫"酷儿"的新品果汁饮料，其独特的形象令人过目难忘：一只头大身小的蓝色娃娃，右手叉腰，左手端着盛满饮料的茶杯，陶醉的说着"Qoo……"这只可爱的娃娃迅速出现在铺天盖地的招贴上、电视广告中。在有"酷儿"的地方，你都会发现"可口可乐公司荣誉出品"的字样。凭借可口可乐这块金字招牌，酷儿在短时间内成功上市，很快成为小朋友的新宠。

"Qoo酷儿"是可口可乐公司针对亚洲市场研发的一种特色果汁饮料，在亚洲市场所向披靡，所到之处"Qoo"声一片。1999年11月，"Qoo酷儿"在日本研制成功，2001年即成为可口可乐的第三品牌（继可口可乐和芬达之后）；2001年4月在韩国上市，迅速跃升为当地果汁饮料第一品牌及饮料第三品牌，销售量超过预计量6倍；2001年6月在新加坡上市，迅速成为当地第一果汁品牌；2001年10月，"Qoo酷儿"在中国台湾上市，可口可乐台湾分公司对外事务总监王玲玲表示，"Qoo酷儿"果汁的销量远远超过预估量的3倍，上市仅3个多月，单月销售量就为韩国、日本市场的2倍，并且还曾出现通路供不应求的缺货窘境，成为当地消费者最喜爱的果汁饮料；2002年"酷儿"登陆大陆市场。

"Qoo酷儿"果汁饮料成功了,蓝色大头娃娃"酷儿"成为家喻户晓的名人,虽然只是一个虚拟的角色,可其影响力远远超过一些俊男美女。电视机前小朋友会跟着广告中的一个蓝色大头娃娃,不自觉地摇头晃脑,唱着"Qoo,有种果汁真好喝……";幼儿园老师经不住小朋友的请求,带着整个班级到校门口与Qoo牵手、拍合照;家长不得不在办公室里将Qoo电视广告压制成光碟以讨5岁孩子的欢心;小朋友嚷着要父母在夜市里购买印有仿冒Qoo图案的T恤。酷儿形象、酷儿简历、酷儿歌、酷儿舞很快风靡了全中国,酷儿成为小朋友们争相模仿的对象。

这一切都是"酷儿"果汁惹的"祸"!

"酷儿"定位为儿童果汁饮料,"酷儿"在中国市场细分的目标群体是5~12岁的儿童,此举跳出大部分果汁品牌针对女性市场的人群定位,也为"酷儿"角色的引入创造了条件。"酷儿"博得了小孩子的喜爱,成为他们指定购买的果汁品牌。针对直接购买者家长,可口可乐公司还通过理性诉求强调功能利益点:果汁里添加了维生素C及钙,这无疑给注重孩子健康的父母们吃了定心丸。酷儿果汁由此走红。顶着大大的脑袋,右手插着腰、左手拿着果汁饮料,陶醉地说着"Qoo……"的蓝色娃娃在广告和终端活动的推广下,成了家喻户晓的名人,更成为儿童最喜欢的卡通人物之一。

"酷儿"的成功反过来印证了"儿童果汁饮料"这一精确定位的高明:避免与市场领导品牌展开正面较量,寻找细分市场机会,独辟蹊径;所有的沟通行为,无论是渠道策略、价格策略,还是广告表现、媒介策略,都瞄准了同一个目标对象,火力集中,避免浪费,而且噪音小。

实践证明,儿童对父母购买行为的影响力比人们想像的大得多。

【案例思考】

1. 讨论酷儿形象与目标市场的关系。
2. "酷儿"的目标市场策略是如何确立的?
3. 结合本案例谈谈如何进行市场细分。

【分析与提示】

从案例中可以看出,这已经不是一个胜者通吃的时代,尤其是在竞争多元化的成熟市场,不可能处处都赢得头彩,而此时制胜的最佳方法,就是对市场进行有效的细分,争做细分市场的领导品牌。这成了精明商家迅速胜出的不二法门,这一点,"酷儿"做到了。

也许是天时,也许是地利,统一推出鲜橙多引起饮料大战以后,很多先入为主的果汁饮料品牌,都没有针对儿童作为品牌的切入口。无论是鲜橙多的"多喝多漂亮"、娃哈哈的"我喝我的果汁",都有效地针对女性市场进行了划分;而果汁龙头品牌汇源的"喝汇源果汁,走健康之路"的大网捕鱼市场运作,离儿童市场更是渐去渐远。

一年多时间没有品牌进入儿童果汁饮料市场,这给"酷儿"留下了一个绝好的机会。一方面,其有着国际品牌运作经验及成熟的市场操作手法;另一方面,果汁饮料市场也恰恰给"酷儿"留下了这样一个空缺。所以,"酷儿"依其市场细分策略,有效针对儿童市场,从"真空"地带切入果汁饮料行业,迅速风行,乃是顺理成章的事。

"酷儿"在中国市场,细分的目标群体是5~12岁的儿童,从当时果汁饮料的竞争态势来看,大部分品牌都把目光集中在了女性、漂亮及个性化方面。所以"酷儿"一出,在其品牌形象与渠道通路等方面,一下子就跳脱于激烈的竞争之外,形成了鲜明的形象,尤其是"酷"形成了鲜明的对比元素,与其他品牌拉开了竞争的距离,亲近了目标消费者。

从营销战略上来讲,科学的市场细分再细分,是"酷儿"成功的基础;相反,如果"酷儿"上市,不是进行有效的市场细分进入儿童市场,而是杀入大家都在争的"漂亮、美丽"等偏重女性的个性市场,未必能打得过先入为主的"鲜橙多",也就谈不上什么优势了。

资料来源:孙全治编著.市场营销案例分析.东南大学出版社,2004.

第三节 市场定位

企业在经过市场细分，选定了自己的目标市场，确定了目标市场策略后，也就明确了自己所服务的对象及所要面对的竞争对手。如何在众多的竞争对手中突出自己的个性和特色，使自己在竞争中处在有利的位置或保持长期的领先地位，是每一个企业都要面临的问题。市场定位就是为解决这一问题的。

一、市场定位的含义

所谓市场定位就是企业根据目标市场上同类产品竞争状况，针对顾客对该类产品某些特征或属性的重视程度，塑造出本企业产品与众不同的鲜明的个性或形象，并形象生动地传递给目标顾客，求得顾客认同，使该产品在细分市场上占有强有力的竞争位置。

"定位"一词是由美国两位广告经理人艾尔·里斯和杰克·屈劳特于1972年在《广告时代》发表的一系列名为"定位时代"的文章中提出来的。他们认为："定位起始于一件产品，一次服务，一家公司，一个机构，或者甚至一个人……。然而，定位并不是你对一件产品本身做些什么，而是你在有可能成为顾客的人的心目中做些什么。也就是说，你得给产品在有可能成为顾客的人的心目中确定一个适当的位置。"菲利普·科特勒给定位下了一个简明的定义，他认为："定位就是对公司的产品进行设计，从而使其能在目标顾客心中占有一个独特的、有价值的位置的行动"。

市场定位的基本出发点是竞争。市场定位是一种帮助企业确认竞争地位、寻找竞争策略的方法。通过定位，企业可以进一步明确竞争对手和竞争目标；通过定位，企业也可以发现竞争双方各自的优势与劣势。

市场定位的核心就是设计和塑造产品的特色或个性。产品的特色或个性可以通过产品实体本身来实现，如形状、成分、结构、性能、颜色等；可以从消费者对产品的心理感受来实现，如产品可能使顾客感到豪华、朴素、时髦、典雅、别致、通俗、活泼、庄重等；还可以通过价格、质量、服务、促销方式等形式来表现。产品不同，产品个性或特色的表现形式也会有所不同。

市场定位应该是一个连续的过程，它不应仅仅停留在为某种产品设计和塑造个性与形象阶段，更重要的是通过一系列营销活动把这种个性与形象传达给顾客。市场定位的最终目的是使产品的潜在顾客觉察、认同企业为产品所塑造的形象，并培养顾客对产品的偏好和引发购买行动。因此企业在实施定位过程中，必须全面、真实地了解潜在顾客的心理、意愿、态度和行为规律，提出和实施极具针对性的促销方案。只有这样，企业才能从真正意义上确定产品在市场上的适当竞争地位。

二、市场定位过程

一个完整的市场定位过程通常由以下四个环节组成。

① 调查了解竞争者现有的产品在消费者心目中实际所处的位置。

② 研究消费者对该产品的哪个或哪些特征最为重视；消费者对某种产品特征或属性的评价标准；消费者通过哪些途径了解该产品的属性或特征等。

③ 根据以上两方面的信息，为本企业的产品设计和塑造某种个性或形象。这项工作通常是在产品开发过程中完成。

④ 设计、实施一系列旨在把产品个性与形象传递给顾客的营销活动，并根据实施结果及时调整和改进营销组合，或者重新设计产品的地位。

三、市场定位方法

各个企业经营的产品不同，面对的顾客不同，所处的竞争环境也不同，因而市场定位方法也不同。所有定位方法的宗旨都是在寻求产品在某方面的特色优势并使这种特色优势有效地向目标市场展示。

1. 根据产品属性定位

构成产品内在特色的属性以及由此而获得的利益能使消费者体会到它的定位。比如所含成分、材料、质量、价格等。"七喜"汽水的定位是"非可乐"，强调它是不含咖啡因的饮料，与可乐类饮料不同。糖果"雅客V9"的定位是"维生素糖果"，富含九种维生素的意思很直接，显示其成分与以往的糖果有本质的差异。

2. 根据产品的价格和质量定位

对于那些消费者对质量和价格比较关心的产品来说，选择在质量和价格上的定位也是突出本企业形象的好方法。质量取决于制作产品的原材料，或者取决于其生产工艺，而价格也往往反应其定位。

3. 根据特定的使用场合及用途定位

为老产品找到一种新用途，是为该产品创造新的市场定位的好方法。比如脑白金本是一种保健药品，可是企业定位为礼品取得了好的销售效果。

4. 根据顾客得到的利益定位

产品提供给顾客的利益是顾客最能切实体验到的，也可以用作定位的依据。如1975年，美国米勒（Miller）推出了一种低热量的"Lite"牌啤酒，将其定位为喝了不会发胖的啤酒，迎合了那些经常饮用啤酒而又担心发胖的人的需要。

5. 根据使用者类型定位

企业常常试图把某些产品指引给适当的使用者或某个子市场，以便根据这些顾客的看法塑造恰当的形象。美国米勒啤酒公司曾将其原来唯一的品牌"高生"啤酒定位于"啤酒中的香槟"，吸引了许多不常饮用啤酒的高收入妇女。后来发现，占30%的狂饮者大约消费了啤酒销量的80%，于是，该公司在广告中展示石油工人钻井成功后狂欢的镜头，还有年轻人在沙滩上冲刺后开怀畅饮的镜头，塑造了一个"精力充沛的形象"。在广告中提出"有空就喝米勒"，从而成功占领啤酒狂饮者市场达10年之久。

事实上，还有一些企业将产品定位在多个层次上，依据多重因素进行市场定位，使消费者感觉到产品具有多重作用或效能，适合于多种场合使用，因为要体现企业及其产品的形象，市场定位必须是多维度的、多侧面的。

四、市场定位战略

市场中的现有产品在顾客心中都有一个位置。因此定位除了要树立自己的特色，还要考虑竞争对手的影响，确定自己在竞争中的地位。从这种意义上说，定位策略也是一种竞争策略。企业一般会采用以下策略。

1. 首位战略

在每一行业、每一区域、每一目标市场都有一些公认处于首位的企业，这些品牌占据了首席的特殊位置，其他竞争者很难侵取其位。人们通常记得冠军，却很难说出亚军、季军的名字，由于这种无可替代的第一所取得的效果，许多企业想尽一切办法要占据老大地位。

但是，这个首位和第一可以是差别性的，不一定非要是规模上的老大，重要的是在某些有价值的属性上取得第一的定位，在某些选定的目标市场上争得第一。

2. 巩固战略

这一战略是要在消费者心目中加强和提高自己现在的地位。如果企业成不了第一，成为第二、第三也是一种有效的定位。如某企业成立之初就宣称"我们要争做全国乳制品企业的老二"，既有效避免了竞争对手的进攻，又给消费者留下深刻的印象。

3. 挖掘战略

这一战略是寻找被许多消费者所重视和未被占领的定位，一旦找到市场上的空位，便将他填补上，牢牢地抓住不放。通常在两种情况下适用这种策略：一是这部分潜在市场即营销机会没有被发现，在这种情况下，企业容易取得成功；二是许多企业发现了这部分潜在市场，但无力去占领，这就需要有足够的实力才能取得成功。如美国银河公司发现市场上的棒棒糖一剥开糖纸，不到1分钟就被小孩吃完了，他们就专门生产一种耐吃的糖，定位于耐吃。

4. 竞争定位战略

竞争性定位战略又称"针锋相对"定位战略，指企业选择在目标市场上与现有的竞争者靠近或重合的市场定位，要与竞争对手争夺同一目标市场的消费者。实行这种定位战略的企业，必须具备以下条件。

① 能比竞争者生产出更好的产品。

② 该市场容量足以吸纳两个以上竞争者的产品。

③ 比竞争者更多的资源和更强的实力。

例如，美国可口可乐与百事可乐是两家以生产销售碳酸型饮料为主的大型企业。可口可乐自1886年创建以来，以其独特的味道扬名全球，二战后百事可乐采取了针锋相对的策略，专门与可口可乐竞争，半个多世纪以来，这两家公司为争夺市场而展开了激烈竞争，而他们都以相互间的激烈竞争作为促进自身发展的动力及最好的广告宣传，百事可乐借机得到迅速发展。1988年，百事可乐荣登全美十大顶尖企业榜，成为可口可乐强有力的竞争者。当大家对百事可乐——可口可乐之战兴趣盎然时，双方都是赢家，因为喝可乐的人越来越多，两家公司都获益匪浅。

5. 共享战略

也称"高级俱乐部"战略。公司如果不能取得第一名和某种很有意义的属性，便可以采取这种战略。企业把自己划分到某"高级俱乐部"，其含义是：俱乐部的成员都是最佳的，我也是最佳的。如宣称自己是三大公司之一，或者是十大公司之一等。通常市场中最大的公司是不会提出这种概念的。

6. 重新定位战略

如果消费者心目中对该企业的市场定位不明确，或当市场营销环境发生重大变化后，或者是顾客需求发生了显著变化等，企业须调整自己原来的市场定位，进行二次定位。另外，就是当众多的或较强的竞争对手推出的产品市场定位于本企业产品的附近，侵占了本企业品牌的部分市场，使本企业品牌的市场占有率有所下降，为发动进攻，也常常采取重新定位战略。

企业在重新定位前，尚需考虑两个主要因素：一是企业将自己的品牌定位从一个子市场转移到另一个子市场时的全部费用；二是企业将自己的品牌定位在新位置上的收入有多少，而收入多少又取决于该子市场上的购买者和竞争者情况，取决于在该子市场上销售价格能定多高等。

五、市场定位的有效性原则

为了保证食品市场定位的有效性，企业在进行定位时应遵循以下原则。
① 重要性：即企业所突出的特色应是客户所关注的。
② 独特性：这种定位应是区别于竞争对手的，与众不同的。
③ 难以替代性：这种定位应是竞争对手难以模仿的。
④ 可传达性：这种定位应易于传递给客户并被客户正确理解。
⑤ 可接近性：客户有购买这种产品的能力。
⑥ 可盈利性：企业通过这种定位能获取预期的利润。

本 章 小 结

目标市场营销是市场营销理论中重要的组成部分，它既是市场调研的结果，又是营销其他策略的基础。离开对市场的正确细分、选择和定位，产品、价格、分销、促销等策略便失去了方向。

市场细分是目标市场营销的基础，它是按照一定标准把一个大市场划分成若干子市场的过程，其实质是把握消费需求的差异性。市场细分的标准很多，但必须符合可衡量性、有意义性、针对性的要求。

目标市场选择是企业根据市场潜量、市场竞争状况和企业自身状况所选定市场的过程。无差异市场策略、差异性策略、密集性策略各有利弊，关键要分析影响目标市场选择的诸因素。

规模定制是近几年蓬勃发展的趋势，它使大规模标准化生产和个性化需求有机结合起来，这一趋势推动了目标市场营销的理论和实践。

市场定位实质是为产品确定一种特色、形象和位置，以确定一种竞争优势。

思考与练习

一、判断正误并说明理由

1. 同质性产品适合于采用集中性市场营销战略。
2. 如果竞争对手已采用差异性营销战略，企业则应以无差异营销战略与其竞争。
3. 企业采用服务差别化的市场定位战略，就可以不再追求技术和质量了。
4. 产品差异化营销以市场需求为导向。
5. 市场细分只是一个理论抽象，不具有实践性。
6. 无差异性市场营销战略完全不符合现代市场营销理论。
7. 市场细分标准中的有些因素相对稳定，多数则处于动态变化中。

二、结合实际回答以下问题

1. 什么是市场细分？为什么要进行市场细分？
2. 什么是市场定位？市场定位的策略有哪些？
3. 请为以下产品确定市场细分的变量，并对市场进行细分：糖果、奶粉、冰激凌。
4. 以你所熟悉的某一食品为例，说明其市场定位。

三、案例分析

案例分析 6-1

为了了解孩子对零食的消费情况，架起食品生产商与市场沟通的桥梁，北京一家调查公司日前对儿童零食消费市场进行了一次调研。本次调查涉及北京、上海、广州、成都、西安5大消费先导城市。调查以街头拦截访问方式进行，调查对象为0～12岁儿童的家长和7～12岁的儿童。调查结果如下。

① 女孩偏爱果冻和水果，男孩偏爱饮料和膨化食品。
② 9岁以下儿童喜爱吃饼干和饮料，10岁以上儿童偏爱巧克力和膨化食品。
③ 零食消费中果冻独占鳌头，城市儿童对果冻有特别的偏好。

本次调查显示，六成以上的儿童表示平时爱吃果冻；其次是水果，占57.2%；表示爱喝饮料的儿童占51.7%。

5城市经常购买果冻的家长一年用于果冻的花费大约为105.9元。分城市看，广州和成都的家长一年在果冻上的开销较高，分别达到了174.1元和170.7元，居前两位；北京和上海的家长花费分别大约为66.3元和56元，分列三、四位；相比之下，西安的儿童家长一年花费在果冻上的开销最低，仅为22.3元。

"喜之郎"以其强大的广告攻势及优良的品质不仅赢得了孩子们的喜欢，也赢得了家长们的心。本次调查显示，"喜之郎"在儿童家长中的综合知名度最高，提及率达到90%；"乐百氏"和"旺旺"的提及率也超过五成，分别为66.2%和53.9%；"徐福记"和"波力"的提及率分别为42.8%和35.2%，分列四、五位。

男女孩消费品种和比例不同的调查，可以帮助相关企业在儿童零食商品市场开发、宣传等方面准确定位。

资料来源：摘编自《北京现代商报》，2002-08-05。
http://finance.sina.com.cn/x/20020805/0810240059.html.
http://www.a.com.cn/cn/scdc/xfscdc/200203/020315etls.htm.

【案例思考】
1. 该公司是如何进行市场调查的？
2. 应该用哪些因素对市场进行细分？目标市场应该选在哪里？

案例分析 6-2

"农夫山泉"的差异化策略

1999年新春伊始，浙江千岛湖养生堂饮用水有限公司生产的饮用天然水"农夫山泉"的广告就是利用电视剧《雍正王朝》的热播开始了它在中央电视台的大规模广告宣传，这种反季节宣传被认为是拉开了1999年中国水制品残酷商战的序幕。

1. 行业背景

近几年，饮料业成为我国食品工业中发展最快的行业之一，其中饮用水市场的两大类产品——矿泉水和纯净水更是以其巨大的市场容量和高额的利润吸引了众多商家，水市大战也异常激烈起来。随着我国居民生活水平的提高，对饮用水的要求也越来越高。于是矿泉水、纯净水不再是旅游、外出的专用饮料，而逐渐走入居民的日常生活。自1987年青岛崂山生产出我国第一瓶矿泉水，到1996年，我国矿泉水企业已发展到1200多家。一哄而上的矿泉水生产不可避免的带出了一系列问题：1992年、1994年和1995年国家统检全国28个省市

833家矿泉水生产厂，合格率分别只达到34.5%，55%和73%。当时，矿泉水企业规模普遍较小，到1997年年产量超过50万吨的矿泉水企业也只有深圳益力和海口椰树两家。有专家警告：如果没有规模和质量，矿泉水企业的前景十分堪忧。

而从90年代中期开始起步的纯净水走的却是与矿泉水完全不同的发展道路。1995年，娃哈哈开始引进7条全套德国、意大利自动化生产流水线，以2万瓶/小时的速度生产纯净水。短短两个月时间，娃哈哈纯净水凭借其严密的销售网络，迅速流遍了我国大大小小的角落，并立即对每一个地方品牌的矿泉水构成了威胁。1997年开始娃哈哈继续从国外进口纯净水生产流水线，使得它生产纯净水的能力增加到每天30万箱。紧随娃哈哈之后，不仅乐百氏、康师傅等大型饮料、食品企业纷纷加入到纯净水生产行列中，更多的中小纯净水生产企业也如雨后春笋般地冒了出来。众多品牌的纯净水大量涌入市场不可避免地引发了激烈的水市大战。在各品牌纯净水进行大规模广告宣传的同时，价格大战也全面铺开。1995年，600mL娃哈哈纯净水由上市最初的1.85元/瓶，半年后调整到1.6元/瓶，1997年1.30元/瓶，1998年1.10元/瓶，到1999年再一次猛烈降价至0.90元/瓶。而乐百氏纯净水也在经历过几次大幅度降价后，600mL瓶装由最初的2元降至0.95元。更有甚者，从长春传出消息说，那里的康师傅纯净水以0.5元/瓶的批发价向外抛售。至此，饮用水价格大战达到了白热化。与此同时，全国上千家矿泉水企业束手无策。价格大战的冲击使它们的市场占有率、毛利率急剧下降。到1997年，矿泉水业务已基本无利可图，甚至于出现了亏损，它们根本没有力量宣传自己的优越性来与纯净水强大的宣传攻势抗衡。而且由于受水源的限制，矿泉水企业也很难扩大自己的生产规模，发挥规模经济效应。据统计，这场持续近三年的水战淘汰矿泉水生产企业上千家，纯净水趁机挤占了矿泉水的大部分市场。浙江养生堂饮用水有限公司就是在这场激烈的水市鏖战中脱颖而出的。1997年5月，它推出的饮用天然水"农夫山泉"犹如一匹脱缰之马，在进入市场一年后即取代康师傅纯净水，坐到了水市老三的位置。据全国商业信息中心市场监评处对全国重点商场主导品牌监测，1998年"农夫山泉"市场综合占用率居于第三，仅次于娃哈哈和乐百氏。我们不禁要问，该公司何以在如此短的时间内，面对水市诸多强有力的竞争对手而使农夫山泉一举赢得消费者垂青的呢？

2. "农夫山泉"的产品差异化策略

(1) 产品质量形象化　农夫山泉首先在其包装上做到了与众不同。公司经营者认为，如果一开始就推出普通包装的农夫山泉饮用水，那么它肯定会被淹没在国内外众多品牌饮用水的汪洋大海之中，必须首先在包装上能够吸引消费者的注意力。于是1997年养生堂公司在国内首先推出了4升包装的农夫山泉饮用水。这种包装新颖、独特，给人以水、油等价的感觉，在消费者心目中留下了农夫山泉比一般饮用水高档的初步印象。1998年初，养生堂公司继续推出运动型包装的农夫山泉，瓶盖的设计摆脱了以往的旋转开启方式，改用所谓"运动盖"直接拉起的开瓶法。当时这在国内饮用水包装上也是独一无二的。作为天然水，水源是农夫山泉一直宣扬的主题。天然水对水源的要求极为苛刻，它不像纯净水可以用自来水做原水经过净化后就能达到出售的标准，天然水的水源必须是符合一定标准的地表水、泉水、矿泉水，取水区域内要求环境清幽、无任何工业污染。农夫山泉在早期的广告中就告诉大家"农夫山泉——千岛湖的源头活水"，因为国家一级水资源保护区"千岛湖"的水资源是独一无二的，而农夫山泉来源于千岛湖水面下70米pH值（酸碱度）最适宜的那一层。因此，在农夫山泉红色的瓶标上除了商品名之外，又印了一张千岛湖的风景照片。与其他商品相比，差异性立刻凸现出来，无形中不但彰显了其来自千岛湖水源的纯净特色，红色亮眼的商标更在一摆上货架的同时，立刻抓住了众人的目光。值得一提的是，农夫山泉从进入市场以来，一直定位于高质高价，没有被卷入由水业霸主们挑起的价格战之中。即使在水市价格大战打得不可开交的1999年，它依然不为所动：运动型包装2.5元/瓶，普通瓶装1.8元/瓶。这个价格几乎是同量的其他品牌饮用水价格的2倍，从而在消费者心目中树立起农夫山泉作为高档次、高品质、高品位的"健康水"的品牌形象。

(2) 信息传递差异化 养生堂公司在产品名称上也颇下了一番工夫。从企业名称"养生堂"到品牌名称"农夫山泉"，使人们可以感觉到其中透出的浓浓的中国传统文化儒雅风范。"养生堂"容易让人与老字号相联系，而"养生"二字则高度体现了行业的属性和价值取向，使人们对其旗下的产品产生认同感和信任感。实际上，它只是一个成立不到六年的现代企业。赋予饮用水"农夫山泉"这样一个名字，有着它深刻的内涵。"农夫"二字给人以淳朴、敦厚、实在的感觉，"山泉"给人以远离工业污染、源于自然的感觉，这正好迎合了当前都市人回归自然的消费时尚。产品信息要传达到目标公众，广告扮演着举足轻重的角色。传统上，饮用水广告有感性诉求和理性诉求两大路线。1996年，娃哈哈纯净水以景冈山的一曲"我的眼里只有你"而登上国内瓶装饮用水第一品牌的宝座，从此确定了娃哈哈感性诉求的明星线。1998年，娃哈哈指定毛宁为代言人，以一首"心中只有你"在12个城市进行签名卖水送歌带活动。1999年，娃哈哈又以王力宏为形象代言人推出"健康、纯净、爱你、爱他"的广告片。这些明星们的青春感和都市化的时尚感，确定了娃哈哈纯净水的品牌定位所在。相比于娃哈哈，冷静客观的理性诉求则是乐百氏纯净水长期以来的主旋律。它的27层净化的广告片在让人接受其孜孜不倦追求高质量、品质无可匹敌的印象的同时，还树立了一个行业概念和标准，其气势对其他品牌来说可谓是咄咄逼人。这两种广告路线从创意到诉求效果都有很多可取之处，分别最先采取这两种路线的娃哈哈和乐百氏也迅速成长为全国饮用水市场的一流品牌。然而，不管是娃哈哈的感性诉求，还是乐百氏的理性诉求，都在围绕"纯净"二字做文章。而饮用水行业又是一个产品高度同质化的行业，目前围绕产品机能领域内的诉求如"纯净"、"矿物质"、"微量元素"等已非常饱和，再以此为销售诉求点的广告给人的感觉只会是众口一词，缺乏新鲜感。

在充分考虑到上述因素后，养生堂公司决定在广告中避开产品的机能诉求，而将产品独特的包装和天然水的特质作为产品的卖点。于是，农夫山泉"课堂篇"广告在中央电视台与观众见面了。广告片中从演员表情、音响到情节的变化和片尾的广告语都显得与众不同，使人有种耳目一新的感觉。它采用了故事情节型的诉求方式，通过学生在课堂上拉动瓶盖发出独特的声音引起老师的不满来表现农夫山泉瓶盖的独特。创意者用此小计，传递了一个产品包装上与众不同的信息，将无声之水变有声，揭示了包装上的吸引力。响声同时又起到了强化记忆的作用。在广告结尾，创意者另辟蹊径，提出"农夫山泉有点甜"的广告语，体现了农夫山泉由于是天然水味道甘洌的特点。试想在诉求纯净、富含矿物质大行其道的饮用水市场上，农夫山泉出其不意地从另外一个角度挖掘了天然水的特质——不是无味，而是略甜，其诉求角度不可谓不独特。这种诉求方式与"七喜饮料非可乐"的诉求方式有着异曲同工之妙，从而把自己和其他品牌的饮用水区别开来。它的目标市场无疑是那些对新鲜事物敏感或喜欢喝略有甜味又能解渴的天然水的消费者群。有点甜的农夫山泉对他们肯定有不小的吸引力。果然，在广告播出几周后便在消费者中引起了不小的影响。配合强烈的广告攻势，农夫山泉还辅以长达几分钟的介绍性专题片，农夫山泉寻源促销活动、赞助中国乒乓球梦之队、赞助中央电视台转播世界杯，参加中央电视台"我们万众一心"义演捐助活动等公关手段，不仅有力地推动了产品的销售，同时也在广大公众中树立了良好的企业形象。产品差异化策略为农夫山泉赢得了广阔的市场。然而，面对日趋激烈的市场竞争，怎样才能使这一品牌长盛不衰呢，农夫山泉人一直在思考。

资料来源：汤定娜，万后芬．中国企业营销案例．高等教育出版社，2001．

【案例思考】

1. 企业实施产品差异化策略可采取的方法主要有哪几种？从饮用水产品的特点来看，农夫山泉在差异化策略的实施方式上有什么可取之处？
2. 鉴于饮用水市场竞争有愈演愈烈之势，你认为农夫山泉应否加入到降价销售的行列中来？
3. 若要长久树立农夫山泉与众不同的优质水的形象，该公司还应从哪些方面努力？
4. 如果你是农夫山泉的决策人，面对激烈的饮用水市场竞争，下一步的营销重点如何考虑？

第七章

产 品 策 略

★ 学习目标与要求

1. 明确产品整体概念的内涵及其对实际工作的重要意义
2. 掌握产品组合的含义及产品组合的方法
3. 区分产品生命周期各个阶段的特征营销策略
4. 理解新产品开发与推广策略
5. 了解商标与包装的作用及相应的策略

★ 基本概念

产品整体概念　品牌　商标　包装　产品组合　产品生命周期　新产品

市场营销以满足市场需要为中心,而市场需要的满足只能通过提供某种产品或服务来实现。因此,产品是市场营销的基础,其他的各种市场营销策略,如价格策略、分销策略、促销策略、权力营销、公共关系等,都是以产品策略为核心展开的。

产品的生产不仅仅是个生产过程,更是一个经营过程。在现代市场经济条件下,每一个企业都应致力于产品整体概念的开发和产品组合结构的优化,并随着产品生命周期的演化,及时开发新产品,以更好地满足市场需要,提高产品竞争力,取得更好的经济效益。

第一节　产品整体概念

产品是指能够提供给市场以满足需要和欲望的任何东西。包括实物、服务、地点、组织、创意、人员等。对企业而言,其产品不仅是具有物质实体的实物本身,而且,也包括随同实物出售时所提供的系列服务。所以,产品是一个包含多层次的整体概念。

消费者在购买商品时,往往把产品看作是满足他们需要的复杂利益集合。所以在开发产品时,营销人员首先必须找出将要满足消费者需要的核心利益,然后设计出实际产品和找到扩大产品外延的方法,并能关注和把握满足这一产品需求的未来发展变化,以便能不断创造出满足消费者需求的一系列利益组合。

一、产品整体概念的内容

人们通常理解的产品是指具有某种特定物质形状和用途的物品,是看得见、摸得着的东西。这是一种狭义的定义。而市场营销学认为,广义的产品是指人们通过购买而获得的能够满足某种需求和欲望的物品的总和,它既包括具有物质形态的产品实体,又包括非物质形态的利益,这就是"产品的整体概念"。消费者对麦当劳产品的理解是"美味食品+儿童乐

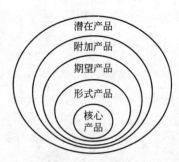

图 7-1　产品的五个层次

园＋好环境＋儿童玩具＋干净洗手间"。

美国著名市场营销专家菲利普·科特勒把整体产品概念扩展为五个层次，即核心产品、形式产品、期望产品、附加产品和潜在产品。如图 7-1 所示。

（1）核心产品　核心产品也称实质产品，指产品能够提供给购买者的基本效用或益处，是消费者购买某种产品时所追求的利益，是顾客真正要买的东西，因而在产品整体概念中也是最基本、最主要的部分。如消费者购买面包是为了充饥，买纯净水是为了解渴等。

消费者购买某种产品，并不是为了占有或获取产品本身，而是为满足某种需要的效用或利益。但顾客对产品的效用的理解是主观的，不同的消费者对同一产品的效用的理解是不同的。如经常饮酒的消费者购买"茅台"是为了品尝它的美味和享受一种饮酒安全感，而有的消费者则是为了享受它所带来的一种文化和精神财富。显然二者对产品的利益诉求点是有差异的。企业在开发产品、宣传产品时应明确地确定产品能提供的利益，产品才具有吸引力。

（2）形式产品　形式产品是产品在市场上出现时的具体物质外形，它是产品的形体、外壳。产品的形式特征主要指质量水平、外观特色、式样、品牌名称和包装等。核心产品只有通过形式产品才能体现出来。营销人员在满足消费者所追求的利益时，必须考虑形式产品的设计，以达到与核心产品的统一。

（3）期望产品　期望产品是指顾客购买产品时期望得到的东西。它实际上是指一整套属性和条件。例如，对于快餐店的客人来说，期望的是美味、卫生、安全的食品和舒适的就餐环境。

（4）附加产品　附加产品又称延伸产品，是指顾客购买有形产品时所获得的全部附加服务和利益，包括提供信贷、免费送货、质量保证、安装调试、售后服务等。附加产品的概念来源于对市场需要的深入认识。因为购买者的目的是为了满足某种需要，因而他们希望得到与满足该项需要有关的一切。不同企业提供的同类产品在核心产品、形式产品和期望产品层次上越来越接近，企业要赢得竞争优势，应着眼于比竞争对手提供更多的附加利益。

不过附加产品的设计应该注意以下三点。

① 附加产品所增加的成本是顾客愿意承担也承担得起的。

② 附加产品给予顾客的利益将很快转变为顾客的期望利益，企业应根据顾客期望利益需要不断改进延伸产品。

③ 在重视附加产品的同时，要考虑顾客差异性需要，生产一些确保核心产品、减少附加产品的廉价产品，以满足低收入消费者或实惠型消费者的需要。

（5）潜在产品　潜在产品是指现有产品包括所有附加产品在内的可能发展成为未来最终产品的潜在状态的产品。如果说附加产品包含着产品的今天，则潜在产品指出了它可能的演变。

二、产品整体概念的意义

产品整体概念，是市场经营思想的重大发展，它对企业经营有着重大意义。

① 指明了产品是有形特征和无形特征构成的综合体（见表 7-1）。

表 7-1　产品的有形和无形特征

有　形　特　征		无　形　特　征	
物质因素	具有化学成分、物理性能	信誉因素	知名度、偏爱度
经济因素	效率、维修保养、使用效果	保证因素	"三包"和交货期
时间因素	耐用性、使用寿命	服务因素	运送、安装、维修、培训
操作因素	灵活性、安全可靠		
外观因素	体积、重量、色泽、包装、结构		

为此，一方面企业在产品设计、开发过程中，应有针对性地提供不同功能，以满足消费者的不同需要，同时还要保证产品的可靠性和经济性。另一方面，对于产品的无形特征也应充分重视，因为，它也是产品竞争能力的重要因素。

产品的无形特征和有形特征的关系是相辅相成的，无形特征包含在有形特征之中，并以有形特征为后盾；而有形特征又需要通过无形特征来强化。

② 产品整体概念是一个动态的概念。随着市场消费需求水平和层次的提高，市场竞争焦点不断转移。很多消费者购买食品已经不仅仅是在购买"吃的东西"，他们对食品提出了更高要求，如时尚、健康、安全、方便、身材苗条等。为适应这样的市场态势，产品整体概念的外延处在不断再外延的趋势之中。当产品整体概念的外延再外延一个层次时，市场竞争又将在一个新领域展开。

③ 对产品整体概念的理解必须以市场需求为中心。产品整体概念的四个层次，清晰地体现了一切以市场要求为中心的现代营销观念。衡量一个产品的价值，是由顾客决定的，而不是由生产者决定的。

④ 产品的差异性和特色是市场竞争的重要内容，而产品整体概念四个层次中的任何一个要素都可能形成与众不同的特点。企业在产品的效用、包装、款式、安装、培训、维修、品牌、形象等每一个方面都应该按照市场需要进行创新设计。

⑤ 把握产品的核心产品内容可以衍生出一系列有形产品。一般地说，有形产品是核心产品的载体，是核心产品的转化形式。这两者的关系给我们这样的启示：把握产品的核心产品层次，产品的款式、包装、特色等完全可以突破原有的框架，由此开发出一系列新产品。

第二节　产品组合策略

一、产品组合的含义

很少有企业只经营单一品种产品，但也不可能经营所有产品。为了充分利用企业资源，抓住市场机会，规避风险和威胁，就需合理确定产品种类、数量及组合方式。如何将多个产品合理组织起来，这就是产品组合问题。

产品组合是指企业生产经营的各种产品的有机构成和量的比例关系，即企业根据自身实力所确定的产品结构或经营的产品范围。它通过产品组合的广度、深度和关联度三个方面反映出来。这三个方面的不同比例构成不同的产品组合（如图 7-2 所示）。

	产品项目
产品线 A	A_1　A_2　A_3　A_4
产品线 B	B_1　B_2　B_3
产品线 C	C_1　C_2　C_3　C_4　C_5

图 7-2　产品组合

二、产品组合相关概念

1. 产品线
产品线指具有相同的使用功能,但型号规格不同的一组同类产品,即产品大类。一条产品线,往往包括一系列产品项目。

2. 产品项目
产品项目是指在产品目录上列出的每一个产品,即产品的品种。如食品饮料公司,既生产糕点、方便面,又生产纯净水、茶饮料、果汁饮料、含乳饮料、碳酸饮料,那么这家公司就有七条产品线。其中的茶饮料生产线又包括冰红茶、冰绿茶等项目。

3. 产品组合的广度
产品组合的广度(又可称为产品组合的宽度)是指产品线的总量。产品线越多意味着企业的产品组合的广度就越宽。产品组合的广度表明了一个企业经营的产品种类的多少及经营范围的大小。

4. 产品组合的深度
产品组合的深度是指在某一产品线中产品项目的多少,其表示在某类产品中产品开发的深度。产品组合的深度往往反映了一个企业产品开发能力的强弱。

5. 产品组合的长度
产品组合的长度是指企业产品项目的总和,即所有产品线中的产品项目相加之和。一般情况下,产品组合的长度越长,说明企业的产品品种、规格越多,由于有时候一个产品项目就是一个品牌,因此,产品组合的长度越长,企业所拥有的产品品牌也可能越多。

6. 产品组合的相关度
产品组合的相关度是指各个产品线在最终用途方面,生产技术方面、销售方式方面以及其他方面的相互关联程度。产品组合的相关度与企业开展多角化经营有密切关系。相关度大的产品组合有利于企业的经营管理,容易取得好的经济效益;而产品组合的关联度较小,说明企业主要是投资型企业,风险比较分散,但管理上的难度较大。

合理的产品组合对市场营销活动具有重要意义。企业可以增加新产品线,从而拓宽产品组合宽度,扩大业务范围,分散企业投资风险;加强产品组合的深度,占领同类产品的更多细分市场,增强行业竞争力;加强产品组合的关联度,使企业在某一特定的市场领域内加强竞争和赢得良好的声誉。

三、产品组合决策

产品组合策略是指企业根据市场状况、自身资源条件和竞争态势对产品组合的宽度、广度、深度和关联度进行不同的组合。主要包括产品项目的增加、调整或剔除;产品线的增加、伸展和淘汰;以及产品线之间关联度的加强和简化等。一个企业产品组合的决策并不是任意确定的,而应遵循有利于销售和增强企业利润总额的原则,根据企业的资源条件和市场状况进行灵活选择。一般可供选择的产品组合策略如下。

1. 扩大产品组合策略
扩大产品组合策略是指扩大产品组合的宽度或深度,增加产品系列或项目,扩大经营范围,生产经营更多的产品以满足市场需要。

对生产企业而言,扩大产品组合策略的方式主要有以下三种。

(1) 平行式扩展　指生产企业在生产设备、技术力量允许的条件下，充分发挥生产潜能，向专业化和综合性方向扩展，增加产品系列，在产品线层次上平行延伸。如一家生产儿童营养液的公司增加纯净水、可乐生产线。

(2) 系列式扩展　指生产企业向产品的多规格、多型号、多款式发展，增加产品项目，在产品项目层次上向纵深扩展。如一家啤酒生产企业推出冰啤、果啤等产品。

(3) 综合利用式扩展　指生产企业生产与原有产品系列不相关的异类产品，通常与综合利用原材料、处理废料、防止环境污染等结合进行。

2. 缩减产品组合策略

缩减产品组合策略是指降低产品组合的宽度或深度，删除一些产品系列或产品项目，集中力量生产经营一个系列的产品或少数产品项目，提高专业化水平，力图从生产经营较少的产品中获得较多的利润。具体又可以采用以下几种方式。

① 保持原有产品的广度和深度，增加产品产量，降低成本，改变经营方式，加强促销。

② 集中发挥企业的优势，减少生产的产品系列，只经营一个或少数几个产品的系列。

③ 减少产品系列中不同品种、规格、款式、花色产品的生产和经营，淘汰低利产品，尽量生产适销对路、利润较高的产品。

3. 高档产品策略

高档产品策略是指在同一产品线内增加生产档次高、价格高的产品项目，以提高企业和现有产品的声望。

4. 低档产品策略

低档产品策略是指在同一产品线内增加生产中低档次、价格低廉的产品项目，以利用高档名牌产品的声誉，吸引因经济条件所限，购买不起高档产品，但又羡慕和向往高档名牌的顾客。

应该指出：无论采用高档产品策略或低档产品策略，都存在着一定的风险。因为，在中低档产品线中推出高档产品，难以树立高档产品的独特形象；而在高档产品线中推出低档产品，容易损坏高档产品甚至企业的形象。

案例与启示

五粮液是我国著名的白酒品牌，以优良品质、卓著声誉，独特口味蜚声国内外。

五粮液集团十分注意品牌延伸工作，当"五粮液"牌在高档白酒市场站稳脚跟后，便采取"品牌延伸"策略。纵向延伸，一是将传统的五粮液名牌本身系列化，即根据消费者需求的变化和不同消费者需求差异，在全国率先开发出52°、39°、29°和25°等口味相对较淡的系列酒；二是将五粮液系列酒进一步细分和精确化，根据酒本身多层次的特点，在五粮液系列酒内逐渐分离和开发出了五粮春、五粮醇、五粮神等新的品种。横向延伸策略是五粮液集团先后和几十家地方酒厂联合开发具有地方特色的系列白酒，在这些产品中均注明"五粮液集团荣誉产品"。五粮液集团借这些延伸策略，有效地实施低成本扩张，使其市场份额不断扩大。由于"品牌延伸"过度，至2002年其麾下的子品牌达100多个，超常规的矛盾和隐患也伴随而来。

> 2002年12月,五粮液突然采取了"瘦身运动",终止了原服务公司下许多子品牌的合作合同,只留下了一些有市场潜力及市场规模的品牌,也称"1+9+8"运动,即五粮液一个国际性品牌,9个全国性品牌,8个区域性强势品牌。这时候,人们终于明白"众"星捧月的"众"并不是"繁星点点",因为从自然常识来讲,"繁星点点"往往是"月黑天高",实际上,月亮最亮的时候,往往星星最少,这最少的星星往往都比较亮。于是五粮液在达到第一个战略目标"做大"之后,顺势调整,将第二个战略目标设定为,做稳做强。
>
> 资料来源:销售与市场,2005 年第 8 期。
> http://www.zydg.net/magazine/article/1005-3530/2005/08/76817.html
> http://www.zydg.net/magazine/article/1005-3530/2005/08/list_5F2574.html
>
> 【案例思考】
> 五粮液的"品牌延伸"策略可能存在哪些隐患,推行"1+9+8"运动对其今后发展有何重大意义。

第三节　产品生命周期

一、产品生命周期的意义

市场是不断变化的,没有一种产品能够畅销不衰。每一种产品在市场上都会有一个从诞生到衰亡的历程,如同人一样,也要经历婴儿、儿童、青壮年、老年一直到死亡这样一个周期。我们把产品从进入市场到被市场淘汰的过程称作产品生命周期。

按照产品销量和利润的变化可以将产品生命周期划分为四个阶段:导入期、成长期、成熟期、衰退期(见图7-3)。在产品生命周期的不同阶段,产品的市场占有率、销售额、利润额是不一样的。导入期产品销售量增长较慢,利润额多为负数。当销售量迅速增长,利润由负变正并迅速上升时,产品进入了成长期。经过快速增长的销售量逐渐趋于稳定,利润增长处于停滞,说明产品成熟期来临。在成熟期的后一阶段,产品销售量缓慢下降利润开始下滑。当销售量加速递减,利润也较快下降时,产品便步入了衰退期。

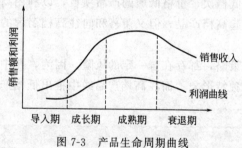

图 7-3　产品生命周期曲线

对于企业经营者来说,运用产品生命周期理论主要有三个目的:一是可以使自己的产品尽早为消费者所接受,缩短产品的导入期;二是尽可能保持和延长产品的增长期和成熟期;三是尽可能使产品以较慢的速度被淘汰。当企业推出一个新产品之后,在其生命周期内需要多次修订有关的营销策略,这不仅是因为经济环境的变化和竞争的需要,更是因为产品在历经购买者兴趣与要求不断变化的同时,企业通常总是希望其产品有一个较长的市场寿命。虽然企业都知道,不可能指望其产品能够在市场上永远地销售,但却想赚到足够的利润以补偿在推出该产品时所做的一切努力和经受的一切风险。

产品生命周期的要领可用来分析产品种类、品类和具体品牌。一般情况下,产品种类的生命周期最长,甚至在一段相当长的时间内显示不出其阶段的变化;产品品类的生命周期次之;生命周期最短的是具体品牌的产品。例如,糖果是一种产品品类,糖果中的口香糖是其中的一个品类，而"××牌口香糖"则是具体品牌的产品。三者比较，"糖果"的生命周期最长，而"××牌口香糖"的生命周期最短。在实际经营中，企业运用产品生命周期理论分析产品种类的情况较少，而更多的是分析产品品类或具体品牌的生命周期。

二、产品生命周期各阶段的营销策略

在产品生命周期的不同阶段，企业、产品和市场状况等都具有不同的特征，企业只有掌握这些特征并相应采取各种市场营销策略，才可望获取较好的营销效果。

1. 导入期的特点与营销策略

（1）导入期的特点　导入期是新产品进入市场的最初阶段，其主要特点如下。

① 制造成本高。新产品刚开始生产时，技术尚不稳定，不能进行批量生产，次品率也比较高，因此导致制造成本较高。

② 营销费用大。新产品刚刚进入市场，顾客对其性能、质量、款式、价格特征等尚不了解，为了迅速打开销路，需要大量的广告宣传，促销、分销费用较高。

③ 销售数量少。新产品刚投入市场，不为顾客所了解，销售渠道也难以立即打开，因此销售量很少，增长也缓慢。

④ 利润低，甚至亏损。新产品由于销量少，而成本和费用高，因此利润较少甚至出现经营亏损。

⑤ 竞争不激烈。新产品刚进入市场，生产者较少，竞争尚未开始。

（2）导入期的营销策略　在导入期，企业主要的营销目标是迅速将新产品打入市场，尽快形成批量生产能力，并在尽可能的时间内扩大产品的销量，促使产品尽早进入成长期。企业可以采取以下策略。

① 快速掠取策略。即采用高价和高促销方式推出新产品，以求迅速扩大销售量，取得比较高的市场占有率。实施这一策略，必须具备一定的市场条件，如市场有较大的需求潜力；目标顾客求新心理强，急于购买这种产品，并愿意按标价购买；企业面临潜在的竞争威胁，需要迅速使顾客建立对自己产品的偏好等。

② 缓慢掠取策略。即以高价和低促销方式推出新产品，以求尽可能获得更多的利润。采用这一策略的市场条件是：市场容量有限，竞争威胁不大；顾客对该新产品已经熟悉；适当的高价能为市场所接受等。

③ 快速渗透策略。即以低价和高促销方式推出新产品，以求迅速打入市场，取得尽可能高的市场占有率。实施这一策略的市场条件是：市场容量大，潜在威胁也大；顾客对新产品不了解，但对价格比较敏感；产品单位制造成本可随着生产规模的扩大而大幅降低等。

④ 缓慢渗透策略。即以低价和低促销方式推出新产品，以求顾客能尽快接受新产品，并使企业有利可图。采用这一策略的市场条件是：市场容量大，潜在威胁大；顾客对新产品有所了解，并对价格比较敏感。

2. 成长期的特点与营销策略

（1）成长期的特点　产品经过导入期以后，市场销路已经打开，企业开始批量生产，销售量逐渐增长，这时新产品就进入了成长期。这一阶段的主要特征如下。

① 产品已定型，技术工艺比较成熟。

② 顾客对商品已经比较熟悉，市场需求扩大，产品分销渠道也已建立，销售量迅速增加。

③ 生产和销售成本大幅下降，利润增长较快。

④ 竞争者相继加入市场，竞争趋向激烈。

(2) 成长期的营销策略　针对以上特点，企业在成长期可采取以下策略。

① 进一步提高产品质量，努力发展产品的新款式、新型号、增加产品新用途。

② 改变广告策略，树立强有力的产品形象，产品的广告宣传从建立产品的知名度转移到树立产品形象上来，以维持老的顾客，吸引新的顾客。

③ 开辟新的销售渠道，增加新的市场。

④ 降价。选择适当时期调整价格，以争取更多顾客。

3. 成熟期的特点与营销策略

(1) 成熟期的特点　产品经过成长期销售量迅速增长的一段时间以后，销售量的增长会缓慢下来，从而进入成熟期。这一时期的主要特征如下。

① 销售量增长缓慢处于相对稳定状态，并逐渐出现下降的趋势。

② 生产批量很大，生产成本降低到最低程度，价格开始有所下降。

③ 竞争十分激烈，很多同类产品进入市场，开始出现价格竞争。

④ 激烈的竞争使企业的广告促销费用增加，库存产品开始积压，资金周转速度缓慢，利润开始下降。

(2) 成熟期的营销策略　对处于成熟期的产品，企业应采取积极进取的市场营销策略，以使产品的成熟期延长，或是产品的生命周期出现再循环。在成熟期，常采用的市场营销策略有以下三种。

① 市场改良策略。也称市场多元化策略，它不是要改变产品本身，而是经过发现产品的新用途，创造产品新的消费方式，从而开发出新市场，寻求新用户以使产品销售量得以扩大。

② 产品改良策略。也称产品再推出，它是经过对产品本身的改变来满足顾客的不同需求，从而吸引有不同需求的顾客购买该种产品，以使产品销售量得以扩大。

③ 营销组合改良。它是通过改变营销组合中的一个或几个因素，（如改变销售价格，销售渠道及促销方式等）来延长产品成熟期，以使产品销售量得以扩大。

4. 衰退期的特点与营销策略

(1) 衰退期的特点　在成熟期的后期，产品的销售开始急剧下降，利润水平也不断降低，这时产品开始进入了衰退期。衰退期的主要特征如下。

① 产品销售量由缓慢下降变为迅速下降，顾客也失去了对该产品的兴趣。

② 产品价格已降到最低水平。企业为减少产品积压损失，竞相大幅度削价处理库存商品。

③ 利润明显下降，甚至出现亏损。

④ 大量的竞争者开始退出市场，而尚留在市场上的企业逐渐减少产品附加服务、削减促销费用等，以维持最低水平的经营。

(2) 衰退期的营销策略　对处于衰退期的产品，企业要进行认真研究分析，决定采取什么策略，在什么时候退出市场。具体策略如下。

① 继续策略，也称自然淘汰策略。它是指企业继续沿用过去的策略，按照原来的细分

市场，使用相同的销售渠道、定价和促销方式，直到该产品完全退出市场为止。当企业在该市场有绝对支配地位，且产品竞争者退出市场后，该市场仍有一定潜力时，通常采用这一策略。

② 集中策略。它是指把企业在这类产品上的全部能力和资源都集中在对企业最有利的细分市场和渠道上，放弃那些没有盈利机会的市场。简单讲，就是缩短战线，以最有利的市场，赢得尽可能多的利润。

③ 榨取策略。它是指企业大幅度降低促销力度，尽量减少各种营销费用，以增加眼前利润。该策略可能导致企业的产品在市场上衰退加速，但也可能从忠实于企业品牌的顾客中得到更多的利润。

④ 放弃策略。它是指企业停止生产衰退期的产品，上马新产品或转产其他产品。一般在企业现有产品无潜在市场机会，或新一代产品已经上市，前景看好时采用该策略。

5. 延长产品生命周期的方法

产品生命周期总的趋势是不断缩短的，这一趋势是由技术进步、市场竞争、政府干预和顾客需求等多种因素所决定，企业无法改变。延长产品生命周期，并不是延长它的每一阶段，而只是延长能给企业带来较大销量和较多利润的两个阶段：成长期和成熟期。导入期和衰退期不能给企业创造较多利润，因此不仅不能延长，反而应缩短。延长产品生命周期的方法有以下几种。

（1）促使消费者增加对产品的使用　采用适当促销手段，树立产品信誉，建立消费者品牌偏好，促成习惯购买，以增加消费者使用频率，扩大销售。

（2）对产品进行改进　根据产品的市场反映，改进产品的特性，对产品进行多功能开发，革新产品的款式、包装，以保住老顾客，吸引新顾客。产品改革主要有以下三种形式。

① 质量改良。即提高产品质量，增加使用性能。

② 形态改良。即对产品外形、款式、包装等进行改进。

③ 特征改良。即提高产品的适应性、安全性和可操作性。

（3）开拓新市场，争取新顾客　不同地区由于经济发展水平不同，市场的消费存在着明显的差异性，企业可以利用这种差异性开拓新的市场。有些商品在本地市场开始进入衰退期，这时可以考虑转销外地市场；同样，有些商品在城市市场滞销，可以向农村市场发展。对顾客也是如此，有些商品可以先争取女性顾客，然后再争取男性顾客；有的商品可以先满足青年顾客，然后再拓展到中老年顾客。

（4）开拓产品新的使用领域　有些产品的用途，随着科技的发展和消费水平的提高而不断拓展，产品的生命周期必然也得以相应延长。例如，美国杜邦公司开发的尼龙产品最初用于军事，制造降落伞和绳索，以后用于服装领域，现在又把尼龙当作轮胎、人造丝的原材料。产品的用途多了，销量就大，产品生命周期就长。

以上是延长产品生命周期常用的几种方法，但不一定对任何产品都适用。因此，如果企业采用延长产品生命周期的措施后，没有效果或效果不大，就应当机立断，及时做出放弃或逐步淘汰的决策，以免影响企业的发展。

三、产品生命周期各阶段的判断

在产品生命周期的变化过程中，正确分析、判断出各阶段的临界点，确定产品正处在生命周期的什么阶段，是企业进行正确决策的基础，对市场营销工作意义重大。同时，这又是一件较困难的事，因为产品生命周期各阶段的划分，并无一定的标准，带有较大的随意性。

而要完整、准确地描绘某类产品生命周期曲线，理应等到产品完全被淘汰以后，再根据资料绘制出来，但对这类产品的市场营销又失去了现实意义。

产品生命周期各阶段的判断，一般采取以下方法。

1. 定性分析

（1）特征分析　这是指根据产品上市之后在不同的周期阶段中的一般特征（如表7-2），同企业现在市场上的产品比较。如本企业经营的某产品现有特征与某阶段一般特征相似，企业就可以认定此种产品处于其生命周期的哪个阶段。此方法经常使用，其使用效果和主管人员的经验、判断能力有很大关系。

表 7-2　产品生命周期各阶段的一般特征

特　征	导　入　期	成　长　期	成熟期(前期)	成熟期(后期)	衰　退　期
销售量	甚微	快速增大	继续增长	有降低趋势	下降
利润	微小或负	大	高峰	逐渐下降	低或负
购买者	爱好新奇者	较多	大众	大众	后随者
竞争者	少或没有	兴起	增加	甚多	减少
竞争对手销售情况	小	稳定畅销	上升		减少

（2）类比分析　同类产品类比法一般用于新产品的寿命周期判断。对于一些新产品，由于没有销售资料，很难进行分析判断。此时，可以运用类似产品的历史资料进行比照分析。如企业可参照某牌号洗衣机的销售资料来判断荷花牌洗衣机的生命周期可能发生的变化。采用此方法要注意，选择的商品在投入市场后的状况要相似。

2. 定量分析

（1）产品人口平均普及率法　产品人口平均普及率分析法即按人口平均普及率来分析产品市场生命周期所处的阶段。这种方法主要适用于高档耐用消费品的产品生命周期阶段的判断。

$$人口平均普及率 = \frac{社会拥有量}{人口总数} = \frac{社会拥有量}{家庭总数}$$

根据经验数据，人口平均普及率在15%以下为导入期，15%～50%为成长期，50%～80%为成熟期，超过80%为衰退期。

（2）销售增长率判断法　这种方法主要是对产品销售量与时间序列进行观察，用产品销售增长率来划分产品市场生命周期的各个阶段。

销售增长率的计算公式为：

$$Q' = \frac{Y_2 - Y_1}{Y_1} \times 100\%$$

式中，Q'为销售增长率；Y_1为上一期的实际销售量；Y_2为计算期的实际销售量。

销售增长率Q'的经验数据为：当Q'之值大于10%，该产品处于成长期；当Q'之值小于0为负数时，该产品则进入衰退期；当Q'之值在0.1%～10%之间，该产品处在导入期或成熟期，具体要根据产品其他特征分析。

以上方法各有期局限性，企业在运用时要注意到这一点。

案例与启示

某月饼生产企业冰皮月饼营销策略

月饼是中秋佳节的传统食品,但近年来其主要用途已由家庭消费变为人情消费,成为中秋送礼之首选。在高额的利润驱动下,月饼市场竞争非常激烈,而且这个市场过于传统,同质化程度极高,想要创新的确很难。

大多数厂家采用品牌或价格作为竞争的主要手段,有的甚至两种方法同时使用进行促销。但是某月饼老品牌企业决定采取不同的策略,推出全新的冰皮月饼,以差异化来求得市场。

该企业制定并实施了如下策略。

产品:推出了与众不同的清爽口味冰皮月饼,同时以精美包装来提升品味,树立高贵的形象。该企业冰皮月饼的定位清晰、准确,针对潜在顾客的心理,牢牢把握他们对油腻、甜腻传统月饼的反感和对清淡口味的渴望,其独有的特点迅速深入人心,引起了顾客的兴趣。

价格:高价格通常意味着高质量、高品位。为了与高质量、高档次的形象相对应,该企业对冰皮月饼采取了高出一般水平的定价。想要树立良好的高档产品的形象,必须在产品设计、定价、包装、促销等各个环节协调一致,任何方面的疏漏都有可能破坏整体的效果。该企业在这方面考虑得很周密,使得冰皮月饼高价、高质量的形象在高档月饼中显得非常突出。

促销:采用高价策略,必须采取不同一般、高水平的促销方式。月饼是时令的产品,在竞争激烈的市场上推出高价位的新品种,必须尽快实现市场渗透,高水平的促销则有助于加快渗透过程。该企业在推出该产品同年的食品博览会以及其他的专卖店中提供免费品尝,对先期购买的顾客,则给以折扣,优惠售价每盒不到100港元,尝过美味冰皮月饼的人无不心动,纷纷购买。

渠道:该企业生产的冰皮月饼只有在其专卖店中销售,不经过任何中间商。这种专卖的形式有助于严格控制其服务水平和产品质量,对产品销售进行有效管理同时也再次体现了冰皮月饼的高贵。除了专卖店零售之外,该企业也不忘另一个巨大的市场——集团购买。他们特别指定了30家机构,专门服务于集团购买。

广告:虽然少不了反映传统的一面,但是该企业冰皮月饼的电视广告颇具新意,整体风格显得轻松有朝气,充满活力。电台的广告也秉承这一特色,强化这种风格。此外,广泛散发的产品宣传册和传单也不断传达着冰皮月饼独具特色的信息。

资料来源:销售与市场,1999年食品专刊.
http://www.emkt.com.cn/article/1/122.html
吴国洪编著.市场营销师培训教程.化学工业出版社,2006.
http://www.scopen.net/file_post/display/read.php?FileID=56907

【案例思考】

1. 请分析该企业冰皮月饼所处的行业生命周期阶段及其特点。
2. 全面评价该企业冰皮月饼从产品导入期迅速进入成长期的成功之处。
3. 进入成长期的该企业冰皮月饼的营销策略应做哪些调整?

> 【分析与提示】
> 1. 月饼行业正处于成熟阶段，这个阶段的特点是：业内生产企业越来越多，生产成本不断上升，竞争又太过传统，同质化程度极高。
> 2. 该企业生产的冰皮月饼从产品导入期迅速进入成长期的成功之处在于以下几个原因。第一，准确把握消费者的需求，传统产品也能创出新意。对于这类不存在高新技术垄断的产品，概念上的创新尤为重要，关键在于争先，抢先在消费者心目中占据第一的位置。第二，营销过程的实施准确、到位。新产品通常是脆弱的，产品开发及推广活动中稍有不慎都极易造成失败，而因为营销活动的非专业和不到位导致失败尤为可惜。好的产品概念也需要专业的营销过程去推广，否则就只能停留在"点子"的水平上，难以获得大的成功。
> 3. 进入成长期的冰皮月饼的营销策略应做出一些调整：增加新类型；除礼品市场外，寻找新的细分市场；广告由提高知名度转向增加美誉度、树立良好的品牌形象。

第四节 品牌策略

一、品牌的概念与作用

品牌，是企业整体产品的一个重要组成部分，它是制造商或经销商给自己产品规定的商业名称。美国市场营销协会（AMA）对品牌的定义是：品牌是一种名称、术语、符号、象征或设计，或是他们的组合，用来辨别某个或某群销售者的产品或服务，使之与竞争对手的产品和服务区别开来。

品牌是一个集合概念，它包括品牌名称和品牌标志两部分。品牌名称是指品牌中可以用言语称呼的部分，也称"品名"。如肯德基、乐百氏、可口可乐等。品牌标志也称品标，是指品牌中可以被认出、易于记忆、但不能用言语称呼的部分，通常由图案、符号或特殊颜色等构成。如麦当劳的"M"图案、可口可乐的字体标记等。

我国习惯上把品牌称之为商标，然而品牌和商标是有区别的。品牌是市场概念，而商标是法律概念，是指经过注册登记受到法律保护的品牌或品牌的一部分。商标作为区别不同种类商品的标志，往往印在商品的包装、标签上。品牌侧重于名称，而商标侧重于标志；品牌侧重于名称宣传，以提高企业知名度，而商标侧重于商标注册，取得商标使用权，防止他人侵权。

品牌除了将产品与其他同类产品相区别外，更重要的是它成为产品质量的象征，代表着企业的信誉，体现出企业市场竞争能力，是企业赖以生存的基础。品牌具有以下重要的作用。

1. 品牌有助于产品促销

由于品牌是产品质量特性的标志，因此在功能类似、价格类似的同类产品中，品牌就成为加以识别的唯一标志。借助品牌，顾客能够了解、认识商品，记住品牌，并逐渐形成对某种品牌的偏爱，从而使品牌成为企业促销的重要基础。好的品牌能够吸引大量的顾客中的品牌忠诚者，建立稳定的顾客群，扩大企业产品的销路。

2. 品牌有利于保护品牌所有者的合法权益

经过注册登记的品牌，能使企业产品的特色受法律保护，其他任何未经许可的企业和个人都不得仿冒侵权，保护了企业利益不受侵犯。

3. 品牌有助于监督、提高产品质量

企业创立一个受顾客喜爱的名牌产品，在市场中建立良好的信誉，需要经过长期不懈的努力。企业为了创名牌，或保持名牌已有的市场地位，必须兢兢业业，不断巩固和提高产品质量。因此，品牌是公众监督产品质量的一个重要手段。

4. 品牌有助于顾客识别和购买商品

随着生产力和科技水平的提高，商品的种类越来越多，商品的科技含量也日益提高，大多数顾客都会受到缺乏商品知识的困扰。由于不同的品牌代表着不同的商品品质、不同的利益，所以有了品牌，顾客就可以借助品牌识别、选购所需商品或服务。

5. 品牌有助于维护顾客利益

有了品牌，企业以品牌作为促销基础，顾客认牌购物。企业为了维护自己品牌的形象和信誉，必然要注意产品的质量水平。同时顾客如果发现所购商品出现质量问题，顾客可向有关部门反映，追究生产企业的责任，维护自身的利益。

此外，品牌的作用，还表现在社会经济发展方面，如有利于市场监督、保护企业间的竞争、加强社会的创新精神等。

二、品牌的使用策略

为了使品牌在市场营销中更好地发挥作用，企业必须采取适当的品牌策略，合理地使用品牌，以达到一定的营销目的。品牌策略应按一定的程序进行，一般情况下要经过下面几个步骤。

1. 品牌化决策

品牌化决策是指决定是否为企业的产品确定品牌，如前所述产品使用品牌具有积极作用，但并非所有产品都必须使用品牌。因为建立品牌必然要付出相应的费用（包括设计费、制作费、注册登记费、广告费等），增加企业经营总成本，并且当品牌不受顾客欢迎时，企业还要承担风险。因此，如果有些产品使用品牌对促进销售的积极意义很少，也可以不使用品牌，而只注明产地或生产厂家名称。一般来说，以下几种情况可以不使用品牌。

① 产品技术要求简单，不会因为企业不同而形成不同的特点。如煤炭、电力、自来水、木材等。

② 顾客习惯上不是认品牌购买的产品，如火柴、食糖、面粉等。

③ 小范围的地产、地销、没有明确技术标准的产品。如土特产、手工艺品、小商品等。

④ 企业临时性或一次性生产的产品。如接受外商的加工业务等。

2. 品牌使用决策

品牌使用决策是指在决定使用品牌后，对应使用谁的品牌做出决策。一般有以下三种选择。

① 企业品牌，也称生产者品牌。即企业使用属于自己的品牌。

② 中间商品牌，也称经销商品牌。即企业把产品销售给中间商，由中间商使用他自己的品牌将产品转卖出去。

③ 混合品牌。即企业对部分产品使用自己的品牌，而对另一部分产品使用中间商品牌。

由于产品的设计、产品的质量特性基本上是由生产者确定的，因此过去品牌几乎都为生产者所有。但是，随着市场经济的发展，商业脱离产业而成为独立的部门，逐渐地形成了自己的声誉，对品牌的拥有欲望也越来越强烈。与此同时，顾客对所要购买的产品往往缺乏相关的选购知识，因此在选购商品时除了以产品生产者的品牌作为选样的根据外，另一个根据就是经销商的品牌，顾客总是愿意在具有良好声誉的商业企业购买所需产品。

企业选择生产者品牌或中间商的品牌，要全面考虑各种因素，综合分析利弊得失。其中最重要的是要比较生产者和中间商，谁在这个产品分销链上居主导地位，谁拥有更好的市场信誉和拓展市场的潜能。一般来讲，在企业实力较强、市场信誉良好、产品市场占有率较高的情况下，宜采用企业品牌。反之，在企业资金拮据、市场营销能力薄弱的情况下，不宜采用企业品牌，而应以中间商品牌为主，或全部采用中间商品牌。

3．品牌名称决策

品牌名称决策是指对企业的产品是分别使用不同的品牌，还是统一使用一个或几个品牌做出决策。这是在品牌使用决策后，企业必须考虑的对所有产品如何命名的问题。通常有以下四种可供选择的策略。

（1）统一品牌　即企业生产的一切产品均使用一个品牌。如娃哈哈集团是国内一个著名的品牌，旗下产品涉及饮用水、茶饮料、乳饮料、果饮料、咖啡饮料、方便面等，所有产品均用"娃哈哈"品牌打天下。这种策略的优点是：能降低新产品的品牌设计和宣传费用，有利于消除顾客对新产品的不信任感，并能显示企业实力，塑造企业形象。缺点是：如果某一种产品出现问题，可能使其他产品和企业声誉都受到影响。因此，采用这一策略是有条件的：第一，这种品牌在市场上已获得一定的信誉。第二，采用统一品牌的各种产品具有相同的质量水平。

（2）个别品牌　即企业不同的产品分别使用不同的品牌。如可口可乐公司生产的饮料产品就采用了"可口可乐"、"雪碧"、"芬达"、"天与地"、"醒目"、"酷儿"等品牌，公司在全球近200个国家拥有400个非酒精饮料的品牌。为什么要拥有这么多的品牌？原因非常简单：不同的人，在不同的时间、地点，因为不同的原因希望饮用不同的饮料。并且使用个别品牌不会因某个品牌出现问题而影响整个企业的声誉，便于顾客识别不同质量、档次的产品，同时也有利于企业的新产品向多个目标市场渗透。其缺点是：需要大量的广告宣传促销费用，而且有时品牌较多，顾客不容易记住，难以树立企业的整个市场形象。

（3）分类品牌　即企业对所有产品在分类的基础上，各类产品使用不同的品牌。如麦当劳公司把面向少年儿童市场的玩具、服装类商品用"Mckids"牌，以区别于其快餐类商品品牌。这种策略实际上是前两种策略的一种折中，它可以区分在需求上具有显著差异的产品类别，对于多元化经营企业尤其适用。

（4）企业名称加个别品牌　即企业对各种不同的产品分别使用不同的品牌，并在各种产品的品牌前冠以企业名称。这种策略可以使新产品与老产品统一化，进而享受企业的整体信誉，同时，各种不同的新产品分别使用不同的品牌名称，又可以使新产品个性化。如可口可乐公司将其新推出"健怡类"饮料取名为"健怡可口可乐"，既突出其含糖量低的特点，又具有很好的声誉，立即被消费者接受，"健怡可口可乐"很快成为美国第三大饮料产品。

4．品牌扩展策略

品牌扩展策略是指企业利用成功的品牌推出新产品或改良产品。这种策略可以使企业利用成功品牌的市场信誉，在节省广告宣传促销费用的情况下，使新产品能够顺利地迅速进占市场。例如，"康师傅"以生产方便面而闻名，而后又利用这个品牌不断推出糕点、绿茶、矿泉水、大麦香茶等新产品。但是利用已成功的品牌推出新产品，可能会造成品牌印象混乱，尤其是新产品与原有品牌形象差距较大时，往往得不到顾客的认可。

5．品牌再定位策略

品牌再定位是指因某些市场因素的变化而对品牌进行重新定位。一般当竞争者品牌定位靠近本企业的品牌并夺去部分市场，使本企业的市场份额减少之时；或者消费者的偏好发生变化,形成某种新偏好的消费群,而本企业的品牌不能满足顾客的偏好之时,企业有必要对品牌再次定位。如"七喜"公司对"七喜"牌饮料进行重新定位,宣称"七喜"是非可乐饮料,从而大获成功。

企业在进行品牌重新定位时,要全面考虑两方面的因素:一方面,要考虑把自己的品牌从一个市场定位点转移到另一个市场定位点的成本费用,如品质改变费、包装费、广告费等。一般来讲,重新定位距离越远,其成本费用就越高。另一方面,要考虑把企业品牌定在新的位置上所得的收入多少。

第五节 包 装 策 略

一、包装概述

1. 包装的概念

包装是指产品的容器或外部包扎。它有两方面的含义:其一,包装是指盛装产品的容器或包装物;其二,包装是指采用不同的容器或物品对产品进行包容或捆扎。

包装是商品生产的继续,商品只有经过包装才能进入流通领域,实现其价值和使用价值。良好的商品包装不仅可以保护商品在流通过程中品质完好和数量完整,而且还可以增加商品的价值。一般来讲,商品包装应该包括商标和品牌、形状、颜色、图案和材料等要素。

商标或品牌是包装中最主要的构成要素,在包装整体上占据突出的位置。

形状是包装中不可缺少的组合要素,适当的包装形状不仅有利于商品的储运和陈列,而且有利于商品的销售。

颜色是包装中对销售最具刺激作用的构成要素,如果色调组合能突出商品的特性,则不仅能够加强品牌特征,而且对顾客有较强的吸引力。

图案在包装中起着广告宣传作用,是包装中不可缺少的组合要素。

包装材料不仅影响包装成本,而且也影响商品的市场竞争力。选择适宜的材料是商品包装的一项重要工作。

此外,标签也是包装的一部分,指打印在包装上或随包装一起出现的信息。

2. 包装的种类

包装按不同的分类标准可分为很多种类。这里仅按产品包装在流通过程中作用的不同,将其分为运输包装和销售包装两种。

(1) 运输包装　运输包装又称大包装或外包装,主要用于保护产品品质安全和数量完整。它又可分为单件运输包装和集合运输包装。

① 单件运输包装。是指商品在运输过程中以箱、包、袋、桶、坛、罐、瓶、筐等单件容器对商品进行的包装。常使用的包装材料有纸、木、金属、塑料、化学纤维、棉麻织物等。

② 集合运输包装。是指将一定数量的单件包装,组合在一件大包装容器内而合成的大包装。这种包装方法,有利于降低运输成本,提高工作效率。目前常用的集合包装有集装箱、托盘及集装袋等。

(2) 销售包装　销售包装又称小包装或内包装,它随同产品进入零售环节,与消费者直接接触。因此,销售包装不仅要保护产品,而且更重要的是要美化、宣传产品和必要的产品说明,以吸引顾客,方便顾客挑选、携带和使用。

二、包装的作用

包装作为产品不可缺少的部分，在市场营销中发挥以下作用。

① 保护产品。这是包装最基本的作用。产品从出厂起到顾客手中进入使用为止的整个流通过程中都有运输和存储的问题，即使到顾客手中以后，从开始使用到使用完毕也还有存放的需要。产品在运输过程中会遇到震动、挤压、冲撞及风吹、日晒、雨淋、虫蛀等损害或污染，适当的包装就起着防止各种可能的损害、保护产品使用价值的作用。对于一些易燃、易爆、易腐、放射、易蒸发的产品，包装所起的这种作用就更加显而易见。

② 便于储运。有的产品外形不固定，或者是液态、气态、固态、胶态等；它们的理化性质也各异，可能是有毒的、有腐蚀性的等；外形上可能有棱角、刀刃等危及人身安全的形状。若不对产品进行包装，则无法运输和储藏。因此，良好的包装有助于运输和储藏。

③ 促进销售。产品包装以后，首先进入顾客视觉的往往不是产品本身，而是产品的包装。产品能否引起顾客的兴趣，触发其购买动机，在一定程度上取决于产品的包装。一般而言，产品的内在质量是产品市场竞争能力的基础，可是，如果优质的产品没有优质的包装相配合，在市场上就会削弱竞争能力。可以说，包装是产品无声的推销员。如苏州产檀香扇，没有包装前，在香港市场上卖65元，采用了成本为5元锦盒包装以后，售价提高到165元，而且销售量还大幅上升。

④ 增加盈利。有许多产品本身并不能使人产生美感，通过精心设计的包装可美化产品，提高产品档次，吸引顾客以较高的价格购买，而且，包装材料本身也包含着一部分的利润。因此，包装能增加企业利润。

三、包装策略

1. 包装的设计原则

产品包装设计一般要遵循以下基本原则。

（1）安全　无论是运输包装，还是销售包装，都要把安全作为产品包装设计的最基本的设计原则之一。不同的产品，由于其自然属性和形态不同，产品包装应针对不同的产品特点，合理选择包装材料，以保证产品不损坏、不变质、不变形、不渗漏等。一方面，保证产品质量完好，数量完整；另一方面，保证环境安全。如硫酸用瓷瓶包装，氧气用高压钢瓶包装，机器设备用木箱包装等。

（2）便于产品储运、携带和使用　在保证产品安全的前提下，应合理设计包装的结构及尺寸：既要适应产品运输和储存的要求，也要尽可能节省包装材料和运输、储存费用。此外，为了促进销售和满足顾客的不同需要，包装的体积和形状还应考虑便于顾客携带和使用。如包装的大小、轻重要适当；密封包装的产品要易于开启等。

（3）美观大方，突出特色　包装造型应新颖，图案要生动形象，不落俗套，别具一格，并尽可能采用新材料、新工艺、新形状，使包装给人以美的感受，增强产品对顾客的感召力，从而激发顾客的购买欲望。此外，包装还应显示产品的特点或独特风格。对于以外形或色彩表现其特点或风格的产品的包装，应考虑能向顾客直接显示商品本身，以便于选购。如采用全透明包装、开天窗包装或在包装上附有彩色图片等。

（4）与产品的价值和质量水平相匹配　包装具有促销作用，并能增加产品的价值，但不可能也不应该成为产品价值的主要部分，否则不是"本末倒置"，就是"金玉其外、败絮其中"。因此，包装应有一个定位。一般产品包装应与产品的价值和质量水平相匹配，包装费用不宜超过产品价值的13%～15%。如果包装在产品价值中所占的比重过高,会使顾客产生名不附实之感,而难以接受;相反,高档优质产品的包装,如果质量低劣,将会自贬身价。

(5) 尊重民族、风俗习惯　图案、颜色的含义对不同国家和地区的顾客可能是截然不同,甚至完全相反。如中国人喜庆节日喜欢用红色,而日本人却喜欢互赠白色毛巾;老年人喜欢素色,而年轻人喜欢暖色;乌龟在日本代表的是长寿,而在其他很多地区都代表丑恶;法国人视孔雀为祸鸟,瑞士人以猫头鹰为死亡象征等。所以,包装设计人员,必须了解不同国家和地区的宗教信仰和风俗习惯,设计的包装色彩和图案切忌与顾客宗教情感、民族习惯相抵触。

(6) 符合法律规定,兼顾社会效益　包装设计必须遵循法律的各项规定,对法律规定的必须做的行为,要严格执行,而禁止做的行为,则不能越雷池半步。此外包装设计还要注意节约社会资源和环境保护,禁止使用有害的包装材料,加强组织包装材料的回收利用,提高社会效益。

2. 包装策略

为了充分发挥包装在市场营销中的作用,企业除了认真做好包装的设计外,还要科学地运用包装策略。常用的包装策略有以下几种。

(1) 类似包装策略　类似包装策略是指企业生产经营的所有产品都用相同或相似的包装。这种策略可以节省包装设计费用,有利于企业树立整体形象,扩大企业影响,而且还可以充分利用企业已拥有的良好信誉,带动新产品迅速进入市场。该策略一般适用于同样质量水平的产品。如果质量相差悬殊,则有可能对优质产品带来不利影响。

(2) 等级包装策略　等级包装策略是指企业把生产不同等级、不同品种的产品,按各自的特征,在设计上采取不同的风格、不同的色调和不同的材料进行包装。如在销售茶叶时,第一、第二级茶叶可以听装;第三、第四级茶叶可以盒装;第五、第六级茶叶可以塑料袋装;其他碎茶叶可以散装等。北京京华牌茶叶就是通过不同色彩的包装来区别茶叶的等级的。这种策略能突出产品的特点,将产品不同的档次区别开来,满足了不同需求层次顾客的购买心理,并且便于顾客识别、选购产品,从而有利于产品的销售。但是,该策略将会增加包装设计成本。

(3) 配套包装策略　配套包装策略是指把使用时相互关联的几种产品,组合装入一个包装物中,同时出售。如化妆品的包装。这种策略既便于顾客购买、携带与使用,又有利于企业扩大产品的销路。但在实践中,应根据产品本身关联度的大小及顾客购买能力进行产品组合,切忌任意搭配。

(4) 再使用包装策略　再使用包装策略亦称为双重用途包装策略。指包装物在产品用完后还可以作其他用途。如常见的咖啡、果汁包装瓶用做茶杯等。这种策略由于增加了包装物的用途,使顾客得到了额外的使用价值,因此,可以刺激顾客的购买欲望,有利于扩大产品销售。同时包装在再使用的过程中,还起到了广告宣传的作用。

(5) 附赠品包装策略　附赠品包装策略是指在包装物内附赠奖券或实物,以吸引顾客购买。它是目前国外市场上比较流行的包装策略。如儿童市场上的玩具、糖果等商品附赠连环画、认字图、小饰品等;一些酒类商品包装中常带的开瓶器、酒杯等。这种策略能给顾客产生便宜感和机会感,从而发挥较强的促销作用。实践中,该策略对于儿童和青少年以及低收入者比较有效。

(6) 更新包装策略　更新包装策略是指根据市场需求变化,对产品原来的包装进行改进。这种策略有助于开拓新市场，吸引新顾客，特别是当原有产品声誉受损、销量下降时，更新产品包装，可以改变产品在顾客心目中的地位，进而收到迅速恢复企业声誉的效果。当然，应用这一策略是有前提的，即产品的内在质量要达到使用要求。如果不具备这一条件，即使在产品包装上作了显著的改进，也无助于销售的扩大。

(7) 附带标识语包装策略　它是一种宣传策略。标识语有提示性标示语，如写上"新鲜"、"软"等字眼；还有解释性标示语，如日本快速面袋上标明"无漂白"，德国的速溶咖啡袋标明"无咖啡因"，法国的花生油瓶上标明"不含黄曲霉素"，我国的粮食、蔬菜、水果上标明"最佳生态环境生产"、"绿色产品"等，都起到消除消费者对商品所含成分的顾虑的作用。

(8) 透明包装策略　通过透明的包装材料，能看见部分或全部内装商品的实际形态，透视商品的新鲜度和色彩，增添商品的风采，使顾客放心地选购。透明包装是一种备受消费者欢迎的包装，尤其在食品行业有着广阔的发展前景。

(9) 错觉包装策略　它是利用人们对外界各物的观察错觉，进行产品的包装。如，两个容量相同的果酱包装，扇形的看起来就比圆形的大些，多些；笨重物体的包装，宜采用淡淡颜色，会使人感到轻松一些。这是利用人们的错觉进行设计包装的心理策略。

除此以外，还有不同容量包装策略、礼品式包装策略、情趣式包装策略、性别式包装策略等，不再一一赘述。

案例与启示

罗林洛克啤酒的独特包装策略

随着竞争的加剧和消费的下降，美国啤酒的竞争变得越来越残酷。像安毫斯·布希公司和米勒公司这样的啤酒业巨人正在占据越来越大的市场份额，从而把一些小的地区性啤酒商排挤出了市场。

出产于宾夕法尼亚州西部小镇的罗林洛克啤酒在20世纪80年代后期勇敢地进行了反击。营销专家约翰·夏佩尔通过他神奇的经营活动使罗林洛克啤酒摆脱了困境，走向了飞速发展之路。而在夏佩尔的营销策略中，包装策略发挥了关键作用。

包装在重新树立罗林洛克啤酒的形象时，扮演了重要角色。夏佩尔为了克服广告预算的不足，决定让包装发挥更大的作用。他解释道："我们不得不把包装变成牌子的广告。"

该公司为罗林洛克啤酒设计了一种绿色长颈瓶，并漆上显眼的艺术装饰，使包装在众多啤酒中很引人注目。夏佩尔说："有些人以为瓶子是手绘的，它跟别的牌子都不一样，独特而有趣，人们愿意把它摆在桌子上。"事实上，许多消费者坚持装在这种瓶子里的啤酒更好喝。

公司也重新设计了啤酒的包装箱。"我们想突出它的绿色长颈瓶与罗林洛克啤酒是用山区泉水酿制的这个事实。"夏佩尔解释道："包装上印有放在山泉里的这些瓶子。照片的质量很高，色彩鲜艳、图像清晰。消费者很容易从30英尺外认出罗林洛克啤酒。"

夏佩尔喜欢用魅力这个词来形容罗林洛克啤酒的新形象。"魅力，这意味着什么呢？我们认为，瓶子和包装造就了这种讨人喜欢的这种感觉。看上去它不像大众化的产品，而是一种高贵的品质感。而且这种形象在很大程度上也适合啤酒本身。罗林洛克啤酒出口于宾州西部的小镇。它只有一个酿造厂，一个水源。这和安豪斯·布希啤酒或库尔斯啤酒完全不同，我们知道，并非所有的库尔斯啤酒都是在科罗拉多州的峡谷中酿造的。"

包装对增加罗林洛克啤酒的销量有多大作用呢？夏佩尔说："极为重要。那个绿瓶子是确立我们竞争优势的关键。"

资料来源：中国食品产业网，http://www.foodgs.com/news/gnspzs01/2006417183754.htm，2006-04-17.

【案例思考】

1. 罗林洛克啤酒的包装发挥了什么作用？
2. 罗林洛克啤酒的包装策略符合哪一条设计原则？有哪些好处？

【分析与提示】

1. 罗林洛克啤酒的包装发挥了识别产品、美化产品、促进销售和增加盈利的作用。罗林洛克啤酒的包装能有效地美化产品，引起消费者的购买欲望，从而促进了销售，达到了增加盈利的目的。

2. 罗林洛克啤酒的包装策略符合"美观大方，突出特色"这一设计原则。"突出特色"容易识别产品，引起消费者注意，罗林洛克啤酒的包装采用绿色长颈瓶，与众不同，消费者很容易从30英尺外认出罗林洛克啤酒；"美观大方"能吸引消费者，引起消费者的购买欲望，罗林洛克啤酒包装的"色彩鲜艳，图像清晰"看上去它不像大众化产品，而是一种高贵的品质感。它跟别的瓶子都不一样，独特而有趣。人们愿意把它摆在桌子上。正因为罗林洛克啤酒的包装"美观大方，突出特色"，才有许多消费者坚持装在这种瓶子里的啤酒更好喝。从而促进了产品的销售，确立了竞争优势。

第六节 新产品开发

一、新产品开发的重要性

1. 新产品的概念

市场营销学中的新产品并不一定是新发明的产品，它与科技开发意义上的新产品含义不完全相同。这里的"新"是相对的，新发明创造的产品毫无疑问是新产品，而对市场现有的产品有所改进，采用了本企业品牌的也是新产品，在企业现有产品系列中增加新的品种也可认为是新产品等。因此，市场营销学上的新产品可定义为：企业向市场提供的较原先已经提供的有根本不同的产品。这个新产品的定义只是对企业而言，对市场可能并不是新产品。

一般而言，营销意义上的新产品应具备以下条件：在原理、结构、性能、材料、工艺等某一方面或某几方面有显著改进、提高或独创；具有先进性、实用性，能提高经济效益，具有推广价值；在一定范围或一定区域内第一次试制成功。

2. 新产品开发的重要意义

新产品开发无论从宏观还是微观角度来说，都是具有极为重要的意义。

从宏观方面看，新产品是科技进步和社会生产力发展的结果，但是新产品的出现又进一步促进了科技和社会生产力的发展，推动社会不断前进；同时新产品开发是衡量一个国家科技水平和经济发展水平的重要标志，开发新产品能够促进国家振兴，缩短与世界先进水平的差距；此外，开发新产品还能满足人们不断增长的消费需求。

从微观方面看，开发新产品对企业具有以下更现实的意义。

（1）新产品开发是提高企业竞争能力的重要保证　企业竞争能力的强弱，往往体现在其产品满足消费者需求的程度及其领先性上。如果企业不注意经常改进产品，忽视创新，肯定要被市场所淘汰。市场上，企业之间的竞争不仅表现在价格和促销手段方面，而且还大量地表现在产品设计、款式和包装等方面。企业只有不断创造出满足市场需要的新产品，才能保持企业竞争优势。

(2) 新产品开发有利于充分利用企业资源,增强企业活力　一般来讲,企业在生产过程中,往往会有许多资源得不到充分利用,如果从这些闲置的资源中开发出新产品,必然将会降低企业成本。同时,企业不断创造新产品,才会对新技术、新工艺、新设备等有需求,员工的积极性和创造性才能充分发挥,从而激发企业的生机和活力。

(3) 新产品开发是提高企业经济效益的重要途径　产品生命周期理论指出,各种产品在其生命周期的各个阶段上应该平衡发展,即当某些产品处在成熟期时,另一些新产品已开始推向市场;当某些产品开始出现衰退时,另一些产品已经进入成长期。只有这样不断地开发出新产品和改进老产品,企业才能得以生存和发展。从企业的短期利益看,新产品的开发和研制是一项耗费巨大的支出,降低了企业的利润水平。但是从长期来看,新产品的推出和企业的销售总量以及利润的增加,成正相关的关系,并且较高的研制和开发费用会使企业取得较巩固的市场地位。

二、新产品开发的类型及其特征

1. 新产品分类

新产品的分类有着各种不同的标准,根据产品的新颖程度,新产品一般可分为以下四类。

(1) 全新型新产品　指应用新技术、新原理、新结构和新材料制造的,与现有产品完全不同的产品。一个全新产品的出现从理论到应用、从实验室到批量生产,不仅要经历很长的时间,而且要耗费大量的人力、物力和财力,所以全新产品不是轻易能得到的。

(2) 换代型新产品　指在原有产品基础上,部分采用新技术、新材料和新结构研制的,在性能上有显著提高的产品。如从单冷空调,到冷暖空调,再到变频空调;黑白电视机到彩色电视机,再到等离子电视机等。相对于开发全新型新产品而言,开发换代型新产品要容易些,而且能取得较好的效果。

(3) 改进型新产品　指采用各种改进技术,对原有产品的结构、性能、款式及包装等做一定改变与更新。如装有水哨的水壶、多功能电风扇等。一般而言,改进后的产品或性能更加优良、或结构更加合理、或精度更加提高、或功能更加齐全、或特征更加突出。它是企业依靠自身力量最容易开发的新产品,在企业新产品开发中属于此种类型的新产品要占绝大多数。

(4) 仿制新产品　指对市场上已经存在而本企业尚未生产过的产品,进行仿制生产。如一款新式时装上市后,如果销路好,很多厂商立刻利用自己的品牌进行仿制,投入市场,加入竞争行列。不过企业在仿制时,应充分注意产品侵权问题。

2. 新产品开发的方式

新产品开发一般有以下几种方式,企业可根据自己的具体条件进行选择。

(1) 独立开发方式　独立开发是指企业依靠自己的科研能力和技术力量,独立进行新产品开发的全部工作。这种开发方式往往需要投入大量的人力、物力、财力,风险比较大,但一旦开发成功,能使企业在某一方面具有领先地位,从而给企业带来高速发展的机会。因此一般适用于技术经济力量比较雄厚的企业。

(2) 科技协作开发方式　科技协作开发是指企业之间、企业与科研或高等院校之间协作,进行新产品开发。这种开发方式充分地利用了社会科研的力量,使科研成果很快地转化为商品,弥补了企业科研、技术的不足,而且成本也比较低。因此,这种开发方式深受各种类型企业的青睐。任何企业，只要通过协作开发能比独立开发更为有利，就都应采用协作开发的方式。

（3）技术引进方式　技术引进是指从企业之外引进先进技术、购买专利来开发新产品。这种开发方式有利于企业缩短开发时间，节省科研经费，风险也比较小，而且能使企业产品迅速赶上世界先进水平，从而进入国际市场。因此，在企业科研、技术能力有限的情况下，技术引进是一种有效的开发方式。不过在引进技术前，必须充分掌握市场及科技情报，对所要引进技术的成熟程度、先进性、适应性以及经济性，进行充分论证，以免造成不必要的损失。

3. 新产品开发策略

在市场经济条件下，企业不开发新产品，将会失去竞争力，从而无法长久生存。而开发新产品往往需要投入大量的人、财、物，又具有一定的风险。因此，企业进行新产品开发时，必须根据市场需求、竞争情况和企业自身的能力，采取正确的策略，才能使企业的新产品开发获得成功。常用的新产品开发策略有以下几种。

（1）改进现有产品　这种策略是针对现有产品，开发出更多的、能满足顾客需求的新的用途、新的功能。例如，在普通雨伞上增加折叠功能后，就变成了折叠伞，从而便于携带；再如，药物牙膏是在牙膏洁齿的功能上增加了防治牙病的功能等。这种策略开发费比较低，取得成功的把握大，但是只能适用于较少的改进。

（2）扩大现有产品的品种　这种策略是在提供某种基本产品的同时，向市场提供若干新的不同的变种产品。如电冰箱制造厂除了继续向顾客提供原有规格的电冰箱外，还可增加某些有特点的冰箱，如电脑温控冰箱、可左右开门的冰箱等。这种策略可以弥补原有品种单一，不能满足具有不同爱好或购买力的顾客需要的不足。

（3）增加产品种类　这种策略就是利用企业现有的销售渠道和促销方式，对顾客提供与现有产品不同种类的新产品，使顾客有更广泛的选购余地。如南京熊猫集团除了继续生产销售彩电外，近年来，还增加了空调、电脑、手机等新产品。这种策略以已有的市场为依托，利用在顾客中已形成的良好信誉，以消除顾客中可能存在的对新产品的疑虑。

（4）仿制　这种策略是选择市场上的畅销产品或优质产品、样品进行分析研究，加以仿制、改进，开发自己的新产品。通过改进性仿制，使自己企业开发的产品或性能有所改进、或价格低一些、或有新的特色。这种策略能使企业加快缩短与先进技术水平之间的差异，但要注意避免侵权行为。

（5）挖掘顾客潜在需求策略　这种策略是通过挖掘市场潜在需求，创造出新的市场。一般来讲，顾客需求有两种，一种是眼前的现实需求，另一种就是潜在需求，即顾客对市场还没有出现的产品需求。企业要开发出成功的新产品，关键是能发现市场的潜在需求。而一旦发现市场的潜在需求，往往会给企业创造一个广阔的市场。

三、新产品开发过程

新产品开发是一项既复杂，投资风险又很大的工作，为了提高新产品开发的成功率，把有限的人力、财力、物力用在刀刃上，将新产品风险降至最低水平，必须建立科学的新产品开发程序。不同行业的生产条件与产品项目不同，程序也会有所差异，但一般企业新产品开发的程序包括以下几个环节。

1. 新产品构思

新产品构思是指对新产品基本轮廓结构的设想。它是新产品开发的基础与起点，没有构思就不可能生产出新产品实体。一个好的构思，往往等于新产品开发成功的一半，而一个成功的新产品，首先来自于有创见性的构思。

新产品构思的来源是多方面的，一般可从以下几方面收集。

(1) 从企业内部收集　企业职工对企业的经营目标和政策、企业产品的特点和生产技术条件、企业产品的市场动向和顾客需求的变化有着一定的认识。因此，企业可以采取一定的措施，积极地鼓励企业职工提设想和合理化建议，开展技术革新活动，从而能有效地收集到丰富的新产品构思。

(2) 从企业外部收集　即从顾客、流通部门和科研院所收集。新产品开发的目的是为了满足顾客的需要，顾客对产品的要求，必然也就构成了新产品构思的主要来源；流通部门与市场有着密切的联系，顾客对产品的需求、各企业产品的区别所在，流通部门是最清楚不过的了，开发新产品应很好地听取他们的意见；科研院校经常有许多科技成果要转化为新产品，因此科研院所也是获取新产品构思的一个重要来源。

(3) 组织人员专门研究和技术攻关　通过成立新产品开发小组或技术开发攻关小组等机构，充分利用技术人员的专业知识，集中对一些重大课题进行专门研究，从而获得新产品构思。

(4) 分析其他企业的产品　通过对国际、国内先进产品的技术经济指标、功能特点的分析研究，从中获得灵感和启发，再结合本企业的生产技术条件和市场需求，从而产生新产品构思。

2. 筛选

筛选是指剔除与本企业发展目标和长远利益不相一致，或本企业资源条件尚不具备的新产品构思。筛选过程实际上是一个决策过程，也就是决定企业应开发哪些产品，不开发哪些产品。这项决策应由具有丰富经验的专家和企业管理人员做出。

一般而言，筛选时要力求避免两种偏差：一是漏选良好的产品构思，对其潜在的价值估计不足，从而失去发展机会；另一是采纳错误的产品构思，仓促投产，导致失败。为此，筛选时要评价以下经济技术内容。

① 产品的主要性能和预期的经济技术指标。
② 新产品的市场需求和销售情况估计。
③ 新产品的竞争能力分析。
④ 新产品开发所需的资源条件和本企业能力的分析。
⑤ 新产品的获利水平。
⑥ 新产品开发的财务可行性分析。

3. 产品概念的形成和测试

产品概念是指已经成型的产品构思，即用文字、图像、模型等将产品的功能特性、质量水平、包装、名称及品牌等内容，予以清晰阐述，使之在顾客心目中形成一种潜在的产品形象。新产品的构思仅仅是一种创意或想法，而顾客所要买的是一个实实在在的产品，而非产品的创意。所以产品创意必须经过产品具体化的过程，即将创意变成一个清楚的"产品概念"，并能够将他们进一步发展成为有商品价值的实质产品或服务。

任何一个产品构思都可以转化为若干个产品概念，企业对每一个产品概念都要进行市场定位，以了解同类产品的竞争状况，从而选择出最具竞争力的产品概念。为此，企业需要了解顾客意见，进行产品概念测试。概念测试一般要在目标市场中选择有代表性的顾客群进行，测试时将概念以符号或实物的方式进行表达，然后收集顾客的反应。概念测试所获得的信息将使企业进一步充实产品概念，使之更适合顾客的需要，而且还为企业制定新产品的市场营销计划和进一步设计研制新产品提供依据。

四、新产品的推广和采用

1. 初拟市场营销战略

企业选择了最佳的产品概念后，必须制定把新产品引入市场的营销战略初步计划，并在以后的各开发阶段得到进一步的完善。

营销战略包括三个部分：第一部分描述目标市场的规模、结构、顾客的购买行为、产品的市场定位以及短期的销售量、市场占有率和利润目标等；第二部分概述产品的预期价格、分销渠道及第二年的营销预算；第三部分阐述预计今后长期的销售额和投资收益率，以及不同时期的市场营销组合策略等。

2. 商业分析

商业分析也称效益分析，是指从经济效益角度分析产品概念是否符合企业目标。具体分析时主要考察新产品的预计销售量、成本和利润等经济指标。商业分析的目的是：在发生进一步开发费用之前，剔除不能盈利的产品概念。

商业分析的方法有多种，下面介绍几种常用的方法。

(1) 盈亏平衡分析法　该方法通过计算盈亏平衡时的销售量来确定新产品开发是否可行。其公式如下：

$$Q = F/(P-V)$$

式中，Q 为盈亏平衡时的销售量；F 为固定成本总额；P 为产品单价；V 为单位产品变动成本。

具体运用时，将盈亏平衡点销售量与新产品预测销售量进行比较，当预测销售量大于盈亏平衡点销售量时，新产品开发方案是可行的；反之，是不可行的。

(2) 投资回收期法　该法通过计算用新产品所获得现金净流量，来偿还其初始投资所需时间（即投资收回期）的长短，来判断新产品开发是否可行。其公式如下：

$$T = K - 1 + M/N$$

式中，T 为投资回收期；K 为累计现金净流量开始出现正值的年份；M 为上年累计净现金流量的绝对值；N 为当年的净现金流量。

一般来讲，投资回收期越短越好，较短的偿还期限意味着较快地为企业提供盈利，也意味着风险较小。当投资回收期小于本行业的基准投资回收期时，新产品开发方案是可行的；反之，是不可行的。

不过上述所计算的投资回收期是静态回收期，如果将货币的时间价值考虑进去，则该方法是一个比较好的分析方法。

(3) 新产品系数法　该法是通过新产品投资风险的系数来评价新产品开发方案是否可行。其公式如下：

新产品系数＝[技术开发成功概率×市场投产成功概率×预期年销售量×
(单位产品价格－单位产品变动成本)×产品生命周期]/固定成本总额

新产品系数法常用于除风险外其他条件都相同的新产品方案的评价，新产品系数高的方案就是较优的方案。新产品系数的值为1，表示最低水平，即直至产品寿命期结束，所得的总收入和固定成本总额相等。新产品系数大于1表示有利可图。很显然，新产品系数越大，代表方案越优。

3. 新产品研制

主要是将通过商业分析后的产品概念，送交研究开发部门或技术工艺部门，试制成为产品模型或样品，同时进行包装的研制和品牌的设计。只有进入本阶段，产品概念才能真正转为实际的产品，才能证明产品概念在技术上的可行性如何。

需要注意的是，如果产品概念没有能通过技术和商业上的可行性分析，即使已在该产品构思的开发上花费了很多费用，也只能果断地放弃，以免造成更大的损失。如果产品概念通过了可行性分析，那么研究开发部门据以研制出的产品模型或样品，必须具备产品概念所规定的所有特征。

4. 市场试销

也称市场检验，指把根据选定的产品概念研制出的产品，投放到通过挑选并具有代表性的小型市场范围内进行销售试验，以了解顾客对新产品的反映和意见，以便企业采取相应的营销对策。

不过，并非所有新产品上市都要进行试销。是否需要进行试销，取决于产品开发者对该产品的信心，以及顾客对产品的选择程度。如果企业在产品概念及研制阶段，已经通过各种方式收集了顾客对该产品的意见和建议，对产品做出改进，或者顾客对该产品的选择性小，就可以不必进行试销，而直接向市场推出。反之则应试销。此外，对一些价格比较昂贵，并且非大量销售的工艺品，通常也不进行市场试销。

5. 正式上市

新产品经过市场试销获得成功以后，就可以正式批量生产，全面推向市场。至此，新产品就进入了生命周期的引入期阶段。

为了使新产品正式上市获得成功，企业应做好以下几方面的工作。

① 正确选择上市时间。一般可选择应季上市，也可以结合企业原有产品所处生命周期阶段，使新产品及时切入市场，搞好新老产品的衔接。

② 尽快形成大量生产的能力。

③ 制定一套适当的广告和销售促进计划、销售渠道计划、推销人员的培训和激励计划，选择好上市地点和目标市场。

案例与启示

新可口可乐：产品改进的失误

1. 决策背景

20世纪70年代中期以前，可口可乐公司是美国饮料市场上的"Number 1"，可口可乐占据了全美80%的市场份额，年销售量增长速度高达10%。

然而好景不长，70年代中后期，百事可乐的迅速崛起令可口可乐公司不得不着手应付这个饮料业"后起之秀"的挑战。

1975年全美饮料业市场份额中，可口可乐领先百事可乐7个百分点；1984年，市场份额中可口可乐领先百事可乐3个百分点，市场地位的逐渐势均力敌让可口可乐胆战心惊起来。

百事可乐的战略意图十分明显，通过大量动感而时尚的广告冲击可口可乐市场。

首先，百事可乐公司推出以饮料市场最大的消费群体——年轻人为目标消费者群的"百事新一代"广告系列。由于该广告系列适宜青少年口味，以心理的冒险、青春、理想、激情、紧张等为题材，于是赢得了青少年的钟爱；同时，百事可乐也使自身拥有了"年轻人的饮料"的品牌形象。

随后，百事可乐又推出一款非常大胆而富有创意的"口味测试"广告。在被测试者毫不知情的情形下，请他们对两种不带任何标志的可乐口味进行品尝。由于百事可乐口感稍甜、柔和，因此，百事可乐公司此番现场直播的广告中的结果令百事可乐公司非常满意：80%以上的人回答是百事可乐的口感优于可口可乐。这个名为"百事挑战"的直播广告令可口可乐一下子无力应付。市场上百事可乐的销量再一次激增。

2. 市场营销调研

为了着手应战并且得出为什么可口可乐发展不如百事可乐的原因，可口可乐公司推出了一项代号为"堪萨斯工程"的市场调研活动。

1982年，可口可乐广泛地深入到10个主要城市中，进行了大约2000次的访问，通过调查，看口味因素是否是可口可乐市场份额下降的重要原因，同时征询顾客对新口味可乐的意见。于是，在问卷设计中，询问了例如"你想试一试新饮料吗？""可口可乐味变得更柔和一些，您是否满意？"等问题。

调研最后结果表明，顾客愿意尝新口味的可乐。这一结果更加坚定了可口可乐公司的决策者们的想法——秘不宣人，长达99年的可口可乐配方已不再适合今天消费者的需要了。于是，满怀信心的可口可乐开始着手开发新口味可乐。

可口可乐公司向世人展示了比老可乐口感更柔和、口味更甜、泡沫更少的新可口可乐样品。在新可乐推向市场之初，可口可乐公司又不惜血本进行了又一轮的口味测试。可口可乐公司倾资400万美元，在13个城市中，约19.1万人被邀请参加了对无标签的新、老可乐进行口味测试的活动。结果60%的消费者认为新可乐比原来的好，52%的人认为新可乐比百事好。新可乐的受欢迎程度一下打消了可口可乐领导者原有的顾虑。于是，新可乐推向市场只是个时间问题。

在推向生产线时，因为新的生产线必然要以不同瓶装的变化而进行调整，于是，可口可乐各地的瓶装商因为加大成本而拒绝新可乐。然而可口可乐公司为了争取市场，不惜又一次投入巨资帮助瓶装商们重新改装生产线。

在新可乐上市之初，可口可乐又大造了一番广告声势。1985年4月23日，在纽约城的林肯中心举办了盛大的记者招待会，共有200多家报纸、杂志和电视台记者出席，依靠传媒的巨大力量，可口可乐公司的这一举措引起了轰动效应，终于使可口可乐公司进入了变革"时代"。

3. 灾难性后果

起初，新可乐销路不错，有1.5亿人试用了新可乐。然而，新可口可乐配方并不是每个人都能接受的，而不接受的原因往往并非因为口味原因，而这种"变化"受到了原可口可乐消费者的排挤。

开始，可口可乐公司已为可能的抵制活动做好了应付准备，但不料顾客的愤怒情绪犹如火山爆发般难以驾驭。

顾客之所以愤怒是认为99年秘不示人的可口可乐配方代表了一种传统的美国精神，而热爱传统配方的可口可乐就是美国精神的体现，放弃传统配方的可口可乐意味着一种背叛。

在西雅图，一群忠诚于传统可乐的人组成"美国老可乐饮者"组织，准备发起全国范围内的"抵制新可乐运动"。在洛杉矶，有的顾客威胁说："如果推出新可乐，将再也不买可口可乐。"即使是新可乐推广策划经理的父亲，也开始批评起这项活动。

而当时，老口味的传统可口可乐则由人们的预期会减少，而居为奇货，价格竟在不断上涨。每天，可乐公司都会收到来自愤怒的消费者的成袋信件和1500多个电话。

为数众多的批评，使可口可乐迫于压力不得不开通83部热线电话，雇请大批公关人员来温言安抚愤怒的顾客。

面临如此巨大的批评压力，公司决策者们不得不稍作动摇。在此后又一次推出的顾客意向调查中，30%的人说喜欢新口味可口可乐，而60%的人却明确拒绝新口味可口可乐。故此，可口可乐又一次恢复了传统配方的可口可乐的生产，同时也保留了新可口可乐的生产线和生产能力。

在不到3个月的时间内，即1985年4～7月，尽管公司曾花费了400万美元，进行了长达2年的调查，但最终还是彻底失算了！百事可乐公司美国业务部总裁罗杰·恩里科说："可口可乐公司推出的'新可乐'是个灾难性的错误，是20世纪80年代的'爱迪塞尔'。"

资料来源：杨明刚主编. 市场营销100个案与点析. 华东理工大学出版社，2001.

【案例思考】
1. 从新可口可乐决策之误的教训中可得到哪些启示？
2. 结合案例谈谈在产品改进过程中应注意哪些方面？

本 章 小 结

产品是指人们通过购买而获得能够满足某种需求和欲望的物品，它是核心产品、形式产品、期望产品、附加产品、潜在产品的总和。认识产品整体概念对于企业经营具有重要意义。

产品一般都有自己导入市场和被市场淘汰的生命周期，处在产品生命周期不同阶段要采取不同的营销策略。为此，判断产品正处在哪一阶段就变得十分重要。

品牌是企业整体产品的一个重要组成部分，它包括品牌名称和品牌标志两部分。品牌除了将产品与其他同类产品相区别外，更重要的是它成为产品质量的象征，代表着企业的信誉，体现出企业市场竞争能力，是企业赖以生存的基础，具有非常重要的作用。为了使品牌在市场营销中更好地发挥作用，企业必须采取适当的品牌策略，合理地使用品牌，以达到一定的营销目的。

包装是指产品的容器或外部包扎，它是商品生产的继续，在市场营销中发挥保护产品、便于储运、促进销售、增加盈利的作用。常用的包装策略有类似包装策略、等级包装策略、配套包装策略、再使用包装策略、附赠品包装策略、更新包装策略等。

新产品是科技进步和社会生产力发展的结果，开发新产品对企业具有更现实的意义。新产品开发有利于充分利用企业资源，增强企业活力，提高企业经济效益。常用的新产品开发策略有改进现有产品、扩大现有产品的品种、增加产品种类、仿制、挖掘顾客潜在需求策略。

思考与练习

一、判断题

1. 产品整体概念的内涵和外延都是以追求优质产品为标准的。（　　）
2. 在产品寿命周期的介绍期阶段，企业采取提高产品质量，创名牌的措施。（　　）
3. 任何产品都会经历产品生命周期的四个阶段。（　　）
4. 商标是指已获得专用权并受法律保护的品牌。（　　）
5. 良好的包装能提高产品的竞争能力。（　　）
6. 从营销学角度来说，凡是消费者认为是新的，能从中获得新的满足的、可以接受的产品都属于新产品。（　　）
7. 由于消费心理、收入水平、个人性格、价值观念等多种因素的影响和制约，消费者对新产品接受速度完全相同。（　　）
8. 新产品进入市场后，企业的任务就是抓住时机进行推广，把新产品引入市场并达到使消费者普遍接受的目的。（　　）

二、简述题

1. 你是如何理解产品整体概念的？
2. 产品生命周期包括几个阶段？各个阶段可采用的营销策略有哪些？
3. 如何根据市场需求的变化，灵活调整企业的产品组合？
4. 常见的包装策略有哪些？举例说明包装策略使用得当或不当情形。
5. 制造商为什么会采用多品牌策略？
6. 找到你身边某一项产品或服务，分析其处于被采用的哪个阶段，应该采取哪些营销组合策略。
7. 由于竞争加剧和产品寿命周期的缩短，加上资金能力、技术力量等的限制，许多公司都采用新产品"模仿"战略。以浙江为例，分析这种开发战略的优点和弊端。

三、案例分析

案例分析 7-1

全国著名的娃哈哈集团自 1987 年靠 3 个人、14 万贷款起家以来，经过多年的发展，现已成为拥有多家合资或控股子公司、员工上万名资产上百亿元的大型综合性食品工业集团。杭州娃哈哈集团成功的成因固然有很多，但不管怎样，成功的"娃哈哈"品牌运营是其重要成因。1998 年，"娃哈哈"被国家商标局定为驰名商标，品牌资产达 2248 亿元。

"娃哈哈"的国内防御性注册

"娃哈哈"源自一首新疆民歌，因三个字的元音"a"是小孩最早容易发的音，易于模仿，音韵和谐，朗朗上口，而且也易赢得父母的喜爱，加之"喝了娃哈哈，吃饭就是香"的绝妙广告语，使得"娃哈哈"家喻户晓，老少皆知，其系列产品走进千家万户。"娃哈哈"的品牌运营实践中，不仅其品牌名称设计独特，而且，富有品牌保护意识。1988 年 9 月娃哈哈集团公司向国家工商局商标局申请"娃哈哈"品牌注册，并于 1989 年 9 月 10 日核准注册，从而防止了其他企业或个人抢先注册。同时，为了防御其他企业注册相近商标，娃哈哈集团公司又注册了"娃娃哈"、"哈娃娃"、"哈哈娃"3 个防御商标。

"娃哈哈"的国际注册

经济全球化发展的高涨，国内外市场的对接，"娃哈哈"品牌在国内市场运营的成功，使决策者开始将眼光瞄向国外市场。随着集团公司的快速发展，产品市场不断扩展。企业认识到仅在国内进行商标注册已远远不够，为了进一步扩展市场，有效开展对外贸易，开拓国际市场，争创世界名牌商标，维护自己在国际市场的合法权益，在国外进行商标注册已迫在眉睫。于是，娃哈哈集团公司于1992年4月通过国家工商局商标局向世界知识产权组织国际局提出"娃哈哈"商标的国际注册申请，并指定了法国、德国、意大利、波兰、俄罗斯联邦5国申请领土延伸。1992年5月29日，国际局正式对娃哈哈集团公司的5件商标注册申请进行受理，1993年8月获准"娃哈哈"商标在5国注册，保护期均为20年。与此同时，"娃哈哈"公司还分别向香港、日本、韩国、美国等地区和国家进行了逐一注册申请。

"娃哈哈"商标的地域辐射为其产品进入国际市场打下了良好基础。

【案例思考】

1. "娃哈哈"品牌防御性注册有何启示？
2. 你认为"娃哈哈"应如何加强品牌的自我保护和品牌扩展？

第八章

价格策略

★ 学习目标与要求

1. 确认影响定价的主要因素,对具体商品定价的影响因素作出分析与判断
2. 判断分析具体产品的定价方法,能为具体产品的选择合适的定价方法
3. 分析判断市场上的产品所运用的定价策略,针对企业不同产品的具体情况制订相应的定价策略
4. 能正确为新产品制定定价方法、策略

★ 基本概念

价格	需求价格弹性	需求收入弹性
成本导向定价法	边际成本	边际利润
需求导向定价法	竞争导向定价法	折扣定价策略
心理定价策略	撇脂价格策略	渗透价格策略

价格是商品价值的货币表现。所有企业无一例外都面临着价格决策问题。尽管在现代市场营销进程中,非价格因素的作用在增长,但是对于销售方和顾客来说,价格仍然扮演着极其重要的作用。从消费者的角度来说,价格代表了他将交换的任何东西的价值。在购买时,销售方对潜在顾客做出种种承诺,告诉他们自己的产品是什么样的,对顾客有何用处。顾客则在这些承诺与价格之间作权衡,决定是否值得去购买。对于销售方来说,价格不仅直接创造了收入,使组织在一定的利润下创造并保持顾客,而且可以被用做参与市场竞争的有力武器。我们应该像对待其他营销工具一样,对价格予以足够的关注。

第一节 影响定价的因素

价格形成及其运动是商品经济中最复杂的现象之一。除了价值这个形成价格的基础因素外,现实中产品价格的制定和实现还受到多方面因素的影响和制约,包括内部因素和外部因素。内部因素主要是定价目标、成本因素、其他营销组合策略等;外部因素主要是消费者意识、市场需求因素、竞争因素、政策法规等(如图 8-1 所示)。企业进行价格决策时,首先要对影响定价的因素进行分析,认识他们与价格的关系,据此确定企业的定价方法和策略。

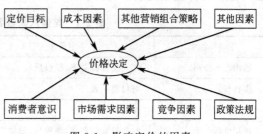

图 8-1 影响定价的因素

一、定价目标

企业为产品定价时，首先必须反映公司目标和营销目标，要与市场营销的其他手段协调一致。不同的企业、不同的产品、不同的市场有不同的营销目标，需要采用不同的定价策略。一般来说，价格决定有以下一些主要目标可以选择。

1. 维持企业生存

定价的基本目的是要谋求企业的生存。公司目标既有长期的，也有短期的。就短期来说，比如，一个处在崩溃边缘的小企业为了打开经营萧条的局面，可以用低价作为一种生存战术，以使自己不至于沉没；而其在较长时期的战略上则采取高质量、高价格的战略。

2. 争取当期利润最大化

企业谋求永久性生存与人类求生存一样，几乎是一种本能行为。企业要生存和发展就必须获得利润，也只有足够多的利润才能够保证企业的生存和发展。这里的最大利润指的是利润总额。

$$利润总额 = 销售额 - 成本费用$$
$$销售额 = 价格 \times 销售量$$

毫无疑问，利润从销售额中产生，而销售额又取决于价格和销量，价格直接影响销售。由此可知，离开价格，利润就无从谈起。

上式表示利润是销售额减去费用后的结果，然而，在实际的企业经营中，首先计算出目标利润，再决定与实现其目标利润相适应的价格。

3. 保持或扩大市场占有率

市场占有率是表示企业的经营状况和产品竞争力的重要指标。不少企业把维持或提高市场占有率作为其定价目标，牺牲短期利润，确保长期收益。例如，企业欲在下一年里使市场占有率从目前的11%提高到15%，为此就要实行全部或部分产品和服务的低价策略，以实现市场占有率的提高。

4. 塑造形象，争取产品质量领先

有些企业的目标是以高质量的产品占领市场，这就需要实行"优质高价"策略。一方面，较高的价格可以保证高质量产品的研发成本、生产和服务等成本；另一方面，如果价格定得太低，顾客会产生疑心（"叫人难以置信"）。所以定价时市场营销人员应该以顾客的眼光来理解价格的意义，应充分考虑到顾客对该产品价值的认可程度。同时又要考虑到整个市场营销状况，以及竞争对手的报价。

5. 稳定价格，防止竞争

在激烈竞争的市场环境中，企业常以适应价格竞争作为定价目标。一些实力雄厚的大企业，为了防止竞争者进入自己的目标市场或提高其市场占有率，采取低价策略。实力弱小的企业，则不得不追随主导竞争者的价格，或以此为基础来制定自己的价格。美国八家著名大公司定价目标比较见表8-1所示。

表8-1 美国八家著名大公司定价目标比较

公 司 名 称	定价主要目标	定价附属目标
通用汽车公司	20%投资收益率(缴税后)	保持市场占有率
固特异公司	对付竞争者	保持市场地位和价格稳定
美国罐头公司	维持市场占有率	应付市场竞争
通用电器公司	20%投资收益率(缴税后)增加7%销售额	推销新产品保持价格稳定

续表

公司名称	定价主要目标	定价附属目标
西尔斯·罗巴克公司	增加市场占有率(8%～10%为满意市场占有率)	10%～15%投资收益率一般地方促进销售
标准石油公司	保持市场占有率	保持价格稳定一般投资收益率
国际收割机公司	10%投资收益率	保持市场第二位的位置
国民钢铁公司	适应市场竞争	增加市场占有率

二、成本因素

产品成本是企业进行产品定价的基础。众所周知，产品价格只有高于成本，才能通过销售收入来弥补生产耗费，否则无法维持再生产。因此，企业为其产品定价时，首先必须考虑补偿成本，这是保证企业生存和发展的最基本条件。

产品成本有个别成本和社会成本之分。个别成本是指单个企业生产产品时所耗费的实际成本；社会成本是指产业内部不同企业生产同种产品所耗费的平均成本，即社会必要劳动时间，又称行业平均成本。由于各企业资源情况和管理水平不同，其个别成本与社会成本之间必然存在差异，因此，企业在对产品进行定价时，只能以社会成本作为其主要依据，根据个别成本和社会成本之间的差异程度给产品制定合适的价格。

就单个企业而言，个别成本按其与产品之间关系，可分为固定成本和变动成本两类。固定成本是指在一定时期和一定生产能力范围内，其成本总额不随产量变化而变化的成本，如折旧费用、管理人员工资、机器设备的租金等。固定成本虽然不变，但是，单位产品的固定成本却随产量的增加而减少。变动成本是指其成本总额随产量的变化而成正比例变化的成本，如原材料费用、生产工人工资、直接营销费用等。变动成本总额是变动的，但是，单位产品的变动成本却不随产量变化而变化，始终保持不变。固定成本与变动成本之和就是产品的总成本。企业定价时首先要使总成本得到补偿，这就要求长期内价格不能低于单位成本。

三、其他营销组合策略

由于价格是营销组合的因素之一，所以定价策略必须与产品的整体设计、分销和促销策略相匹配，形成一个协调的营销组合。例如，为了鼓励中间商的积极性，增加产品销售量，应在价格中包含较大的折扣，使中间商有利可图。

企业通常是先制定价格策略，然后根据价格策略再制定其他营销组合策略。价格是产品市场定位的主要因素，价格决定了产品的目标市场、竞争者和产品设计。价格还决定产品具有什么特色以及生产成本的高低。在这种情况下，其他营销组合因素的决策，要以定价策略为转移。如果产品是在非价格因素的基础上定位的，那么，有关产品质量、促销、分销等方面的决策，就会影响定价决策，定价时就要以其他营销组合因素的策略为依据。总之，定价策略是不能脱离其他营销组合因素而单独决定的。

四、市场需求因素

产品成本是影响和制约企业定价的最重要的内部因素，它决定着产品价格的最低临界点，价格再低也不能低于产品成本。而市场需求是影响企业定价的最重要的外部因素，它决定着产品价格的最高临界点，即产品的最高价格取决于该产品的市场需求。影响人们对某种产品需求量的因素很多,如收入、价格、阶层、促销活动、习惯与爱好等。因价格与收入等因素而引起需求的相应变动率,就叫做需求弹性。需求弹性分为需求价格弹性、需求收入弹性和交叉弹性。

1. 需求价格弹性

供求规律是一切市场经济的客观规律,即在正常情况下,市场需求会按照和价格相反的方向变动。价格提高,市场需求就会减少;价格降低,市场需求就会增加。所以,需求曲线是向下倾斜的。但是也有例外情况,那些显示消费者身份地位的产品,其需求曲线有时是向上倾斜的。如茅台酒提价后,其销售量却可能增加。在我国,中秋节期间,月饼销售商往往会加大促销力度,同时适度提价,以达到增加销售的目的。

正因为价格会影响市场需求,企业所制定的价格会影响企业产品的销售,所以企业的市场营销人员定价时必须知道需求的价格弹性,即了解市场需求对价格变动的反应。换言之,需求价格弹性反映需求对价格变动的敏感程度,一般用需求弹性系数 E_p 表示。

$$E_p = \left|\frac{(Q_2-Q_1)/[(Q_1+Q_2)/2]}{(P_2-P_1)/[(P_1+P_2)/2]}\right| = \left|\frac{(Q_2-Q_1)(P_2+P_1)}{(P_2-P_1)(Q_2+Q_1)}\right|$$

式中,E_p 为需求弹性系数;P_1 为原价格;P_2 为现价格;Q_1 为原需求量;Q_2 为现需求量。

由于价格与需求成反比变化,它们的比值总是一个负数,所以实际应用时取绝对值。

若 $E_p>1$,反映了价格的微小变化都会引起需求量大幅度变化,即表明需求对价格很敏感,该商品富有价格弹性。对这类商品,稍微降低一点价格,就会大幅增加销售量,从而使总收入增加;因此,应通过降低价格、薄利多销来增加盈利。反之,提价时务求谨慎以防需求量锐减、影响企业收入。经常在超市或商场中让利降价销售的商品多属此类。

若 $E_p<1$,需求量的变化率小于价格自身的变动率,即表明需求对价格不敏感,该商品缺乏价格弹性。对这类商品,较高水平的价格往往能增加盈利,低价对需求量的刺激不大,薄利未必能多销,相反会降低企业的总收入。如粮食、盐、煤气等生活必需品便属于此类,消费者不会因为价格上涨而少买许多,也不会因价格下跌而多买许多。

消费者需求对价格不敏感可能是以下原因所造成的。

① 替代品少并且替代效果不好。
② 竞争者较少,或者没有竞争者。
③ 消费者有足够的购买力,或商品在消费者支出中所占的比重非常小,对高价不在意。
④ 购买者改变购买习惯较慢,也不积极寻找较便宜的东西。
⑤ 购买者认为物有所值,价格高产品好是应该的。

一般情况下,生活必需品的需求弹性小,奢侈品的需求弹性大;替代品少或替代性弱的产品需求弹性小,替代品多或替代性强的产品需求弹性大;用途越单一的产品,需求弹性越小,用途越广泛的产品,其需求弹性越大。因此,企业给产品定价时应考虑不同产品的不同需求弹性,以切实提高价格决策的有效性。

2. 需求收入弹性

需求收入弹性又称收入弹性,是指因收入变动所引起需求的变动的比率,反映需求量变动对收入变动的敏感程度,一般用收入弹性系数 E_y 表示。

$$E_y = \frac{(Q_2-Q_1)/[(Q_2+Q_1)/2]}{(Y_2-Y_1)/[(Y_2+Y_1)/2]} = \frac{(Q_2-Q_1)(Y_2+Y_1)}{(Y_2-Y_1)(Q_2+Q_1)}$$

式中，E_y 为收入弹性系数；Y_1 为原收入；Y_2 为现收入；Q_1 为原需求量；Q_2 为现需求量。

在其他条件不变的情况下，消费者收入增加后对各种商品的需求也会增加，但对不同商品需求增加的多少并不相同。这样，各种商品的收入弹性大小也就不同。

若 $E_y>1$，表示该商品富有收入弹性，意味着消费者货币收入的增加导致该商品的需求量有更大幅度的增加。一般说来，高档食品、耐用消费品、娱乐支出的情况就是如此。

若 $0<E_y<1$，表示该商品缺乏收入弹性，意味着消费者货币收入的增加只会引起该产品的需求量的小幅度增加，如盐、油、酱、醋等生活必需品的支出就属于这种情况。

若 $E_y<0$，表示该商品是负收入弹性。在这种情况下，需求量变动与收入变动成反方向变化，意味着消费者货币收入的增加将导致该产品需求量下降。例如，某些低档食品、劣质食品就有负的需求收入弹性，因为消费者收入增加后，生活水平提高，对这类产品的需求量将减少，甚至不再购买这些低档产品，而转向高档产品。

3. 需求交叉弹性

在为产品线定价时还必须考虑各产品项目之间的相互影响程度。产品线中的某一个产品项目很可能是其他产品的替代品或互补品，一项产品的价格变动往往会影响其他产品项目销售量的变动，两者之间存在着需求的交叉价格弹性。一般用交叉弹性系数 E_{XY} 表示，其定义如下式所示：

$$E_{XY}=\left|\frac{(Q_{x2}-Q_{x1})/[(Q_{x1}+Q_{x2})/2]}{(P_{y2}-P_{y1})/[(P_{y1}+P_{y2})/2]}\right|=\left|\frac{(Q_{x2}-Q_{x1})(P_{y2}+P_{y1})}{(P_{y2}-P_{y1})(Q_{x2}+Q_{x1})}\right|$$

式中，E_{XY} 表示 X、Y 两种商品的需求交叉弹性系数；P_{y1} 为 Y 商品的原价格；P_{y2} 为 Y 商品的现价格；Q_{x1} 为 X 商品的原需求量；Q_{x2} 为 X 商品的现需求量。

交叉弹性系数 E_{XY} 可以是正值也可以是负值。若 $E_{XY}>0$，则此二项产品互为替代品，表明一旦产品 Y 的价格上涨，产品 X 的需求量必然增加。相反，若 $E_{XY}<0$，则此二项产品为互补品，表明当产品 Y 的价格上涨，产品 X 的需求量会下降。

不同产品的需求交叉弹性各异。企业制定价格时不仅要考虑价格对其自身产品需求量的影响，也要考虑市场上相关产品价格对其产品需求的影响。

五、消费者意识

企业决定价格时，必须考虑目标顾客对价格的反应。价格的数字表示非常明了，然而，顾客会对其有各种各样的理解。另外，顾客对价格的反应也会因产品的种类而异。例如在食品消费中，对很难看到品质差别的鸡蛋，消费者的价格反应较敏感；相反，消费者对于品质和口味差异较大的糖果，首先重视的是其产品是否符合自己的兴趣爱好，而不是价格。

即使同样种类的产品，其评价往往也会因品牌而异，常以一流产品和三流产品，知名品牌和非知名品牌等来加以评价。评价的差异会表现为价格的差异。大致说来，一流产品和三流产品在价格上约有30％以上的差异。要是企业的产品市场定位为一流产品的话，其定价就可以高于三流产品30％以上。

消费者对产品价格的预期也会影响他的购买行为。根据供求规律，一般价格上涨会抑制需求，而价格下跌会刺激需求。然而现实中往往出现相反的一种现象：价格越涨，购买者越多,价格越跌,购买者越少。这就是所谓的"买涨不买跌"。当产品价格上涨时,消费者可能会预期价格还会进一步上涨,于是争相购买;而当价格下跌时,消费者可能会预期价格还会继续下降,于是持币待购,期待价格再次降低后再购买。

消费者意识因素对企业产品定价有时也有着深刻的、甚至是决定性的影响。市场营销管理者有必要在制定价格时充分了解和掌握消费者对自己产品的购买心理和能接受的价格。

六、竞争因素

产品成本和市场需求分别决定了产品价格的最低临界点和最高临界点,而竞争对手的多少和竞争的强度对企业确定合适的价格也有着重要的影响。竞争越激烈,对价格的影响就越大,企业必须采取适当方式,了解竞争对手的价格和产品质量。企业定价时要与竞争产品比质比价,如果企业的产品与竞争对手的产品大体一样,则所定价格也应大体一致;如果企业的产品比竞争对手的产品质量要差些,则价格就应定得低一些;如果企业的产品比竞争对手的产品质量要高,则价格也可以定得较高。需指出的是,竞争对手也可能针对企业的产品价格而调整其价格,或虽不调整价格,但调整市场营销组合的其他变量,与企业争夺顾客。对此,企业要用动态的观点随时关注竞争对手的价格调整措施,并及时做出反应。

七、政策法规

由于价格是关系到国家、企业和个人三者之间的物质利益的大事,牵涉到各行各业和千家万户,与人们的物质生活息息相关,因此,国家在遵循价值规律的基础上,往往还通过制定物价工作方针和各项政策、法规,对价格进行管理,或利用税收、金融、海关等手段间接地控制价格。因而,国家有关的政策、法规对产品价格的形成也有着重要的影响。

第二节 定价的方法

企业了解和掌握某种产品定价的各种因素后,接下来的工作就是研究定价方法为产品制定一基本价格。如前所述,成本、需求和竞争是影响价格行为的三个最主要的因素,而企业在具体定价时,又往往侧重于其中的某一因素,这样就形成了成本导向定价法、需求导向定价法和竞争导向定价法。不同企业所采用的定价方法是不同的,就是在同一种定价方法中,不同企业选择的价格计算方法也有所不同,企业应根据自身的具体情况灵活选择,综合运用。

一、成本导向定价法

成本导向定价法是一种以成本为中心的定价方法,也是传统的、运用较普遍的定价方法。具体做法是:企业按照产品成本加上一定利润制定产品的销售价格。由于产品的成本形态不同以及在成本基础上核算利润的方法不同,成本导向定价法可分为以下几种具体形式。

1. 成本加成定价法

这种定价方法就是在单位产品成本的基础上,加上预期的利润额作为产品的销售价格。

售价与成本之间的差额即利润称为"加成"。其计算公式为:

单位产品价格＝单位产品成本×(1＋预期利润率)

【例 8-1】 某企业生产某种产品 1000 件,单位变动成本为 10 元,固定总成本为 20000 元,预期利润率为 20%。产品售价可计算如下。

固定总成本:20000 元
单位固定成本:20000÷1000＝20 元/件
单位变动成本:10 元/件
单位总成本:20＋10＝30 元
预期利润率:20%

$$产品售价＝30×(1＋20\%)＝36(元/件)$$

成本加成定价法的优点在于价格能补偿并满足利润的要求;计算简便,有利于核算;能协调交易双方的利益,保证双方基本利益的满足。其缺点是定价依据是个别成本而并非社会成本,忽视市场供求状况,难以适应复杂多变的竞争情况。因而,这种方法一般适用于经营状态和成本水平正常的企业,以及供求大体平衡,市场竞争比较缓和的产品。

2. 边际利润定价法

这种定价方法也称边际成本定价法,即仅计算边际成本,在边际成本的基础上加上预期的边际利润。边际成本是指增加一单位产品的生产所需要增加的成本,一般情况下和单位变动成本相当。边际利润是指企业增加一单位产品的销售,所获得的收入减去单位边际成本的数目,即:

$$边际贡献＝产品单价－单位边际成本$$
$$＝产品单价－单位变动成本$$

从上式可以推出单位产品价格的计算公式:

$$产品单价＝单位变动成本＋边际贡献$$

【例 8-2】 某企业的年固定成本消耗为 200000 元,每件产品的单位变动成本为 40 元,计划总贡献为 150000 元,当销售量预计可达 10000 件时,其价格为:

$$价格＝40＋(150000÷10000)＝55(元/件)$$

这种定价方法的优点:易于各产品之间合理分摊可变成本;采用这一方法定价可以很好地解决固定成本的分摊事先很难确定的难题;根据各种产品边际利润的大小安排企业的产品线,易于实现最佳产品组合。因此这种定价方法一般在市场竞争激烈时采用。

3. 收支平衡定价法

这是以盈亏平衡即企业总成本与销售收入保持平衡为原则制定价格的一种方法。其计算公式为:

$$价格＝\frac{总成本}{预期销售量}＝\frac{固定成本＋单位变动成本×预期销售量}{预期销售量}$$

【例 8-3】 某企业生产某产品的固定成本为 20000 元,单位变动成本为 10 元/件,预期销售量为 1000 件。

$$价格＝\frac{总成本}{预期销售量}＝\frac{20000＋10×1000}{1000}＝30(元/件)$$

这种定价方法比较简便，单位产品的平均成本即为其价格，且能保证总成本的实现，其侧重于保本经营。在市场不景气的条件下，保本经营总比停业的损失要小得多。企业只有在实际销售量超过预期销售量时，方可盈利。这种方法的关键在于准确预测产品销售量，否则制定出的价格不能保证收支平衡。因此，当市场供求波动较大时应慎用此法。

二、需求导向定价法

需求导向方法是企业依据消费者对商品的理解和需求强度来定价。

1. 理解价值定价法

所谓理解价值定价法，就是企业按照买主对价值的理解来制定价格，而不是根据企业生产商品的实际价值来定价。例如，曾经在市场上销售的一种营养补品，尽管市场售价每盒在100～200元，但购买者人数众多，且无人对此价格提出怀疑。因为消费者认为，此类商品都是采用各种名贵药材配制而成的，价格自然高。而实际上，构成商品的药材有一些是采用新技术人工培植的，其成本远低于销售价格。这就是根据消费者所理解和认可的价值来定价。

运用理解价值定价法，企业在具体执行过程中，一般有以下两种方法可供选择。

（1）直接价格法　即任意抽取一组消费者作为样本，要求被调查的消费者为产品确定能代表其价值的价格，然后将所有参与调查的消费者的定价进行平均，以最后的平均价格作为该产品的市场价格。

（2）理解价值评比法　即先运用直接价格法，要求被调查的消费者对欲定价产品以及在市场上销售的同类产品，在产品的质量、性能、服务等方面按照一定的标准进行比较，最后参照同类产品的价格定价。

显然，运用理解价值定价法的关键是做好市场调查，把自己的产品同竞争者的产品相比较，准确估计消费者对本产品的理解价值。如果定价高于消费者的理解价值，消费者就会转移到其他地方，企业销售额就会受到损失；定价低于消费者的理解价值，必然使销售额减少，企业也同样会受到损失。

2. 需求差异定价法

需求差异定价法。即根据需求方面的差异确定产品的价格，主要有以下五种情况。

（1）不同目标消费者采取不同价　如根据需求程度、新老客户、购买用途、消费心理、购买习惯等基础细分顾客，在不会引起顾客反感的情况下，不同的顾客群采取不同的价格。因为同一种商品对于不同消费者，其需求弹性不一样，有的对价格敏感，适当优惠，可使其产生或增加购买，有的则不敏感，可照价收款。

（2）不同式样和外观采取不同价　对不同样式和外观的同种产品，消费者的偏好程度不同，需求量也不同。因此，不同的定价，能吸引不同的消费者。例如糖果生产者把内容相同的糖果做成不同的颜色或是采用不同的颜色包装，其目的就是为了吸引不同年龄、性别的消费者。

（3）不同购买时间采取不同的价　如需求旺季的价格要明显地高出需求淡季的价格，生产旺季的价格要高出生产淡季的价格。在中国，春节前后很多食品的价格高于其他时间；航空公司为了保证满座，在旅游淡季纷纷降低机票价格。

（4）不同的地区采取不同价　例如，同样的产品在沿海和内地、城市和农村的，采取不同的售价，这在食品行业中是比较多见的。

（5）不同的交易平台采用不同价格　通常我们所指的交易平台是买卖双方沟通产品信息

的渠道。例如，传统意义上的商店、无店铺销售的直销员、电视购物中的产品介绍和网络时代的购物网站。因为不同的交易平台，销售费用、产品送达时间、满足顾客需求的程度及购后感受不同，采取不同价格可吸引更多的消费者购买。以一杯咖啡和一块苹果馅饼为例，同样的东西在不同的地点出售，价格就会不同，它在食品店的柜台为1.25美元，在家庭餐厅为2美元，在饭店的咖啡厅为3.50美元，送到旅客房间里为5美元，在更豪华的大饭店里为7美元。这是因为越后面的地点能使顾客感受到愈高的价值。

采用需求差异定价法具备的条件：①市场可以细分，而且不同的细分市场能反映出需求方面的差异；②细分市场不会增加开支，采用差别定价不会招致消费者的误解；③低价格细分市场的顾客没有机会将商品转卖给高价格细分市场顾客；④竞争者没有可能在企业以较高价格销售产品的市场上以低价竞争。

三、竞争导向定价法

竞争导向定价法是依据竞争者的价格为产品定价，使本企业产品的价格与竞争者制定的价格相似或保持一定距离。常见的方法主要有以下三种。

1. 现行市价法

它也叫随行就市法，即依据本行业通行的价格水平或平均价格水平制定价格的方法。它要求企业制定的产品价格与同类产品的平均价格保持一致。在有许多同行相互竞争的情况下，当企业生产的产品大致相似时（如钢铁、粮食等），如企业产品价格高于别人，会造成产品积压；价格低于别人又会损失应得的利润，并引起同行间竞相降价，两败俱伤。因此，在产品差异很小的行业，或者企业难以准确把握竞争对手和顾客反应的情况下，往往采取这种定价方法。

采用这种定价方法，其产品的成本与利润要受同行业平均成本的制约，所以，企业只有努力提高劳动生产率，降低成本，才能获得更多的利润。

2. 相关产品比价法

与现行市价法不同，相关产品比价法是一种主动定价方法，一般为实力雄厚或独具特色的企业所采用。定价时首先将市场上竞争产品价格与本企业估算价格进行比较，分为高于、低于和一致三个层次。其次将产品的性能、质量、成本、式样、产量与竞争企业进行比较，分析造成价格差异的原因。再次根据以上综合指标确定本企业产品的特色、优势及市场定位。在此基础上，按定价所要达到的目标确定产品价格。通常有以下三种情况。

① 当产品与标准产品相比，成本变化与质量变化大体相似时，可按成本变化，"按值论价"。

$$产品价格 = 标准品价格 \times (1 + 成本差率)$$

② 当产品与标准品相比，成本下降不多而质量下降较多时，则应执行"按质论价"原则，实行低质廉价。

$$产品价格 = 标准品价格 \times (1 + 质量差率)$$

③ 当产品与标准品相比，成本上升不多而质量有较大提高时，可根据"按质论价，优质优价"原则，结合考虑供求关系，在下列区域中定价。

$$标准品价格 \times (1 + 成本差率) \leqslant 产品价格 \leqslant 标准品价格 \times (1 + 质量差率)$$

3. 竞争投标定价法

一般是指在商品和劳务的交易中，采用招标、投标方式，由一个买主对多个卖主的出价择优成交的一种定价方法。此定价法主要在基本建设、工程安装项目以及政府采购时采用。竞争投标定价法主要有如下步骤。

（1）招标　招标是由招标者发出公告，征集投标者的活动。在招标阶段，招标者要完成下列工作。

① 制定招标书。招标书也称招标文书，是招标人对招标项目成交所提出的全部约束条件。包括：招标项目名称、数量；质量要求与工期；开标方式与期限；合同条款与格式等。

② 确定底标。底标是招标者自行测标的愿意成交的限额，它是评价是否中标的极为重要的依据。底标一般有两种：一为明标，它是招标者事先公布的底标，供投标者报价时参考；二是暗标，它是招标者在公证人监督下密封保存，开标时方可当众启封的底标。

（2）投标　由投标者根据招标书规定提出具有竞争性报价的标书送交招标者，标书一经递送就要承担中标后应尽的职责。在投标中，报价、中标、预期利润三者之间有一定的联系。一般来讲，报价高，利润大，但中标概率低；报价低，预期利润小，但中标概率高。所以，报价既要考虑企业的目标利润，也要结合竞争状况考虑中标概率。

（3）开标　招标者在规定时间内召集所有投标者，将报价信函当场启封，选择其中最有利的一家或几家中标者进行交易，并签订合同。

第三节　企业定价策略

制定价格不仅是一门科学，而且需要一套策略和技巧。定价方法侧重于产品的基础价格，定价技巧和策略侧重于根据市场的具体情况，从定价目标出发，运用价格手段，使其适应市场的不同情况，实现企业的营销目标。

一、折扣定价策略

这是指一种在交易过程中，利用各种折扣来刺激中间商和消费者，以此来争取更多顾客的价格策略。

1. 现金折扣

也称付款期限折扣，即对按约定日期提前付款或按期付款的顾客给予一定的折扣优惠。目的是鼓励买方提前付款，以尽快收回贷款，加速资金周转。如美国许多企业规定提前10天付款者，给予2%折扣；提前20天付款者，给予3%折扣。

2. 数量折扣

是指卖方为了鼓励买方大量购买，或集中购买其产品，根据购买者所购商品的数量多少，给予一定的折扣。

（1）累计数量折扣　即规定在一定时期内，购买总数超过一定数额时，按总量给予一定的折扣。如一食品零售商在一年中累计进货超过1000件，每次购货时按基本价格结算收款，到年终，营销企业按全部价款的5%返还给该客户。采用这种策略利于鼓励顾客集中向一个企业多次进货，从而使其成为企业的长期客户。

（2）非累计数量折扣　即规定顾客每次购买达到一定数量或购买多种产品达到一定的金额所给予的价格折扣。如根据每次交易的成交量，按不同的价格折扣销售，购买100件以上按基本价格的95%收款，购买500件以上按90%收款，购买1000件以上按80%收款。采用这种策略能刺激顾客大量购买，增加盈利，同时减少交易次数与时间，节约人力、物力等开支。

3. 业务折扣

也称功能性折扣，即厂商根据各类中间商在市场营销中所担负的不同职能，给予不同的价格折扣。如给批发商的折扣较大，给予零售商折扣较小，使批发商乐于大批进货，并有可能进行批转业务。使用业务折扣有利于调动各类中间商经销本企业产品的积极性，充分发挥各自组织市场营销活动的能力。

二、心理定价策略

这是运用心理学原理，根据不同类型的顾客购买商品的心理动机来制定价格，引导消费者购买的价格策略。

1. 尾数定价策略

也称非整数定价策略，即给产品定一个以零头数结尾，特别是以奇数结尾的价格。消费者一般认为整数定价是概括性定价、定价不准确，而尾数定价可使消费者产生减少一位数的看法，产生这是经过精确计算的最低价格的心理。同时，消费者会觉得企业定价认真，一丝不苟，甚至连一些高价商品看起来也不太贵了。

根据消费心理学家的调查发现，价格尾数的微小差别，能够明显影响消费者的购买行为。一般认为，五元以下的商品，末位数为9最受欢迎；五元以上的商品末位数为95效果最佳；百元以上的商品，末位数为98、99最为畅销。当然，尾数定价策略对那些名牌商店，名牌优质产品就不一定适宜。

2. 整数定价策略

在现实生活中，同类商品生产者众多，许多交易中消费者只能利用价格辨别商品的质量，特别是对一些名店、名牌商品或消费者不太了解的产品，整数价格反而会提高商品的"身价"，使消费者有一种"一分钱、一分货"的心理，能给人一种方便、简洁的印象，从而利于商品的销售。

3. 声望定价策略

即针对消费者"价高质必优"的心理，对在消费者心目中有信誉的产品制定较高价格。价格档次常被当作商品质量最直观的反映，特别是消费者识别名优产品时，这种心理意识尤为强烈。因此，高价与性能优良，独具特色的名牌产品比较协调，更易显示产品特色，增强产品吸引力，产生扩大销售的积极效果。当然，运用这种策略必须慎重，绝不是一般商品可采用的。

4. 促销定价策略

商品定价低于一般市价，消费者总是感兴趣的，这是一种"求廉"心理。有的企业就利用消费者这种心理，有意把几种商品的价格定得很低，以此吸引顾客上门，借机扩大连带销售，打开销路。

采用这种策略，光从几种"特价品"的销售看企业不赚钱，甚至亏本，但从企业总的经济效益看还是有利的。

5. 安全定价策略

消费者在决定购买大件消费品时，不仅注重价格高低，而且更注重能否长期安全使用。不少品种尽管价格不贵，消费者仍担心质量是否可靠、安装和维修是否方便、易耗件能否保证供应、托运过程中会不会损坏等问题。倘若企业加强售后服务，实行免费送货、安装、定期上门维修、免费赠送易损耗备件等措施,因提高了消费者对商品的安全感,从而大大促进销售。

6. 组合定价策略

即把相关产品进行搭配销售定价的策略。一般有以下两种方法。

(1) 分级定价策略　　即把企业的产品分成几个价格档次,而不是提供过多价格种类的策略。例如,食品厂可以把自己的产品按大众型,折中型,时髦型划分定价。这种明显的等级,便于满足不同的消费需要,还能简化企业的计划、订货、会计、库存、推销工作。关键是分级要符合目标市场的需要,级差不能过大或过小,否则都起不到应有的效果。

(2) 配套定价策略　　即把有关的多种产品,搭配好后,一起卖出。如多件食品的组合、礼品组合、化妆品组合等。成套的定价,多种产品有赔有赚,但总体上保证企业赢利,而且使消费者感到比单价购买便宜、方便,从而促进销售。

案例与启示

汕头罐头厂生产橘子罐头,剩下的橘子皮九分钱一斤送往药品收购站销售依然困难,他们思考难道橘子只能入中药做成陈皮才有用?经研究他们开发出"珍珠陈皮"可做小食品,具有养颜、保持身体苗条功能。以何种价格出售这一产品?经市场调查他们发现妇女、儿童尤其喜欢吃零食,在此方面不吝花钱,但惧怕吃零食导致肥胖,而珍珠陈皮正好可解其后顾之忧,且市场上尚无同类产品。于是他们果断决定每15克袋装售价1元,合33元一斤,投放市场后,该产品销售火爆。

资料来源:无状商务网,更新时间:2006-2-21。

【案例思考】

该企业采用何种定价策略?为何采用这种定价策略?若低价销售是否获得与高价同样多甚至更多的利润?

三、新产品定价策略

企业新产品能否在市场上站住脚,并给企业带来预期效益,定价因素起着十分重要的作用,因此必须研究新产品的价格策略。

1. 撇脂价格策略

这是一种高价格策略,即在新产品上市初始,价格定得高,以便在较短时间内获得最大利润。这种价格策略因与从牛奶中撇取油脂相似而得名,由此制定的价格称为撇脂价格。

撇脂价格策略不仅能在短期内取得较大利润,而且可以在竞争加剧时采取降价手段,这样一方面可以限制竞争者的加入,另一方面也符合消费者对待价格由高到低的心理。但是使用此法由于价格大大高于产品价值,当新产品尚未在消费者心目中建立声誉时,不利于打开市场,有时甚至无人问津。同时,如果高价投放形成旺销,很易引起众多竞争者涌入,从而造成价格急降,使经营者好景不长而被迫停产。

因此作为一种短期的价格策略,撇脂价格策略适用于具有独特的技术,不易仿制,有专利保护,生产能力不太可能迅速扩大等特点的新产品,同时市场上要存在高消费或时尚性需求。

2. 渗透价格策略

这是一种低价格策略，即在新产品投入市场时，以较低的价格吸引消费者，从而很快打开市场。这种价格策略就像倒入泥土的水一样，从缝隙里很快渗透到底，由此而制定的价格叫渗透价格。

渗透价格策略由于价格较低，一方面能迅速打开产品销路，扩大销售量，从多销中增加利润；另一方面能阻止竞争对手介入，有利于控制市场。不足之处是投资回收期较长，如果产品不能迅速打开市场，或遇到强有力的竞争对手时，会给企业造成重大损失。

因此作为一种长期价格策略，一般说渗透价格策略适用于能尽快大批量生产，特点不突出，易仿制，技术简单的新产品。

3. 满意价格策略

这是一种折中价格策略，它吸取上述两种定价策略的长处，采取比撇脂价格低，比渗透价格高的适中价格。既能保证企业获得一定的初期利润，又能为消费者所接受。由此而制定的价格称为满意价格，也称为"温和价格"或"君子价格"。

四、相关产品定价策略

相关产品具有销售上的相互联系性，生产经营多种产品的企业就可能利用这种联系性制定价格。

1. 替代产品价格策略

替代产品是指基本用途相同的产品。替代产品价格策略即指营销企业有意识地安排本企业消费替代性产品间的价格比例，用以实现某种营销目标。

具有替代关系的产品，降低一种产品的价格，不仅会使该产品的销售量增加，而且会同时降低替代产品的销售量。例如，一个企业生产不同型号的汽车，不同型号的电冰箱、不同型号的照相机就属这种情况。企业可以利用这种效应调整产品结构。如企业为了把需求转移到某些产品上去，它可以提高那些准备淘汰的产品价格，或者用相对价格诱导需求，以牺牲某一品种，稳定和发展另一些品种；企业也可以利用这种效应，提高某一知名产品的价格，突出它的豪华、高档、创造一种声望，从而利用其在消费者心目中的良好形象而增加其他型号产品的销售量。

2. 互补产品价格策略

互补产品是指需要配套使用的产品。互补产品价格策略即指利用价格对消费连带品市场需求的调节、诱导功能，运用一定的定价策略，使营销目标的实现由一个"点"扩展到一个"面"。

具有互补关系的产品很多，如在餐饮业中的主食品、菜肴、饮料、酒类和服务，旅游活动中的食、宿、观光、购物等。在互补关系中，一般存在起主导作用的内容，在旅游活动中，观光是主要目的，食、宿、购物是辅助消费项目。互补产品价格策略就是降低连带消费关系中起主导作用的产品或服务项目的价格，来促进系列产品的销售。在一般情况下，可有意识地将价值大、使用寿命长、购买频率低的主产品价格定得低廉些，而对与之配套使用的价值小、购买频率高的易耗品价格适当定高些，以此来求得长远和整体利益。例如，在餐饮业中，服务不计价格，主食品价格较低，菜肴价格适中，而饮料、酒类的利润率较高。

综上所述，市场上具体的营销价格是变化多端的，最易使人"捉摸不定"，企业必须十分重视价格手段的应用。但也应该指出，企业在制定价格时要注意与其他非价格竞争手段的协调配合。单纯的价格竞争,可能引发企业间的价格战,使企业形象受损。而且对于现实中市场营销活动来说,价格本身也仅是吸引顾客的因素之一,过分夸大价格的作用也是片面的。

> **案例与启示**
>
> 　　1989年夏季,由美国可口可乐公司与杭州茶厂合资组建的中华食品公司开始灌装供应"雪碧",把许多国产饮料挤出了市场,甚至一些"正宗进口"的洋饮料也甘拜下风。是什么原因使"雪碧"获得这样的成功?
>
> 　　为了占领杭州饮料市场,中华公司采取了多种策略,包括产品策略、分销策略、广告促销策略等,其中价格策略的成功,是"雪碧"成功的不可忽视的重要因素。针对大众消费水平"雪碧"价格确定为0.65元/瓶,介于国产普通汽水和进口易拉罐之间。当时,国产汽水每瓶0.45元,但口味不及"雪碧";进口饮料如"粒粒橙"每罐3.4元,不是一般人所能问津的。价格适中,切合大众消费需求的0.65元一瓶就能一炮打响。
>
> 　　同时,中华公司给予各个销售点较高的销售利润,即让一部分利润给零售商。在杭州各销售点每销一瓶"雪碧"可得利0.12元,而普通国产汽水每瓶的销售毛利只有0.07元,故各零售点均愿销售"雪碧"。同时,尽管"粒粒橙"的销售毛利更大,但是问津者毕竟少,在销量上远不敌"雪碧",经销它们易造成积压,阻碍流动。
>
> 　　资料来源:中国营销传播网,2003-09-11。

第四节　价格调整策略

　　在生产和经营过程中,企业和竞争者都会面对不断变化的环境而调整产品的价格,并可能由此引发一系列的价格竞争。企业应该在什么时候调整产品价格,是提价还是降价,顾客和竞争对手将会做出什么反映,对竞争对手的调价应采取什么对策等,都是企业必须要考虑的问题。

一、价格调整的原因

　　企业对原定价格进行调整可分为两种情形,一是调高价格,二是降低价格。对价格进行调整的必要性源于企业经营内外部环境的不断变化。

　　1. 提价的原因

　　具体地说,企业往往在下述一种或几种情形同时出现时需要提高现有价格。

　　① 由于通货膨胀、物价上涨,导致成本费用提高。在价格一定的情况下,成本上升将直接导致利润的下降。因此,在整个社会发生通货膨胀或生产产品的原材料成本大幅度上升的情况下,抬高价格就是保持利润水平的重要手段。

　　② 企业的产品供不应求,不能满足其所有的顾客的需要。这时对于某些产品可以通过提价或取消价格折扣来相对遏制需求。这种措施同时也可为企业获取比较高的利润,为以后的发展创造一定的条件。

　　③ 创造优质优价的名牌效应。为了企业的产品或服务与市场上同类产品或服务拉开差

距,作为一种价格策略,可以利用提价营造名牌形象。充分利用顾客"一分价钱、一分货"的心理,使其产生高价优质的心理定势。创造优质效应,从而提高企业及产品的知名度和美誉度。

2. 降价的原因

在现代市场经济条件下,企业削价的主要原因如下。

① 企业生产能力过剩。当企业生产能力过剩,同时又不能通过产品改进和加强销售工作等来扩大销售,为了扩大销售,企业就必须考虑削价。

② 市场需求不振。在宏观经济不景气或行业性需求不旺时,价格下调是许多企业借以渡过难关的重要手段。比如,当企业的产品销售不畅,而又需要筹集资金进行某项新产品开发时,可以通过对一些需求价格弹性大的产品予以大幅度降价,从而增加销售额以满足企业回笼资金的目的。

③ 调低价格以保持或扩大市场份额。在强大竞争者的压力之下,企业的市场占有率有所下降,或有下降的趋势,对于某些仍存在较大生产能力的企业,调低价格可以刺激需求,进而扩大产销量,降低成本水平的企业,价格下调更是一种较为理想的选择。

④ 企业的成本费用比竞争者低,企业可以利用成本优势,通过削价来掌握市场或提高市场占有率,从而扩大生产和销售量,进一步降低成本费用。

⑤ 应付来自竞争者的价格竞争压力。在绝大多数情况下,反击直接竞争者价格竞争见效最快的手段就是"反价格战",即制定比竞争者的价格更有竞争力的价格。

⑥ 根据产品寿命周期阶段的变化进行调整。这种做法也被称为阶段价格策略。在从产品进入市场到被市场所淘汰的整个寿命周期过程中的不同阶段,产品生产和销售的成本不同,消费者对产品的接受程度不同,市场竞争状况也有很大不同。阶段价格策略强调根据寿命周期阶段特征的不同,及时调整价格。例如,相对于产品导入期时较高的价格,在其进入成长期后期和成熟期后,市场竞争不断加剧,生产成本也有所下降,下调价格可以吸引更多的消费者、大幅度增进销售,从而在价格和生产规模之间形成良性循环,为企业获取更多的市场份额奠定基础。

二、价格调整中的顾客反应

无论是降价还是提价,企业必须考虑顾客会有什么反应。衡量定价成功与否最重要的标志是消费者将如何理解价格调整行为;企业所确定的价格能否为消费者所接受。企业打算向顾客让利的降价行为可能被理解为产品销售状况欠佳、企业面临经济上的困难等,一个动机良好的价格调整行为就可能产生十分不利的调整结果。因此,企业在进行调整前,必须慎重研究顾客对调整行为可能的反应,并在进行调整的同时,要加强与顾客沟通,给顾客一个合适的涨价或削价的理由。

1. 顾客对企业提价行为的反应

① 这种产品很畅销,不赶快买就买不到了。

② 这种产品很有价值。

③ 普遍都在提价,这种产品提价很正常。

④ 企业想赚取更多的利润。

2. 顾客对企业降价行为的反应

① 这种产品过时了,很快会被新的产品所替代。

② 产品的质量下降了，或是产品有缺点，销路不畅。
③ 企业财务有困难，难以经营下去。
④ 价格还会进一步下跌。

三、价格调整的竞争反应

企业在主动变价时，不仅要考虑顾客的反应，而且还必须考虑竞争者的反应。在竞争者的策略不会作任何调整的情况下，企业降低价格就可能起到扩大市场份额的效果；而若在企业降低价格的同时，竞争者也降低价格，甚至以更大的幅度降低价格，企业降价的效果就会被抵消，销售和利润状况甚至不如调整前。同样，在企业调高价格后，如果竞争者并不提高价格，则对企业来说，如果其他营销组合策略跟不上，可能会失去一部分市场。因此企业在实施价格调整行为前，必须分析竞争者的数量、可能采取的措施，及其反应的剧烈程度。

1. 竞争者对价格调整的反应

企业面对的竞争者往往不止一家，彼此不同的竞争优势，会导致不同的反应。比如，如果竞争对手认为其实力强于本企业，并认定本企业的价格调整目的是争夺市场份额的情况下，必然会立即做出针锋相对的反应；反之则不反应，或采取间接的反应方式。一般而言，面临企业的降价行为，竞争对手的反应可能会有以下情况。

① 如果降价会损失大量利润，竞争者可能不会跟随降价。
② 如果竞争者的反应强烈，其一定会跟随降价，甚至有更大的降价幅度。
③ 如果竞争者必须降低其生产成本才能参与竞争的话，则可能要经过一段时间才会降价。
④ 如果竞争者降价导致其同类产品中不同档次产品间发生利益冲突的话，就不一定会跟随降价。

2. 企业对竞争者价格调整的反应

当竞争者主动变动价格时，企业必须做出及时、正确的反应，以迎接竞争者变价的挑战。为了保证企业做出正确反应，企业应该了解：竞争者进行价格调整的目的是什么？这种变价行为是长期的还是暂时的？如果不理会竞争者的价格调整行为，市场占有率会发生什么变化？如果做出相应的变价行为，对本企业存在什么影响？竞争者和其他企业又会有什么反应？如何对价格竞争做出正确、及时的反应，是企业价格策略中的重要内容。

① 在同质产品市场上，如果竞争对手降价，企业也必须随之降价，否则顾客就会购买竞争对手的产品，而不购买本企业的产品；如果某一个企业提价，且提价使整个行业有利，则其他企业也可能会随之提价，但是如果有一个企业不提价，那么最先发动提价的企业和其他企业也不得不取消提价。

② 在异质产品市场上，企业对竞争者价格变动的反应有更多的选择余地。因此，在这种市场上，顾客选择产品时不仅要考虑产品价格的高低，而且还要考虑产品的质量、性能、款式、服务等多方面因素。因此，在这种产品市场上，顾客对于较小的价格差异往往并不在意。

事实上，竞争者往往是花了大量时间来准备调价，企业面对竞争者的调价，不可能有很多时间来分析应采取的对策，而必须在数小时或几天内明确果断地做出适当的反应。缩短价格反应决策时间的唯一途径是：预料竞争者的可能价格变动，并预先准备适当的对策。

本章小结

产品定价是企业营销组合策略的一个重要内容，这从近几年一浪又一浪的价格战中就可以看出企业、消费者对它的重视和关注。

在市场经济条件下，大部分产品的价格已经放开，但是定价并不是一项随意的工作，它必须考虑定价目标、成本、其他营销组合策略、消费者意识、市场需求、竞争、政策法规等因素的影响。实际上，定价是这些因素共同作用的结果。

定价有三种基本方法：成本导向定价、需求导向定价和竞争导向定价。不同企业应视具体情况确定采取适合自身发展的方法和策略。

定价是一门科学，定价需要一定的策略和技巧，即从定价目标出发，运用价格手段实现营销目标。

企业定价面对的是复杂多变的环境，因此必须要在采用某种方法确定出基本价格的基础上，根据目标市场状况和定价环境的变化，采用适当的策略，保持价格与环境的适应性。

思考与练习

一、填空

(1) 某食品公司在推出新产品时往往把价格尽可能定高，以后随着销量和产量的扩大，再逐步降价，这家公司采用的是_____价格策略。

(2) 边际利润定价法的计算公式是：产品单价＝_____

(3) 某饭店不单独出租客房，而且将客房、膳食和娱乐一并收费，这就叫_____定价。

(4) 生产厂家给予批发企业和零售企业的折扣叫做_____。

(5) 两种（或以上）功能互相依赖、需要配套使用的商品叫做_____。

二、单项选择题

(1) 理解价值定价法运用的关键是（ ）
 A. 确定适当的目标利润　　　B. 准确了解竞争者的价格
 C. 正确计算产品的单位成本　D. 找到比较准确的理解价值

(2) Intel 公司是美国占支配地位的计算机芯片制造商，当他们推出一种新产品时，定价总是比同类产品的定价低，在销售第一年他们可能获利很小，但他们很快就把产品打入了市场，第二、三年便会大量销售产品而获利。他们采用的是（ ）策略。
 A. 撇脂价格　B. 渗透价格　C. 弹性价格　D. 理解价值

(3) 在赊销的情况下，卖方为了鼓励买方提前付款，按原价给予一定的折扣，这就是（ ）。
 A. 业务折扣　B. 现金折扣　C. 季节折扣　D. 数量折扣

(4) 以下属于需求导向定价法的有（ ）。
 A. 成本加成定价法　B. 理解价值定价法　C. 随行就市定价法　D. 竞争投标定价法

三、多项选择题

(1) 下列缺乏需求价格弹性的商品是（ ）
 A. 组合音响　B. 粮食　C. 火柴　D. 冰箱　E. 食盐

(2) 以下哪种价格形式属于需求差异定价（ ）

A. 公园门票对某些社会成员给予优惠
B. 在节假日或换季时机举行的"大甩卖"、"酬宾大减价"等活动
C. 对不同花色、不同款式的商品所定的不同价格
D. 对大量购买的顾客给予的优惠
E. 剧院里不同位置的座位的票价不同

四、判断正误并说明理由

(1) 同行业中实力最强、影响最大的企业的单位产品定价 15 元，本企业根据具体情况将本商品的单位定价定在 14~14.9 元，这种定价法是随行就市定价法。（　　）

(2) 顾客对产品价值的理解，主要是由产品成本决定的。（　　）

(3) 按整数定价策略，9950 元的皮毛大衣，定价应为 10000 元。（　　）

五、计算题

某企业每月生产某种食品 10000 个，总成本为 130000 元，单位产品成本为 13 元，当产量翻一番时，总成本为 220000 元，计算增加的 10000 个产品的边际成本。

六、结合实际回答以下问题

1. 结合自己实际情况，谈谈企业定价影响因素中的消费者心理因素。
2. 请分析乳品企业在确定其液态奶的出厂价格时要考虑哪些因素？
3. 解释竞争导向定价法、理解价值定价法。
4. 简述撇脂定价策略和渗透定价策略各自适用于什么情况？
5. 观察你熟悉的一种消费品，分析它的定价策略及特点。

七、案例分析

案例分析 8-1

莲花集团：低价营销

莲花集团创建于 1980 年。在建厂初期，根据国情厂情，实施了"薄利多销"营销策略，莲花集团在激烈的市场竞争中异军突起，综合经济技术指标由全国同行业第 77 位跃居第一。1988 年、1989 年，面对全国性的"涨价风"，依然实施"不涨价策略"，极大地提高了市场覆盖率、产品知名度和企业知名度，在消费者心目中树立了良好的企业形象。1991 年开始生产味精。1992 年以来，抓住改革开放的大好机遇，实施了"内引外联、八方辐射，以开放战略推动企业腾飞"的对外合资决策，先后与日本、美国、英国等国外商合资，兴办了 6 个合资公司，莲花集团成为中国最大的味精生产基地与出口基地，从而形成规模效益，在国际味精行业名列前茅，为地方经济的振兴和民族食品工业的发展做出了突出贡献。莲花集团之所以能取得如此成果，关键在于低价营销策略，适应了中国消费者的需要。而低价营销策略能够得以贯彻始终，则以低成本扩张战略为其后盾。

一、从大规模生产经营中取得成本优势

味精是产品差别化程度较小、适于大批量生产的产品，能否做到规模经营，对单位产品的成本影响极大。莲花集团深明这一道理，一开始就非常重视规模经济效益的提高，具体体现在以下几个方面：①基本装置都在合理规模以上。味精生产使用连续流动的装置，装置的基本规模对效率影响很大。初上味精项目时，企业的资金非常困难，但所上的浸泡罐和结晶罐等装置都在基本规模要求之上，使得规模经营有基本的技术保证。②通过建设多套装置，获得公用装置资源和管理上的规模经济效益。莲花集团刚生产味精时，生产能力只有 2000 吨，以后连续上了几套系统，目前已形成 5 万吨的生产能力。这就大大降低了单位生产能力

分摊的公共系统费用以及管理费用,同时也有助于减少单套装置操作失误可能带来的损失。③通过大规模销售获得经营过程的规模经济效益。目前,莲花集团在全国有64个分公司,8个分装厂,650个二级经销商,8000多个销售点。通过大规模销售,不仅实现了单个装置的规模效益,而且获得了多套装置的复合的规模效益,同时也为今后进一步的规模扩张奠定了坚实基础。

二、从资本经营中获得综合成本优势

莲花集团从1991年就开始走上资本经营的道路,先后兼并全国15家企业,其中国有中型企业10家。通过兼并,盘活资产3.4亿元,安排下岗职工3700人重新就业,引起国家有关部门、研究机构以及各类新闻媒体的广泛关注。除了社会效益外,资本经营给莲花集团带来的成本优势也是非常明显的。主要表现如下。

① 节约了投资。莲花集团有5万吨生产能力,各联营企业有约4万吨生产能力。如果莲花集团依靠对内投资来扩张4万吨生产能力,大约需要投资3.2亿元;而莲花集团依靠资本经营,实现了同样目标,但仅仅投资2600万元左右。资本经营的效益在此可略见一斑。

② 降低了产品制造成本。莲花集团在选择兼并对象时,一个重要的考虑就是利用各地的资源优势,以此来降低产品的制造成本。例如,莲花集团选择兼并呼和浩特味精厂,就是利用当地的玉米、水、电、煤的价格便宜这些因素,结果扣除运费,每吨味精的成本要比总厂低10%还要多。

③ 降低了销售费用。由于莲花集团对各个联营企业生产的味精实行统一销售,大大降低了单位产品所分摊的销售费用。

④ 无形资产得以变现。目前莲花集团的无形资产价值已达18.8亿元,这个巨额数字若不能变现,评估值再大也只有宣传作用,不会带来直接利益。而莲花集团以无形资产投资入股各个联营企业,则充分发挥了无形资产的作用。

三、从日常经营管理中获得成本优势

莲花集团管理层认为,莲花集团能从一个8万元的小淀粉厂发展成总资产达23亿元的大型企业集团,靠的就是奉献拼搏、艰苦奋斗的精神。而奉献拼搏、艰苦奋斗与公司的成本优势战略是不可分割的统一体。集团的非生产性开支一压再压,虽然已是大企业,职工宿舍也建起来了,但集团公司的管理层现在仍然在一座普普通通的旧办公楼里办公,谁也没有专用小车。公司固定资产投资中只有7%用于非生产性设施,而目前绝大多数企业的这一比例为30%左右。此外集团公司将节约思想贯彻到项目选择和工艺设计、现场操作及管理制度等各个环节,如为降低投资成本,莲花集团设计出大棚式发酵车间,投资仅为一般车间的1/10,建了5个发酵车间,节约投资600万元。结果是莲花集团生产性固定资产投资中,设备占到95%,而一般情况下最多为80%。正是这无数点点滴滴的节约,才使公司的成本最低点战略得以变成现实。

案例改编自:曹刚,李桂陵,王德发. 国内外市场营销案例集. 武汉大学出版社,2002.

【案例思考】

1. 莲花集团从规模、资本经营等方面寻求成本的降低,其依据何在?
2. 莲花集团面对全国性的"涨价风"是如何做到低价营销的?这对提高市场占有率产生什么影响?

第九章 食品营销渠道

★ 学习目标与要求

1. 掌握分销渠道的类型
2. 直接渠道和间接渠道的优缺点
3. 掌握影响分销渠道选择的因素
4. 了解对分销渠道的管理

★ 基本概念

分销渠道　直接渠道　间接分销渠道　长渠道　短渠道　宽渠道　窄渠道　中间商　客户关系管理

分销渠道是市场营销组合策略中的四个基本要素之一，如果产品是企业的立身之基，分销渠道网络则是企业的生存之本。建立一个有效的分销渠道网络，是企业在激烈的市场竞争中脱颖而出，并持续、稳定发展的关键因素之一。研究分销渠道策略的目的在于：企业如何通过销售网络建设与管理，采取有效的渠道竞争策略，把商品适时、适地、方便、经济地提供给消费者，实现企业的经营目标。

第一节　分销渠道概述

分销渠道是指食品和劳务从生产者向消费者转移时取得这种货物和劳务的所有权或帮助转移其所有权的所有企业和个人。生产企业和消费者分别处于分销渠道的两个端点，作为商品的提供者和接收者。

一、分销渠道的功能与分销流程

1. 分销渠道的功能

分销渠道对产品从生产者转移到消费者所必须完成的工作加以组织，其目的在于消除产品（或服务）与使用者之间的差距。市场营销渠道的主要职能有如下几种。

① 研究。即收集制定计划和进行交换时所必需的信息。
② 促销。即进行关于所供应的货物的说服性沟通。
③ 接洽。即寻找可能的购买者并与其进行沟通。
④ 配合。即使所供应的货物符合购买者需要，包括制造、评分、装配、包装等活动。
⑤ 谈判。即为了转移所供货物的所有权，而就其价格及有关条件达成最后协议。
⑥ 实体分销。即从事商品的运输、储存、融资。
⑦ 融资。即为补偿渠道工作的成本费用而对资金的取得与支用。

⑧ 风险承担。即承担与从事渠道工作有关的全部风险。

2. 分销流程

把商品从生产厂家转移到消费者手上，能够同时满足生产厂家、消费者以及中间商的需要。为了使这一转移过程能够有效完成，在销售渠道中，通常有五大流程发生，即实体流程、所有权流程、付款流程、信息流程及促销流程。

（1）实体流程（如图 9-1 所示）

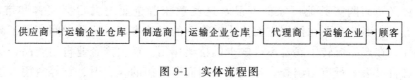

图 9-1　实体流程图

（2）所有权流程（如图 9-2 所示）

图 9-2　所有权流程图

（3）付款流程（如图 9-3 所示）

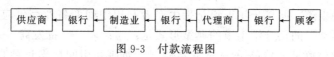

图 9-3　付款流程图

（4）信息流程（如图 9-4 所示）

图 9-4　信息流程图

（5）促销流程（如图 9-5 所示）

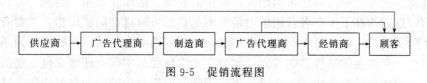

图 9-5　促销流程图

二、分销渠道类型

1. 根据分销渠道中是否有中间商，可分为直接渠道和间接渠道

（1）直接渠道　指生产企业不通过中间商环节，直接将产品销售给消费者。直接渠道是工业品分销的主要类型。

直接分销渠道的优点：①有利于产、需双方沟通信息，可以按需生产，更好地满足目标顾客的需要。由于是面对面的销售，用户可更好地掌握产品的性能、特点和使用方法；生产者能直接了解用户的需求、购买等特点及其变化趋势，进而了解竞争对手的优势和劣势及其营销环境的变化，为按需生产创造了条件。②可以降低产品在流通过程中的损耗。由于去掉了产品流转的中间环节，减少了销售损失，能加快产品的流转。③可以使购销双方在营销方式上相对稳定。一般来说，按直销渠道进行商品交换，交换的数量、时间、价格、质量、服务等都按合同规定履行，购销双方的关系以法律的形式于一定时期内固定下来，使双方把精力用于其他方面的战略性谋划。④可以在销售过程中直接进行促销。企业直接分销，可以针对最终客户开展促销活动。

直接分销渠道的缺点：①目标顾客方面。对于绝大多数生活资料产品，其购买呈小型化、多样化和重复性。生产者仅凭自己的力量去广设销售网点，往往力不从心，甚至事与愿违，很难使产品在短期内广泛分销，很难迅速占领或巩固市场，企业目标顾客的需要得不到及时满足，势必转而购买其他厂家的产品，这就意味着企业失去目标顾客和市场占有率。②协作伙伴方面。商业企业在销售方面比生产企业的经验丰富，这些中间商最了解顾客的需求和购买习性，在产品流转中起着不可缺少的桥梁作用。而生产企业自销产品，就拆除了这一桥梁，势必自己去进行市场调查，包揽了中间商所承担的人、财、物等费用。这样，加重生产者的工作负荷，分散生产者的精力。更重要的是，生产者将失去中间商在销售方面的协作，产品价值的实现增加了新的困难，目标顾客的需求难以得到及时满足。③生产者与生产者之间。当生产者仅以直接分销渠道销售产品，致使目标顾客的需求得不到及时满足时，同行生产者就可能趁势而进入目标市场，夺走目标顾客和商业协作伙伴。在生产性团体市场中，企业的目标顾客常常是购买本企业产品的生产性用户，他们又往往是本企业专业化协作的伙伴。

(2) 间接分销渠道　间接分销渠道是指生产者利用中间商将商品供应给消费者或用户，中间商介入交换活动。间接分销渠道的典型形式是：生产者——批发商——零售商——最终使用者。间接分销渠道是消费品分销的主要类型。如何利用间接渠道使自己的产品广泛分销，已成为现代企业进行市场营销时所研究的重要课题之一。

间接分销渠道的优点：①有助于产品广泛分销。中间商在产品流转的起点同生产者相连，在其终点与消费者相连，从而有利于调节生产与消费在品种、数量、时间与空间等方面的矛盾。既有利于满足目标顾客的需求，也有利于企业产品价值的实现，更能使产品广泛的分销，巩固已有的目标市场，扩大新的市场。②缓解生产者人、财、物等力量的不足。中间商购买了生产者的产品并交付了款项，就使生产者提前实现了产品的价值，开始新的资金循环和生产过程。此外，中间商还承担销售过程中的仓储、运输等费用，也承担着其他方面的人力和物力，这就弥补了生产者营销中力量的不足。③可以进行间接促销。消费者往往是货比数家后才购买产品，而一位中间商通常经销众多厂家的同类产品，中间商对同类产品的不同介绍和宣传，对产品的销售影响甚大。此外，实力较强的中间商还能支付一定的宣传广告费用，具有一定的售后服务能力。所以，生产者若能取得与中间商的良好协作，就可以促进产品的销售，并从中间商那里及时获取市场信息。④有利于企业之间的专业化协作。现代机器大工业生产的日益社会化和科学技术的突飞猛进，使专业化分工日益精细，企业只有广泛地进行专业化协作，才能更好地迎接新技术、新材料的挑战，才能经受住市场的严峻考验，才能大批量、高效率地进行生产。间接分销渠道的缺点：①可能形成"需求滞后差"。中间商购走了产品，并不意味着产品就从中间商手中销售出去了，有可能销售受阻。②可能加重消费者的负担，导致抵触情绪。③不便于直接沟通信息。

2. 根据分销渠道中经过中间环节的多少，可分为长渠道和短渠道

分销渠道的长短一般是按通过流通环节的多少来划分，具体包括以下四层。

(1) 零级渠道　制造商——消费者。

(2) 一级渠道　制造商——零售商——消费者。

(3) 二级渠道　制造商——批发商——零售商——消费者，或者是制造商——代理

商——零售商——消费者。

（4）三级渠道　制造商——代理商——批发商——零售商——消费者。

可见，零级渠道最短，三级渠道最长。长渠道是指产品分销过程中经过两个或两个以上的中间环节；短渠道策略是指企业仅采用一个中间环节或直接销售产品。两种策略各有利弊，必须认真分析和选择。

长渠道由于渠道长、分布密，能有效覆盖市场，从而扩大商品销售范围和规模。缺点则主要表现为：销售环节多，流通费用会相应增加，使商品价格提高，价格策略选择余地变小；信息反馈慢，且失真率高，不利于企业正确决策；需要更好地协调渠道成员间的关系。

短渠道可以减少流通环节，节约流通费用，缩短流通时间；使信息反馈迅速、准确；有利于开展销售服务工作，提高企业信誉；有利于密切生产者与中间商及消费者的关系。缺点是难于向市场大范围扩张，市场覆盖面较小；渠道分担风险的能力下降，加大了生产者的风险。

3. 根据渠道的每个环节中使用同类型中间商数目的多少划分，可分为宽渠道与窄渠道

渠道宽窄取决于渠道的每个环节中使用同类型中间商数目的多少。企业使用的同类中间商多，产品在市场上的分销面广，称为宽渠道。企业使用的同类中间商少，分销渠道窄，称为窄渠道。

4. 根据渠道成员相互联系的紧密程度不同，可分为传统渠道和渠道系统

（1）传统渠道　由独立的生产者、批发商、零售商和消费者组成的分销渠道。渠道的每一成员都是独立的，他们各自为政，各行其是，都为追求其自身利益最大化而与其他成员展开短期合作或激烈竞争，即使为此牺牲整个渠道系统的全面长远利益也在所不惜。没有一个渠道成员能完全或基本控制其他成员。因此，随着科技进步和社会经济的发展，传统渠道面临严峻挑战，正在被淘汰。

（2）渠道系统　指在传统渠道中渠道成员采取不同程度的联合经营或一体化经营而形成的分销渠道。在这种渠道中，各层次的成员之间形成一种更密切的联系。主要有以下四种营销渠道系统。

① 垂直营销渠道系统。指生产商、批发商、零售商联合组成的统一体。该系统成员或属于同一家公司，或以某一品牌或专利特许权为纽带相互连接，或以足够强大而相互认可的管理方式相互合作，是实行专业化管理与集中性控制的一个网络。它能控制渠道成员的行为，消除由于独立成员追求各自目标而引起的冲突，各成员通过规模经济提高讨价还价的能力和减少重复服务而获得效益。这其中又分为以下三种营销系统。

公司式垂直营销系统：指由同一所有权下的生产和分销部门组成，通常由一家公司拥有，统一管理一系列工厂、批发机构和零售机构，控制渠道的若干层次甚至整个销售渠道。他又可分为两种：一是由大型工业公司拥有和管理的以工业为龙头的工商一体化经营方式；一是大型零售商拥有和管理的以商业为龙头的商工一体化经营方式。

管理式垂直营销渠道系统：指由一家实力强、声誉好、管理先进、影响力大的企业把不同所有权的生产者和分销商联合起来的营销渠道系统。系统以某一大企业为核心，周围拥有若干小卫星企业，大企业支持小企业，小企业服从大企业的指挥。

合同式或契约式垂直营销渠道系统：指不同层次的独立的生产商和中间商为了获得单独经营达不到的经济效益而以合同为基础建立的联营系统，又称增值伙伴关系。联合体不是独立法人，而各成员是独立法人。具体有批发商倡办的自愿连锁商店、销售商合作组织和特许

经营组织等。

② 水平营销渠道系统。指同一环节企业间联合起来的分销渠道系统。分为暂时的松散型联合和长期的固定型联合，也可共建一家新公司合作新业务。松散型联合体往往是为共同开发一个市场机会，各有关企业联合起来共同策划和实施分销渠道；固定型联合体要建立同时为各有关企业开展分销活动的销售公司。

③ 多渠道营销渠道系统。指对同一或不同的细分市场采取多渠道进入的营销系统。包括两种：一种是生产商通过两条以上的竞争性分销渠道销售同一商标的食品，通常会导致不同渠道间的激烈竞争，带来疏远原有渠道的危险；另一种是生产商通过多条分销渠道销售公司生产的不同商标的差异性食品，这比使用单一渠道更具市场渗透力。

④ 网络营销系统。这是一种新兴的销售渠道系统，也是对传统商业销售运作的一次革命。生产或经营企业通过互联网发布商品及服务信息，接受消费者和用户的网上订单，然后由自己的配送中心或直接由制造商邮寄或送货上门。有两种模式：一种是企业之间的交易，称为 B-to-B 方式，它是一个将买方、卖方及中介机构如银行之间的信息交换和交易行为集合到一起的电子运作方式，这种方式交易的金额大，有严格的电子票据和凭证交换关系；另一种是企业与消费者之间的交易，称为 B-to-C 方式，消费者利用电子钱包可以在瞬间完成购物活动，足不出户就能买到世界上任何地方的食品。这种销售过程彻底改变了传统的面对面交易和一手交钱一手交货的购物方式，缩短了产、供、销与消费者之间的距离，加快了资金、商品的流动，是一种崭新的、很有效的、保密性好的、安全可靠的营销系统。现在有许多企业已设立了网上销售系统，如网络书店、花店、蛋糕店。但是目前我国企业开展网络营销的条件尚未完全具备，需要建立发达的物流体系和完善的个人信用体系。另外，计算机的普及，网络的建设，EDI 的实施，网上交易立法等问题也亟待解决。

第二节　中间商的类型

一、中间商概述

1. 中间商的概念

中间商是指介于生产者与消费者（用户）之间，专门从事商品流通活动的经济组织或个人，或者说，中间商是生产者向消费者（或用户）出售产品时的中介机构。

2. 中间商的类型

中间商按照不同的标准，可以划分成不同的类型。按照在商品流通转让过程中是否取得商品的所有权划分，可以划分为经销商、代理商和经纪人三类；按照在流通转让过程中所处的地位和所起的作用不同，可以划分为批发商和零售商两大类。经销商是指从事商品交易业务，在商品买卖过程中取得商品所有权的中间商，其利润来源主要来自于商品的进销差价，一旦买进商品，则商品的销售风险与利益均由自己独立承担；代理商是指从事商品交易业务，接受生产企业委托，但不具有商品所有权的中间商，其利润来源主要来自被代理企业的佣金，但商品的销售风险与利益一般由被代理企业承担；经纪人既无商品所有权，也不持有和取得现货，其主要职能在于为买卖双方牵线搭桥，协助谈判，促成交易，由委托方付给佣金，不承担产品销售的风险。

3. 批发商和零售商的区别

批发商是指那些主要从事批发业务的企业。批发是指将购进的商品批量转售给各类组织购买者的业务,是指将商品转售给为了转卖或者商业用途而进行购买的人的活动;零售商是向最终消费者直接销售商品的从事零售业务的企业或个人。批发商与零售商主要区别有以下几个方面。

(1) 服务对象不同　零售商以最终消费者(个人或集体)为服务对象;批发商以转卖者和生产者为服务对象。

(2) 在流通过程中所处地位不同　零售商处于流通过程的终点,商品售出后就离开流通领域而进入消费领域;批发商处于流通过程的起点或中间环节,批发交易结束后商品流通并未结束。

(3) 交易数量和频率不同　由于零售商一般是零星交易,频率很高,基本属于劳动密集型行业;而批发则是供转卖和加工生产的买卖活动,所以批发商一般是交易数量大、频率低,属资金密集型行业。

(4) 营业网点的设置不同　零售商主要面对广大消费者,点多面广,一般多开设在繁华地区和居民区;批发网点少但市场覆盖面宽,面对企业,一般设在租金低廉的地段。

这些区别决定了零售商和批发商在组织管理和营销策略等方面,都各有许多不同的特点,营销者需研究和掌握这些特点,作为决策的依据。

二、批发商

1. 批发商的职能

批发商的主要业务活动是批发商品流转活动,即批发商品的购、销、存、运活动。批发商的功能可概括为购买、销售、分配、运输、储存、资金融通、承担风险,信息服务八大功能,在整个分销渠道中占据重要地位。批发商可以有效地执行下述职能。

(1) 开拓市场与产品推介职能　批发商通过其营销人员的业务活动,可以将制造商产品有效地推广介绍给众多小客户,从而起到开拓市场、促进产品销售的作用。

(2) 集散采购与分装配货　即通过收购把分散在各地区、各企业的商品集中起来,再经过初步加工、整理、挑选、分级、编配和包装等活动,分散供应给零售企业和生产用户。

(3) 整买零卖与沟通产销　批发商可以整批地买进货物,再根据零售商的需要批发出去,从而降低零售商的进货成本。作为制造商与更低一级批发商、零售商的桥梁与纽带。

(4) 仓储服务与货物运输。批发商可将货物储存到出售为止,从而降低供应商和顾客的存货成本和风险;由于批发商一般在仓库储存与货物运输方面具有专业的设备与人员,而且一般距零售商较近,可以很快地将货物送到顾客手中。

(5) 融通资金与分担风险　批发商可以向客户提供信用条件,提供融资服务,促进产品销售,加快商品周转速度;另一方面,如果批发商能够提前订货或准时付款,也就等于是为制造商提供融资服务,可以加快资本周转速度,提高企业再生产能力;批发商在分销过程中,由于拥有货物所有权,故可以分担失窃、瑕疵、损坏或滞销等各种风险。

(6) 信息咨询与终端服务　批发商可向其供应商提供有关买主的市场信息,诸如竞争者的活动、新产品的出现、价格的剧烈变动等;批发商可经常帮助零售商培训推销人员、布置商店以及建立会计系统和存货控制系统,从而提高零售商的经营效益。

2. 批发商的主要类型

批发商主要有四种类型:商人批发商、经纪人和代理商、制造商销售办事处、零售商采购办事处。

(1) 商人批发商　商人批发商是指自己进货取得产品所有权后再批发出售的商业企业,

也就是人们通常所说的独立批发商。商人批发商是批发商的最主要的类型。它又可分为执行全部批发职能的完全服务批发商和执行部分批发职能的有限服务批发商。

(2) **经纪人和代理商** 经纪人和代理商与独立批发商的主要区别在于：他们没有商品所有权，只是在买卖双方之间起媒介作用，促成交易，从中赚取佣金。经纪人和代理商一般都是专业化的，专门经营某一方面的业务。经纪人多见于房地产业、证券交易以及保险业务、广告业务等；代理商有制造业代理商、销售代理商、采购代理商和佣金商等。通过代理商推销产品、开拓市场是现代市场营销的一种通用的办法，目前在我国已经比较普遍运用。

(3) **制造商的销售分销部或销售办事处** 制造商的分销部有一定的商品储存，其形式如同商人批发商，只不过隶属关系不同，它是属于制造商的；办事处没有存货，是企业驻外的业务代办机构。制造商自己设立分销部和办事处，有利于掌握当地市场信息和加强促销活动。

(4) **零售商的采购办事处** 有些零售商也在中心城市及商品集散地设立采购办事处，其职能与代理商和经纪人类似，但其隶属关系是购买方。

三、零售商

1. 零售商的职能

零售商直接面对消费者，在产品的营销过程中起着关键的作用。对于制造商来说是充当推销员的角色，对于消费者来说又是充当采购员的角色。其主要职能如下。

① 批量购进，零散销售，解决供求数量矛盾。
② 了解市场，反馈信息，承担市场调查与求购信息反馈双重职能。
③ 咨询服务，担保信用，解决购销双方信息不对称的矛盾。
④ 采购配货，保障供应，解决生产地分散与消费地集中的矛盾。
⑤ 预测市场，储备货物，解决供求时间不协调的矛盾。
⑥ 运输储存，送货上门，解决生产者与消费者地域空间矛盾。
⑦ 广设网点，便利购销，解决生产者与消费者数量不对称的矛盾。

2. 零售业态的分类

根据我国内贸行业主管部门的规定，我国零售业态具体划分为以下9种类别。

(1) **百货店** 是指在一个大建筑物内，根据不同商品部门设立销售区，开展各自的进货、管理、运营的零售业态。其业态特点如下。

① 销售方式。采取柜台销售与开架自选销售相结合的方式。
② 产品组合。商品结构种类齐全、少批量、多品种，以经营男、女、儿童服装、服饰、衣料、家庭用品为主。
③ 定价策略。采取定价销售。
④ 销售服务。可以退货，有导购、餐饮、娱乐场所等服务项目和设施，服务功能齐全。
⑤ 销售地点。选址在城市繁华区、交通要道。
⑥ 目标顾客。商圈范围大，主要以城市流动人口为销售对象，目标顾客多为中高档消费者和追求时尚的年轻人。
⑦ 卖场特征。商店规模大，面积一般在5000平方米以上，设施豪华，店堂典雅、明快。

(2) **超级市场** 是指采取自选销售方式，以销售生鲜商品、食品和向顾客提供日常必需品为主要目的的零售业态。其业态特点如下。

① 销售方式。采取自选销售方式（还可采取连锁经营方式）。顾客出入口分设，结算在出口的收银机处统一进行。

② 产品组合。商品构成以购买频率高的商品为主，经营的商品主要为肉类、禽蛋、水果、水产品、冷冻食品、副食调料、粮油及其制品、奶及其奶制品、熟食品、日用必需品等。

③ 销售服务。营业时间每天在11小时左右，有一定的停车场地。

④ 销售地点。选址在居民区、交通要道、商业区。

⑤ 目标顾客。商圈范围较窄，以居民为主要销售对象。

⑥ 卖场特征。商店营业面积一般在500平方米以上。

(3) 大型综合超市　是指采取自选销售方式，以销售大众化实用品为主，并将超级市场和折扣商店的经营优势合为一体的、满足顾客一次性购全的零售业态。其业态特点如下。

① 销售方式。采取自选销售方式和连锁经营方式。

② 产品组合。商品构成为衣、食、用品齐全，重视本企业的品牌开发。

③ 销售服务。设有与商店营业面积相适应的停车场。

④ 销售地点。选址在城乡结合部、住宅区、交通要道。

⑤ 目标顾客。商圈范围较大，以购买频率高的居民为主要销售对象。

⑥ 卖场特征。商店营业一般面积在2500平方米以上。

(4) 便利店（方便店）　是指满足顾客便利性需求为主要目的的零售业态。便利店业态特点如下。

① 销售方式。以开架自选为主，结算在进口（或出口）处的收银机处统一进行，可采取连锁经营方式。

② 产品组合。商品结构特点明显，有即时消费性、小容量、应急性等。

③ 销售服务。营业时间长，一般在16小时以上，甚至24小时，终年无休息。店堂明快、清洁、货架丰满。经营实行信息系统化。

④ 销售地点。选址在居民住宅区、主干线公路边以及车站、医院、娱乐场所、机关、团体、企事业所在地。

⑤ 目标顾客。主要为居民、单身者、年轻人。80%的顾客为有目的的购买。商圈范围窄小，一般设定在居民徒步购物5~7分钟到达范围内。

⑥ 卖场特征。商店营业面积100平方米左右，营业面积利用率高。

⑦ 定价策略。便利店的商品价格略高于一般零售业态的商品价格。

(5) 专业店　是指以经营某一大类商品为主，并且具备有丰富专业知识的销售人员和提供适当售后服务的零售业态。专业店业态特点如下。

① 销售方式。采取开架面售，可开展连锁经营。

② 产品组合。商品结构体现专业性、深度性、品种丰富，可供选择余地大，以某类商品为主，经营的商品具有自己的特色，一般为高利润商品。

③ 定价策略。定价销售。

④ 销售服务。从业人员需具备丰富的专业知识，可以退货。

⑤ 销售地点。选址多样化，大多数设在繁华商业区、商店街或百货店、购物中心内。

⑥ 目标顾客。商圈范围不定，主要满足消费者对某类商品的选择性需求。

⑦ 卖场特征。营业面积根据主营商品特点而定。

(6) 专卖店 是指专门经营或授权经营制造商品牌和中间商品牌的零售业态。其业态特点如下。

① 销售方式。采取开架面售，可开展连锁经营。
② 产品组合。商品结构以企业品牌为主，销售体现量少、质优、高毛利。
③ 定价策略。定价销售。
④ 销售服务。注重品牌声誉，从业人员必须具备丰富的专业知识，并提供专业性知识服务。
⑤ 销售地点。选址在繁华商业区、商店街或百货店、购物中心内。
⑥ 目标顾客。商圈范围不定。目标顾客以中青年为主。
⑦ 卖场特征。营业面积根据经营商品的特点而定。商店的陈列、照明、包装、广告讲究。

(7) 购物中心 是指企业有计划地开发、拥有、管理运营的各类零售业态、服务设施的集合体。购物中心业态特点如下。

① 销售方式。由发起者有计划地开设，实行商业型公司管理，中心内设商店管理委员会，开展广告宣传等共同活动，实行统一管理。根据选址和商圈不同，购物中心可分为近邻型、社区型、区域型、超区域型种类。
② 产品组合。内部结构由百货店或超级市场作为核心店，以及由各类专业店、专卖店等零售业态和餐饮、娱乐设施构成。
③ 定价策略。定价销售。
④ 销售服务。服务功能齐全，集零售、餐饮、娱乐为一体。根据销售面积，设相应规模的停车场。
⑤ 销售地点。选址为中心商业区或城乡结合部的交通要道。
⑥ 目标顾客。以流动顾客为主。商圈根据不同经营规模、经营商品而定。
⑦ 卖场特征。设施豪华、店堂典雅、宽敞明亮，实行卖场租赁制。

(8) 仓储商店 是指在大型综合超市经营的商品基础上，筛选大众化实用品销售，并实行储销一体以提供有限服务和低价格商品为主要特征的、采取自选方式销售的零售业态。
仓储商店业态特点如下。

① 销售方式。将超市开发的销售技术和管理理论、仓储商店的价格影响力、大型综合超市商品供应计划的方法及选址理论等融为一体，灵活运用。可实行连锁经营。
② 产品组合。作为商品策略，经营同其他零售业态能进行价格比较的、知名度和普及率都较高的商标商品或价格一般被众所周知的商品。商品构成以新开发上市的商品为主力商品，自有品牌占相当部分。
③ 定价策略。每天都以较低价格销售全部商品。
④ 销售服务。商店设施简单化，设相应规模的停车场。
⑤ 销售地点。选址在公路边、交通要道和利用闲置设施。
⑥ 目标顾客。主要是面向广大的工薪阶层服务，主要的商圈人口为 5 万～7 万人。
⑦ 卖场特征。商店营业面积大，一般在 4000 平方米以上。部分商品部门采取租赁制，把无店名的专业连锁卖场和供应商引进店内经营。

(9) 家居中心 是指与改善、建设家庭居住环境有关的装饰、装修等用品、日用杂品、技术及服务为主的、采取自选方式销售的零售业态。家居中心业态特点如下。

① 销售方式。具有超级市场的开架自选销售的优势。可采取连锁经营方式。
② 产品组合。商品构成主要以房屋修缮和室内装修、装饰品、园艺品、宠物食品、室内外用品、洗涤剂、纸类等杂品，以及食品类等。
③ 定价策略。作为经营策略，发挥了廉价商店的低价格的优势。
④ 销售服务。有一定的停车场。提供一站式购足和一条龙服务。
⑤ 销售地点。选址在城乡结合部、公路边、交通要道或消费者自有房产比率较高的地区。

第三节 营销渠道的设计

一、影响分销渠道选择的因素

1. 食品特性

食品的理化性质：价格低、体积大的食品，需要搬运次数少、运输距离短的渠道来分销。

食品价格：价格高的食品，宜采用短渠道，尽量减少流通环节，降低流通费用；反之，则应采用较长和较宽的分销渠道，以方便消费者的购买。

食品的通用性：常用食品由于销量大、顾客分布广，分销渠道一般较长较宽；反之，一些地方特产，如瓜果的分销渠道一般较短较窄。

食品所处的生命周期阶段：产品处于不同的生命周期阶段，其分销渠道的要求也不同。处于投入期的食品，由于推广比较困难，经销商往往不愿经销，企业不得不自己销售或采用短而窄的渠道；处于成长期或成熟期的食品，则可采用长而宽的分销渠道。

2. 市场特性

食品的适用范围：如果食品适用范围广、市场分布区域宽，企业无法自销，应采用较长较宽的渠道；反之，则可采用短渠道。

市场顾客集中程度：如果市场顾客集中或有区域消费特性，可采用短渠道，以在保证渠道功能的前提下降低渠道成本；如果市场顾客比较分散，则应选择长而宽的渠道，以更多地发挥中间商的功能，推广企业的产品。

销售批量和频率：销售批量大的食品可采用短渠道；销售批量小，交易次数频繁的食品，则应采用较长和较宽的渠道。

市场形势的变化：市场繁荣，需求旺盛时，企业应拓宽分销渠道；经济不景气，市场萧条时，则应减少中间环节，收缩分销渠道。

3. 竞争特性

生产者分销渠道的选择，应考虑到竞争对手的分销渠道设计和运行状况，并结合本企业食品的特点，有目的地选择与竞争对手相同或不同的分销渠道。

4. 顾客特性

生产企业在选择分销渠道时，还应充分考虑消费者的分布状况和顾客的购买频率、购买数量以及对促销手段的敏感程度等因素。当某一市场的顾客数量多、购买力大时，企业应利用有较多中间商的长渠道；反之，则使用短渠道。

5. 企业特性

企业的规模和声誉：企业的规模大、声誉高、资金雄厚、销售力量强，具有强有力的管理销售业务的能力和丰富的经验，在渠道的选择上主动权就大，一般会采用比较短的分销渠道或者自己建立销售机构。如果企业规模小，品牌的知名度低，就应当依赖中间商的分销能力来销售商品。

企业的营销经验和能力：营销经验丰富、营销能力强的企业，可以采用较短的分销渠道；反之，则应依靠中间商来销售。

企业的财务能力：企业财务能力差的企业，一般都采用"佣金制"的分销渠道，利用能够并且愿意承担部分储存、运输、融资职能的中间商销售产品。

企业控制渠道的愿望：企业控制分销渠道的愿望有强弱之分，如果企业希望控制分销渠道，以便控制商品的价格和进行统一的促销，维护市场的有序性，就可以选择短渠道；有的企业无意于控制分销渠道，就可以采用长渠道。

6. 中间商特性

设计分销渠道时，还须考虑中间商的特性。一般来说，中间商在执行运输、广告、储存、接纳顾客等方面，以及在信用条件、退货特权、人员培训、送货频率、营销方案策划等方面，都有不同的特点和要求。

7. 相关政策、法律法规

有些食品的分销渠道还受国家或地方的相关政策、法律法规限制。如由国家或主管部门实行严格控制的保健类食品，其分销渠道有明确的规定和限制。

二、确定渠道选择方案

1. 建立渠道目标

渠道目标也就是在企业营销目标的总体要求下、选择营销渠道应达成的服务产出目标。这种目标一般要求建立的分销渠道达到总体营销规定的服务产出水平，同时使全部渠道费用减少到最低程度。企业在认真分析影响销售渠道选择决策的主客观因素的基础上，划分出若干分市场，然后决定服务于哪些分市场，并为之选择和使用最佳渠道。

2. 确定营销渠道模式

确定渠道模式，即决策渠道的长度，首先要根据影响渠道的主要因素，决定采取什么类型的营销渠道，是派销售人员上门推销或自设销售商店的短渠道，还是选择通过中间商的长渠道，以及通过什么规模和类型的中间商，渠道选择模式首先要确定渠道的长度。一般认为：生产者——批发商——零售商——消费者（包含两个中间层次）的模式是比较典型的市场营销渠道类型。当然，营销渠道的长与短只是相对而言，因为随着营销渠道长短的变化，其产品既定的营销职能不会增加或减少，而只能在参与流通过程的机构之间转移或替代。

3. 确定中间商的数目

确定中间商的数目，即决策渠道的宽度。即是每个渠道层次使用多少个中间商，这一决策在很大程度上取决于产品本身的特点、市场容量的大小及市场需求面的宽窄。通常有以下三种可以选择的形式。

（1）密集分销策略　实施这一策略的企业尽可能多地通过批发商、零售商销售其产品，使渠道尽可能加宽。密集分销策略的主要目标是扩大市场覆盖面，使消费者和用户可以随时随地买到商品。

（2）独家分销策略　实施此策略的企业在一定区域仅通过一家中间商经销或代销，通常双方协商签订独家经销合同，独家经销公司在享有该产品经销的特权下，其经营具有排他性,制造商规定经销商不得经营竞争产品。独家经销是一种最极端的形式,是最窄的分销渠道,通常是对某些技术强的耐用消费品、名牌商品及专利产品适用独家经销,对生产者的好处是有利于控制中间商,提高中间商的经营水平,加强产品形象,并可获得较高的利润率。

(3) 选择性经销策略 这是介于密集分销和独家分销之间的销售形式;即生产厂家在某一销售区域精选几家最合适的中间商销售公司的产品。这种策略的特点是:比独家经销面宽、有利于开拓市场,展开竞争;比密集分销面窄,有助于厂商对中间商进行控制和管理,同时还可以有效地节省营销费用。这一策略的重点在于着眼稳固企业的市场竞争地位,维护产品在该地区的良好声誉。同时,促使中间商之间彼此了解,相互竞争,能够使被选中的中间商努力提高销售水平。

三、对分销渠道方案进行评估

分销渠道方案确定后,生产厂家就要根据各种备选方案进行评价,找出最优的渠道路线,通常渠道评估的标准有三个:即经济性,可控性和适应性,其中最重要的是经济标准。

1. 经济性标准评估

主要是比较每个方案可能达到的销售额及费用水平,根据销售额及费用水平的高低进行选择分销方式。生产厂家主要做以下比较:①比较由本企业推销人员直接推销与使用销售代理商哪种方式销售额水平更高;②比较由本企业设立销售网点直接推销所花费用与使用销售代理商所花费用,看哪种方式支出的费用大,企业对上述情况进行权衡,从中选择最佳分销方式。

2. 可控性标准评估

企业对分销渠道的选择不应仅考虑短期经济效益,还应考虑分销渠道的可控性。因为分销渠道稳定与否对企业能否维持并扩大其市场份额、实现长远目标关系重大。企业自销对渠道的控制能力最强,但由于人员推销费用较高,市场覆盖面较窄,因此不可能完全自销。利用中间商分销就应充分考虑渠道的可控性,一般说来,建立特约经销或特约代理关系的中间商较容易控制,但这种情况下,中间商的销售能力对企业的影响又很大,因此应慎重决策。

3. 适应性标准评估

每一分销渠道的建立都意味着渠道成员之间的关系将持续一定时间,不能随意更改和调整,而市场却是不断发展变化的,因此,企业在选择分销渠道时就必须充分考虑其对市场的适应性。首先是地区的适应性,在某一特定的地区建立商品的分销渠道,应与该地区的市场环境、消费水平、生活习惯等相适应;其次是时间的适应性。根据不同时间商品的销售状况,应能采取不同的分销渠道与之相适应。

第四节 分销渠道的管理

分销渠道建立后应进行有效的管理,才能保证原设立的分销渠道有序、有效运行。既要注意对分销渠道成员的激励与扶持,又要及时对分销渠道进行检查和调整。激励和扶持可使中间商提高推销本企业产品的积极性,提高中间商的工作效率和服务水平。分销渠道的检查和调整,能使渠道保持或提高分销功能。

一、选择渠道成员

中间商选择合理与否,对企业产品进入市场、占领市场、巩固市场和发展市场有着关键性的影响。选择中间商时,应主要考虑以下因素。

(1) 服务对象　不同制造商有不同的目标市场,不同中间商有不同的服务对象。生产企业选择分销渠道,应首先考虑中间商的服务对象是否同企业要求达到的目标市场相一致,只有一致的中间商才能选择。

(2) 地理位置　中间商的地理位置直接影响到产品能否顺利到达目标顾客手中。因此,选择中间商必须要考虑其地理分布情况,要求既要接近消费者,又要便于运输、储存及调度。

(3) 经营范围　在选择中间商时,如果其经营主要竞争对手的产品,就需格外谨慎,不宜轻易选取。当然,若本企业产品在品质、价格、服务等方面优于同类产品,也可以选择。

(4) 销售能力　即考察中间商是否有稳定的、高水平的销售队伍,健全的销售机构,完善的营销网络和丰富的营销经验。

(5) 物质设施与服务条件　一些特殊商品要求一定的物质设施和贮运条件,这就要求中间商具备这种物质储运条件。此外,有些商品属高档耐用消费品,需要提供一系列的售中和售后服务,这也同样对中间商提出了要求。

(6) 财务状况　中间商财务状况的好坏,直接关系到其是否可以按期付款,甚至预付货款等问题。企业在选择中间商时,必须对此严加考察。

(7) 合作诚意　若没有良好的合作诚意,再有实力的中间商也不能选择。

(8) 营销经验　生产者要尽可能选择营销经验丰富的中间商。以便产品顺利地通过中间商推销出去,如果中间商不具备较好的经营知识和能力,则不宜选用。

二、分销渠道的激励与扶持

企业在选择了分销渠道以后,为了保证中间商努力扩大对本企业产品的销售、不断提高业务水平,必须对其进行激励与扶持。对中间商的激励首先体现在向其提供价廉物美、适销对路的产品。只有经销畅销商品,中间商才能加速资金周转,增加企业盈利。因此,提供适销对路的优质产品就是对中间商的最好激励。对中间商激励的另一种方式是合理分配利润。企业与中间商在一定程度上是一种利益共同体,因此必须"风险共担、利益均沾",这就要求企业合理分配双方利润,否则中间商就没有销售积极性。所以,对中间商要视其情况采取奖罚措施,对销售指标完成得好的中间商可给予较高的折扣率,提供一些特殊优惠,还可以发放奖金或给予广告补助、促销津贴等;若中间商未完成应有的渠道责任,则对其进行制裁,可降低折扣、放慢交货甚至终止关系。做必要让步也是对中间商的激励方法之一。要求企业了解中间商的经营目标和需要,在必要时作一些让步,以满足中间商的某些要求,鼓励中间商努力经营。对中间商的扶持主要体现在资金、信息、广告宣传和经营管理等方面。资金方面,可适当延长中间商的付款期限,放宽信用条件,以解决其资金不足的困难。信息帮助是指将企业了解的市场信息和产品信息等及时传递给中间商,为其扩大产品销售提供信息方面的依据。广告宣传帮助主要包括:帮助中间商策划当地的促销活动,并提供广告津贴、陈列经费、宣传品等。经营管理帮助是指生产企业通过帮助中间商搞好经营管理,从而扩大本企业产品的销售。

三、渠道调整

市场营销环境是不断发展变化的,原先的分销渠道经过一段时间以后,可能已不适应市场变化的要求,必须进行相应调整。一般说来,对分销渠道的调整有以下三个不同层次。

(1) 增减分销渠道中的个别中间商　由于个别中间商的经营不善而造成市场占有率下降,影响到整个渠道效益时,可以考虑对其进行削减,以便集中力量帮助其他中间商搞好工作,同时可重新寻找几个中间商替补;市场占有率的下降,有时可能是由于竞争对手分销渠道扩大而造成的,这就需要考虑增加中间商数量。

(2) 增减某一个分销渠道　当生产企业通过增减个别中间商不能解决根本问题时,就要考虑增减某一分销渠道。

(3) 调整整个分销渠道　这是渠道调整中最复杂、难度最大的一类,因为它要改变企业的整个渠道策略,而不只是在原有基础上缝缝补补。如放弃原先的直销模式,而采用代理商进行销售;或者建立自己的分销机构以取代原先的间接渠道。这种调整不仅是渠道策略的彻底改变,而且产品策略、价格策略、促销策略也必须作相应调整,以期和新的分销系统相适应。总之,分销渠道是否需要调整、如何调整,取决于其整体分销效率。因此,不论进行哪一层次的调整,都必须做经济效益分析,看销售能否增加,分销效率能否提高,以此鉴定调整的必要性和效果。

四、客户关系管理

客户关系管理是企业为赢得顾客的高度满意,建立起与客户的长期良好关系所开展的工作,主要包括以下几方面的内容。

(1) 顾客分析　主要分析谁是企业的顾客,顾客的基本类型,个人购买者、中间商、制造商客户的不同需求特征和购买行为,并在此基础上分析顾客差异对企业利润的影响等问题。

(2) 企业对顾客的承诺　承诺的目的在于明确企业为客户提供什么样的产品和服务。承诺的宗旨是使顾客满意。

(3) 客户信息交流　这是一种双向的信息系统,其主要功能是实现双方的互相联系、互相影响。

(4) 以良好的关系留住客户　首先需要良好的基础,即取得顾客的信任;同时要区别不同类型的客户关系及其特征,并经常进行客户关系情况分析,评价关系的质量,采取有效措施;还可以通过建立顾客组织等途径,保持企业与客户的长期稳定关系。

(5) 客户反馈管理　反馈管理的目的在于衡量企业承诺目标实现的程度,及时发现在为顾客服务过程中的问题等。

本 章 小 结

本章主要讲述了分销渠道的概念,按照不同的标准划分了分销渠道的类型,分析了分销渠道的影响因素,企业要更好的销售产品,必须建立良好的销售渠道,要加强对渠道的管理。

思考与练习

一、判断正误并说明理由

1. 分销渠道是产品从生产领域向消费领域实体流转所经通道。（ ）
2. 销售渠道的起点是批发、终点是零售。（ ）
3. 直接渠道是生产资料销售的主渠道。（ ）
4. 中间商的介入增加了渠道环节，因而增加了社会商品流通中的交易次数。（ ）
5. 间接渠道是消费品销售的主渠道。（ ）
6. 某企业选择本埠市场为目标市场应采用短渠道策略。（ ）
7. 上海某企业千里迢迢占领大西北市场采用的是长渠道策略。（ ）
8. 价值高、体积重大的产品宜采用短渠道策略。（ ）
9. 生产资料中的标准品多采用间接渠道。（ ）
10. 企业有意控制渠道时宜采用窄渠道策略。（ ）
11. 便利品通常采用广泛分销策略。（ ）
12. 专营性分销策略适用于选购品的销售。（ ）
13. 代理商均不拥有商品所有权。（ ）
14. 企业代理商是受企业委托全权包销其全部产品的代理商。（ ）
15. 销售代理商是销售企业产品的各类代理商的统称。（ ）

二、思考题

1. 什么叫分销渠道？分销渠道类型有哪些？
2. 影响食品分销渠道的因素是什么？
3. 分析面包和水果的分销渠道类型。
4. 选择渠道成员应考虑哪些影响因素？

三、案例分析题

案例分析 9-1

"佩珀"饮料怎样才能抓住消费者

佩珀公司在 20 世纪 80 年代初期，已由 25 年前一家德州制造浓缩饮料的小公司，发展成为全美国非可乐型饮料世界的第一名，而就整个饮料业来说，它位于可口可乐的后面，排名第三。1982 年，该公司的总经营收入已超过 5 亿美元，而且创下了连续 27 年赢利的纪录。

是什么原因，使佩珀公司的饮料畅销赢利的呢？佩珀饮料的质量好，广告的面十分广，在美国很有影响，这些固然是成功的原因，但光有这些还不够，事实上，它成功的最主要原因在于销售渠道策略。佩珀公司将浓缩的饮料卖给瓶装厂商，瓶装厂商将饮料稀释后瓶装，再作广告促销，推销给零售商，零售商再卖给消费者，佩珀公司凭借上述销售渠道，不断地把产品卖到消费者手中。多年的苦心经营，佩珀公司已经和全美国的 500 家瓶装厂商建立了密切的关系，佩珀饮料经由瓶装厂商分散到各地的市场。虽然这类瓶装厂商同时也经销可口可乐或百事可乐，但是他们大多数人都把佩珀饮料看作是最佳品牌之一。

饮料的营销中销售渠道很重要。人们往往把生产厂商看作是创造消费者需求偏好，把零售商看作影响消费者选择饮料的重要力量，但经常忽略瓶装厂商的重要影响。其实，瓶装厂商的销售人员经常与零售商保持联系，他们制作本地的广告促销，要求零售商将他们批发的佩珀饮料放在顾客最易发现的陈列位置，有时还运用折扣、特殊陈列品、优待券、免费样品等手段来推销佩珀产品。瓶装厂商了解各地市场的情况和零售商的需要，还能帮助佩珀公司制定各地区的营销方案。因此，佩珀饮料前期阶段的成功，确实离不开瓶装厂商的作用。

1982年以后，佩珀公司改变了依靠瓶装厂商在本地作广告促销的做法，该由佩珀公司在全国实行统一的营销方案，从而，公司削减了地方性的销售人员，减少了瓶装厂商的业务支持，并用全国性的广告活动，取代了过去由瓶装厂商在各地开展促销的广告活动。

佩珀公司预计，采用全国集中营销方案，可以大大扩大公司产品的影响，从而增加消费者的需求。但是，全国性的广告，虽然加深了消费者对佩珀的印象，全国的销售量并未增加，1982年，佩珀饮料的销售量下降了3%，到了秋季，亏损4000万美元，其市场排名也由第3位降至第4位。公司与瓶装厂商的关系日渐疏远，他们开始采取防备态度，在瓶装厂商心目中，佩珀产品的特殊地位已经消失，它不过是一种普通的品牌而已。

一位瓶装厂商毫不客气地说，佩珀只有先抓住瓶装厂商，才能抓住消费者。这一说法非常正确。佩珀公司在1983年认识到了它的失误，放弃了全国性的营销方案，他们试图弥补与瓶装厂商的裂痕。但是，佩珀公司能否成功，仍是一个未知数。

资料来源：金润圭．市场营销．高等教育出版社，2000.

【案例思考】

1. 为什么说佩珀公司1982年以前的成功主要在于销售渠道策略？
2. 如何设计饮料业的销售渠道？

第十章

促销策略

★ 学习目标与要求

1. 掌握促销的含义和作用，掌握促销组合的含义及其影响因素
2. 掌握食品促销的两个基本策略
3. 了解人员推销的步骤，了解营业推广的概念及其类型
4. 掌握广告的概念及种类，广告选择媒体时应考虑的因素
5. 掌握公共关系的主要方法

★ 基本概念

促销 食品促销 人员推销 促销组合 广告 公共关系 营业推广

现代市场营销不仅要求企业开发适销对路的产品，制定有吸引力的价格，通过合适的渠道使目标顾客易于得到他们所需要的产品，而且还要求企业树立其在市场上的形象，加强企业与社会公众的信息交流和沟通工作，即进行促销活动。现代企业促销的手段与方式日新月异，由于各种手段和方式各具不同的特点，因此需要在实际促销活动中组合运用，各种不同的促销方式的组合即形成了不同的促销策略。

第一节 促销的含义与作用

中国有一句俗话叫"酒好不怕巷子深"。此话古时可能颇为灵验，但在当今高度发达、竞争激烈的市场中，此法便很难大行其道了。如何让消费者从种类繁多的产品中选择你的产品？"酒"要好自然不在话下，但"酒"好若不为人知，岂不白辛苦一场？故只有通过广而告之，方能促进销售。也就是说，企业不仅要生产、销售适销对路的好产品，还要通过各种途径进行促销。现代商战实质上便是一个促销大战，电视、广播、报刊、杂志、公交车、电梯间等随处可见广告宣传，各种促销方式渗透到社会的各个角落。

一、食品促销的含义及作用

食品促销一般理解为促进食品的销售，是指食品营销者以满足消费者需要为前提，将企业及其产品（服务）的信息通过各种促销方式传递给消费者或用户，促进顾客了解、信赖本企业的产品，进而唤起需求，采取购买行为的营销活动。由此可见，促销的实质是营销者与购买者或潜在购买者之间的信息沟通。为了有效地与购买者沟通信息，可以通过广告来传递有关企业及产品的信息；可以通过各种营业推广的方式来增加顾客对产品的兴趣，进而促使其购买产品；也可以通过各种公共关系手段来树立企业在公众心目中的良好形象；还可以派遣推销员面对面地说服顾客购买产品。

在现代食品营销活动中,促销的作用已经不仅仅是单纯的推销产品了。归纳起来,促销主要有以下三个方面的作用。

1. 传递信息、引导消费

一种食品进入市场以后,甚至在尚未进入市场的时候,为了使更多的消费者知道这种食品,就需要生产者及时提供食品的情报,向消费者介绍产品,引起他们的注意。大量的中间商要采购适销对路的食品,也需要生产者提供情报。同时,中间商也需要向零售商和消费者介绍食品,以便沟通情报,达到促销的目的。

2. 扩大需求、促进成交

生产者向中间商和消费者介绍食品,不仅可以诱导需求,有时还能够创造需求。当某一种商品的销售量下降时,通过适当的促销活动,可以使需求得到某种程度的恢复和提高。

3. 突出特点、稳定销售

在同类产品竞争比较激烈的情况下,许多产品只有细微的差别,消费者往往不易察觉。这时,企业可以采取促销活动,宣传自己产品区别于竞争产品的特点,使消费者认识到本企业产品会给消费者带来的利益,使消费者愿意购买本企业的产品。企业可以通过促销活动,使更多消费者形成对本企业产品的偏爱,达到稳定销售的目的。

二、促销信息的有效沟通

1. 促销的实质是信息沟通

促销的实质是一种沟通活动,是企业作为行为主体发出作为刺激物的信息,以刺激影响信息受众的有效过程。换言之,就是企业发出信息,提出意图,传递到目标对象——消费者或顾客,以影响其态度和行为,使其贯彻企业意图,并产生企业所期待的行动。

2. 促销信息的沟通过程

促销信息的沟通过程基本上有八个要素:信源、编码过程、信息、传播渠道、解码过程、受众、反馈、干扰。这个过程可用图10-1来概括。

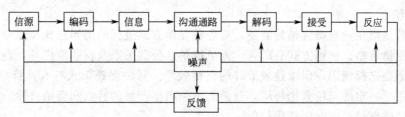

图 10-1 促销信息的沟通过程

(1) 信源　也叫信息发送者、沟通者或编码者。在促销信息的沟通过程中,信源就是企业。

(2) 编码　也叫译出。是指把需要传递的信息转换成信息符号的过程。这些"符号"可以是文字、语言、声音、图像、动作,因不同的沟通途径而异。编码的基本要求是,主题明确,表达准确,生动形象对人有吸引力,容易理解,不会产生误解和不正确联想。

(3) 信息　促销沟通的核心是信息。信息是信源对某一观念或思想编码的具体结果。即企业向消费者所要传达的内容。企业在促销过程中,必须开发出有针对性的信息,保证信息沟通的有效性。同时,信息必须是真实可靠的,信息越可信,促销就越有吸引力。

(4) 沟通渠道　信息的沟通需要一定的渠道,把编码的信息传达给受众的渠道,可以是电视、广播、报纸、杂志等媒介,也可以是销售人员的解说、邮寄信件等媒介。企业可以采用一种渠道,也可采用各种组合的渠道。

(5) 受众 也称接受者,包括目标市场上的潜在购买者和现实购买者。受众实际上是决定沟通活动能否成功的购买者。能否选准受众,能否了解受众的特点,是企业沟通能否成功的关键。

(6) 解码 也叫译入。是受众将信息译成对他们有意义的形式,这种转换过程称为解码过程。受众能否准确地解码,即能否使按自己的感觉"译出"的信息解释与信源的意图相符,关系到信息沟通的效果。

(7) 反馈 反馈就是将沟通过程反转过来,使受众变成编码者,信源变成解码者。基于受众在沟通过程中的主动地位和解码过程的复杂化,反馈便成了沟通过程中的十分重要的因素。

(8) 噪声 沟通过程中出现的意外称为噪声。噪声在沟通过程中的每一阶段都会出现。企业在沟通过程中,必须防范可能发生的干扰。

三、促销组合及其影响因素

所谓促销组合,是指企业根据促销需要,对人员推销、广告促销、营业推广、公共关系等各种促销方式的适当选择和综合。

在促销实践中,企业不是单纯的运用某一种促销方式,往往是根据需要把几种促销方式有机组合起来,同时运用。促销组合的基本原则是,其效率最高且费用最低。这种组合是相辅相成、相互补充、互为协调的。

所谓促销组合,是一种组织促销活动的策略思路,主张企业运用广告、人员推销、公关宣传、营业推广四种基本促销方式组合成一个策略系统,使企业的全部促销活动互相配合、协调一致,最大限度地发挥整体效果,从而顺利实现企业目标。四种基本促销方式组合成一个策略系统,使企业的全部促销活动互相配合、协调一致,最大限度地发挥整体效果,从而顺利实现企业目标。

促销组合体现了现代市场营销理论的核心思想——整体营销。促销组合是一种系统化的整体策略,四种基本促销方式则构成了这一整体策略的四个子系统。每个子系统都包括了一些可变因素,即具体的促销手段或工具,某一因素的改变意味着组合关系的变化,也就意味着一个新的促销策略。

1. 促销组合

促销组合是指企业根据促销的需要,对各种促销方式进行的适当选择和综合运用,从而形成的整体促销策略。促销方式有广告、人员推销、公共关系及营业推广等,企业对这些促销方式进行适当选择使用,以求达成最好的促销效果。每种促销形式各有其特点(见表10-1),只能适用于一定的市场营销环境,营销人员须根据产品的特点和营销目标,灵活选择和运用,使促销效率最高而促销费用最低。

表 10-1 促销方式及其特点

促销方式	特点	优点	缺点
广告	公开性 渗透性 表观性	触及面广,能将信息艺术化,并能多次反复使用	费用高,说服力较小,难以促成即时购买行为
人员推销	直接性 反馈性 培养感情	推销方式灵活,能随机应变,易于激发购买兴趣,促成交易	接触面窄 费用高 人才难觅
公共关系	整体性 长期性 可信度高	影响面广,积极意义大,社会效益好,具有持久性	不易控制
营业推广	时效性 诱导性 生动性	吸引力大,直观,能促成顾客即时购买	过多使用,可能引起顾客的反感、怀疑,不能用于长远的发展

2. 促销组合受多种因素的影响具体影响因素如下。

（1）促销目的

企业的促销目的不同，促销组合也不同。例如，以增进市场占有率为目的的促销活动和以提高企业形象为目的的促销活动，其促销组合的编配和运用是不同的。因此，促销组合必须做到有的放矢。

（2）产品性质

产品性质不同，促销组合便也不同。营业推广及公关宣传，无论是对生活消费品和工业生产资料一般都属于次要的促销手段。根据产品性质，各种促销手段的应用比重见图10-2。

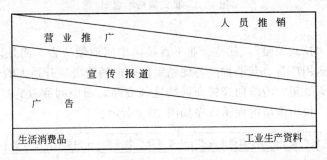

图 10-2　各种促销手段的应用比重

（3）产品所处的生命周期

对处于产品生命周期不同阶段的产品，其营销目标有所不同，促销侧重点也各不相同，如何发挥促销组合在产品生命周期各阶段的最大作用成为营销经理思考的新问题。表10-2对不同产品生命周期阶段的促销组合作了比较。

表10-2　不同产品生命周期阶段的促销组合

产品市场生命周期	促销重点目标	促销主要方式
介绍期	认识了解产品	通知性广告、人员推销
成长期		
成熟期	增进兴趣与偏爱	提示性广告，辅以公共关系
衰退期	促成信任、购买	营业推广为主，辅以广告等

（4）市场特点

不同的市场情况要采用不同的促销策略。

① 市场地理范围的大小：向小规模本地市场进行促销，应采用人员推销为主；但在全国性市场、国际市场进行促销，应多采用广告和文字宣传。

② 市场类型：针对不同的市场类型采用不同的促销组合。

③ 市场上潜在顾客的数量：市场上潜在顾客多且分散，应主要采用广告宣传的方法；反之，潜在顾客少而集中，使用人员推销效果较好。

（5）促销预算

企业用于促销的资金总是有限的，不同的促销组合策略，其促销预算也有所不同。企业在选择制定促销组合策略时应充分考虑企业计划和能够提供的促销经费。

3. 食品促销的两个基本策略

从促销信息流向的角度看，食品促销可以分为"推式"和"拉引"两种策略。推式策略和拉引策略都包含了企业与消费者双方的能动作用。但前者的重心在推动，着重强调了企业的能动性,表明消费需求是可以通过企业的积极促销而被激发和创造的;而后者的重心在拉引,着重强调了消费者的能动性,表明消费需求是决定生产的基本原因。许多企业在促销实践中,都结合具体情况采取"推"、"拉"组合的方式,既各有侧重,又相互配合。

(1) 推式策略。推式策略就是企业用人员推销等手段,把产品逐步推进到目标市场的一种策略,即生产者将产品积极推到批发商手上,批发商又积极地将产品推向零售商,零售商再将产品推向消费者。这种方式中,促销信息流向和产品流向是同方向的,如图10-3所示。

生产者积极促销 → 批发商积极促销 → 零售商积极促销 → 消费者

图10-3 推式策略示意图

(2) 拉引策略

拉引策略又称"拉式策略",就是企业不直接向中间商做广告,而是以最终消费者为主要促销对象,通过运用广告、营业推广等促销手段,向消费者展开强大的促销攻势,使之产生强烈的兴趣和购买欲望,纷纷向经销商询购这种商品,而中间商看到这种商品需求量大,就会向制造商进货。拉引策略的促销顺序如图10-4所示。

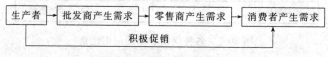

图10-4 拉引策略示意图

采用拉引策略,促销信息流向和产品流向是反向的。其优点就是能够直接得到顾客的支持,不需要去讨好中间商,在与中间商的关系中占有主动。但采用拉引策略需要注意,中间商(主要是零售商)是否有足够的库存能力和良好的信誉及经营能力。

拉引策略多用于以下产品:
① 目标市场范围较大,销售区域广泛的产品。
② 销量正在迅速上升和初步打开销路的品牌。
③ 有较高知名度的品牌,感情色彩较浓的产品。
④ 容易掌握使用方法的产品,选择性的产品。
⑤ 经常需要的产品。

第二节 食品广告

在当今这个信息社会,广告无处不在,且越来越精彩。广告已逐渐演变成一种时尚文化。30多年来,中国广告业取得了世人瞩目的成就,每年以两位数的平均增长率快速发展,根据国家工商总局发布的信息,截至2009年底,全国广告经营额已突破2000亿元,广告经营单位增加到20多万户,广告从业人员达到130多万人,食品广告经营额投放量位居各行业前列。广告已成了食品企业推销产品的重要手段,也成了消费者购买决策的重要依据。

一、广告的概念与作用

广告是广告主付出一定的费用,通过特定的媒体传播商品或劳务的信息,以促销商品或服务为主要目的的一种信息传播手段。这个定义概括为:①广告的对象是广大消费者,形式是大众传播,而非个人传播行为,这有别于人员推销;②广告的手段是通过特定的媒体来进行的,对租用的媒体要支付一定的费用;③广告的内容是传播商品或劳务方面的经济信息;

④广告的目的是为了促销商品或劳务，取得利润。

广告在促销中的作用是多方面的，归纳起来主要有以下几点。

1. 传递信息，诱导消费

传递信息是广告最基本的作用，广告可以帮助消费者了解商品的特点，诱导顾客的需求，影响他们的消费心理，刺激他们的购买行为，创造销售的机会。通过广告，可以有效地沟通企业与中间商及顾客三者之间的关系。

2. 介绍商品，引导消费

在新产品层出不穷，消费者不易识别和难于选择的情况下，广告宣传能使新产品、新式样、新的消费意识迅速流行，并形成一种消费时尚。广告对商品的有效介绍，可以帮助消费者在众多的同类商品中比较和选择。优秀的广告是一种文化消费，可以引导消费走向文明健康。

3. 树立形象，促进销售

先声夺人的广告宣传和它潜移默化的作用，加深了顾客对企业和产品的记忆与好感。顾客在自觉与不自觉中常常参考广告来购买商品。广告可以在一定程度上展示企业的规模和知名度，在消费者心目中树立起良好的企业形象和品牌优势，以促进销售，巩固和扩大市场占有率。

二、广告的特点

广告传播效果的特点如下。

（1）传播面广

广告是借助大众媒体传播信息的，它的公众性和普及性赋予广告突出的"广而告之"的优点。广告主可以通过电视、报纸、广播、杂志等大众传媒在短期内迅速地将其信息告之众多的目标消费者和社会公众，这是人员推销等其他促销方式方法与之无法比拟的。

（2）传递速度快

广告是利用大众媒体传递信息的，大众传媒是一种迅捷的信息传播途径。它能使广告主发行的信息在很短的时间内传达给目标消费者。因此，在现代信息化社会，它是一种富有效率的促销方式。

（3）表现力强

广告是一种富有表现力的信息传递方式。它可以借助各种艺术形式、手段与技巧，提供将一个企业及其产品感情化、性格化、戏剧化的表现机会，增大其说服力与吸引力。

（4）广告费用支出具有投资的特点

广告费用作为一种投入，产出的是增加了销售利润。广告产出的效益虽不是直接的。但广告促进了销售，在销售扩大带来利润扩大的过程中广告虽没直接带来利润，但广告起了重要的作用。广告效果有时产生的虽不是即时效应，但是一种积累效应。

三、选择媒体时应考虑的因素

（1）目标市场接触媒体的习惯。例如，对青少年顾客来说，电视广告的效果最好。

（2）产品种类。例如，为妇女服装做广告，选择彩色印刷杂志广告很有吸引力。

（3）广告信息。选择何种媒介还取决于广告信息本身。例如，复杂的技术信息在广播和电视中都难以说清，而选择专业杂志和邮寄广告较为理想。

（4）成本费用。电视广告成本很高，而广播、报纸相对成本较低。

四、广告的种类

（1）按广告主的直接目的分类，可分为：商品广告和企业形象广告。

（2）按广告的范围分类，可分为：全国性广告、区域性广告和地方性广告。

（3）按广告的内容分类，可分为：开拓性广告、竞争性广告、引导性广告、强化性广告和声势性广告。

（4）按广告的传播媒介分类：这种分类法样式繁多，几乎所有作为宣传载体的媒介，都被商家所利用。按其主要传播媒介可分类如下。

① 印刷品广告：包括报纸广告、杂志广告、电话簿广告、画册广告等。

② 邮寄广告：即采用邮寄的方式向消费者传达产品信息，推销商品，宣传企业，它主要有销售函件、宣传画册、商品目录和说明书、明信片、挂历、邮寄小礼品等广告形式。

③ 户外广告：主要有路牌广告、交通广告、招贴广告、霓虹灯广告、气球广告、传单等。

④ 电子媒体广告：包括电视广告、电台和广播广告、电影广告、互联网络广告、电子显示屏幕广告以及幻灯片、扩音机、影碟录像广告等。

⑤ POP 广告：即售点广告，如柜台广告、货架陈列广告、模特广告、圆柱广告以及在购物场所内的传单、彩旗、招贴画等（POP 广告是专设在售货点现场的广告，目的是为了弥补一般媒体广告的不足，以强化零售终端对消费者的影响力）。

⑥ 其他广告：比如表演广告、馈赠广告、赞助广告、体育广告、购物袋和手提包广告、雨伞广告等。

常用广告媒体的特性如表 10-3 所示。

表 10-3 常用广告媒体的特性

媒介	优 点	缺 点
电视	形象逼真，感染力强 高接触度，可重复播放 收视率高，深入千家万户 表现手法丰富多彩，艺术性强	成本高 播放时间短，广告印象不深 播放节目多，容易分散对广告的注意力 广告靶向性弱
报纸	可信度高 宣传面广，读者众多 费用低廉，制作方便 时效性强	发行周期短 传阅者少 登载内容多，分散对广告的注意力 单调呆板，不够精美，创新形式有限制
广播	费用低 覆盖面广，传播快 制作简便，通俗易懂 灵活多样，生动活泼	听众分散 创新形式受限制 有声无形，印象不深 转瞬即逝，难以记忆和存查
杂志	专业性强，针对性强 发行量大，宣传面广 可以反复阅读、反复接触 印刷精美，引人注目	发行周期长，时效性差 篇幅小，广告运用受限制 专业性强的杂志接触面窄 登载内容精彩，分散对广告的注意力

五、广告目标决策

企业的广告目标，取决于企业市场营销组合的整体战略要求，企业营销管理的不同阶段。要给广告确定具体的目标，归纳起来有以下几种。

1. 以告知为目标

以此为目标的广告主要向市场介绍一种新产品的问世。目的在于使潜在顾客了解新产品，提高认知度，在市场上唤起初步的需求。

2. 以说服为目标

这一广告目标是使消费者和用户不仅知道企业产品的名称，还要使他们了解、记忆企业及产品特点。这种广告在产品成长期配合差异性市场策略特别有效。

3. 以增加销售量为目标

以此为目标的广告除了对商品进行详细的介绍外，一般还附有图示、说明价格、信贷条件、购买地点，有时还有广告附表。顾客通过阅读这样的广告，即可以决定是否购买，决定购买后，只需要填写广告附表即可成文。

4. 以提醒为目标

当产品进入成熟期之后，配合营业推广促销采取以提醒为主的广告目标。因为这时市场对此产品已经相当熟悉，没有必要再像投入期那样详细地介绍产品，只需要向人们提醒它的销售地点和新的附加利益等就可以了。

六、广告信息决策

确定了广告目标之后，企业就要设计广告内容，即作出广告信息决策。

1. 广告信息创作

广告信息创作内容直接依据广告主所追求的目标市场及产品竞争定位策略的选择。同时还要具体研究目标市场不同年龄、不同收入、不同购买动机对不同广告信息的理解程度，设计几种不同的信息内容，评估、预测潜在市场对不同信息内容的销售反映函数。在此基础上评估、选择最佳的信息表达方式。

2. 广告主题选择

广告主题的确定应根据所推销的商品和不同的广告对象。如果广告对象是最终消费者，宣传的重点放在追求感情动机上容易成功；如是工业用户，就把重点放在追求理性购买动机上。但无论是追求感情还是理性购买动机，广告主题最重要是强调产品在使用中给买主带来的收益。企业在确定广告主题时，应注意以下原则：第一、目标市场买主的社会经济条件所决定的买方利益的综合情况；第二、从买主所期望的利益中选择较为重要的因素；第三、经选择较为重要的买主利益，检查竞争对手是否也在用其广告主题，避免使用竞争者已采用过的广告主题；第四、一则广告强调突出一个主题，针对性强，可以有效地吸引买主的注意力。

3. 广告信息表达

广告信息的表达方式，一般有以下几种。

① 生活片断。表现人们在日常生活中正在使用广告中的产品。

② 生活方式。强调本产品如何适应人们的生活方式。

③ 音乐化。把企业或产品形象用广告歌表达，歌词反复强调产品名称。

④ 想象与情趣。为产品制造一个能够唤起人们美好联想的气氛与形象。

⑤ 拟人化。使产品人格化，让其能说话。一些日用品和儿童用品经常采用此方法表达。

⑥ 科学证明，显示调查证明或科学实验。表明产品符合科学标准，一些家庭用保健品常用此方法。

七、广告效果的测定

广告效果表现为销售效果和广告本身效果两个方面。为了更有效地实施广告策略,有必要运用科学的方法测定广告效果。

1. 广告销售效果测定

广告销售效果即广告的经济效果,是以销售情况的好坏直接判断广告的效果。它是广告活动最佳效果体现,它集中地反映出企业在广告促销活动中的营销状况,广告销售效果的测定是衡量广告活动的中心环节。目前一般运用统计学有关原理与运算方法,推算广告费与商品销售比率,主要方法如下。

(1) 广告效果比率法,它表示销售量的增加与广告费的增加之间的比率关系,即在销售额量不变的情况下,广告费增加率越小,表明广告经济效果越好。

(2) 广告效益法。为了考察广告之后增加的销售额,可计算单位费用销售增加额,即每元广告费与广告之后销售增加额之间的关系。这种方法能较实际地反映出广告经济效果。广告效益的得数越大则广告经济效果越好。

(3) 广告费比率法。是计算每百元销售额支出的广告费用,广告费比率越小,则广告效果越大。

2. 广告本身效果测定

主要是测定广告信息对目标顾客心理效应的大小,包括对商品信息的注意、兴趣、情绪、记忆、理解等心理活动的反应。测定的项目主要有:注意度、知名度、理解度、记忆度和视听率等。这种评估应该在广告发布前后分别进行测试以形成对比。还可利用一些现代工具进行测试。

八、食品广告策划

1. 食品业特性分析

依据《广告审查标准》,食品包括:各种供人食用或者饮用的成品和原料,但不包括以治疗为目的的药品。即食品业包括通常我们所指的食品行业和饮料行业。

随着生活水平的不断提高,现代人的饮食习惯,从以往的一成不变趋向于多样化和复杂化。总的来说,现代人的饮食变化主要有以下四种倾向。

(1) 节约时间的倾向

现代社会快节奏的生活方式,使各种快餐食品应运而生。方便面、各种速冻食品、半成品等纷纷涌现,给繁忙而重闲暇的现代人提供了更多方便。

(2) 多样化的倾向

随着各国、各民族间的频繁交流,欧美、日本以及东南亚的各种风味食品也影响到了中国,尤其是年轻一代对外来食品与口味表现出较强的偏好。此外,休闲小食品市场以及各种口味的饮料市场也得到了蓬勃发展。

(3) 对绿色天然食品的需求

消费者对生活品质的需求明显提高,饮食讲究纯天然,要求完全不使用食品添加剂,要求不使用化肥等培育出的绿色蔬菜等。生产这类产品的企业应该严格按照生产要求、相关规定去做,必须保证其质量。

(4) 对保健营养品的需求

满足了基本生活需求之后,人们越来越注意食品的营养性与健康性。食品不仅可以果腹,还可以带来健康。近年来,市场上各种营养食品、保健食品、减肥食品的大量涌现,正符合了人们的这种需求。

2. 食品广告策划的特点

(1) 人们对食品最根本的要求是品质,因而食品的卫生性、新鲜性、保存性等是食品广告最基本的诉求点。对此,《食品卫生法》、《广告审查标准》都有明确规定,要求广告内容必须符合卫生许可的事项。

如:光明牛奶"百分百好牛篇"(30秒)电视广告脚本文案。

到底光明的牛是怎样选出来的呢?测体能、看外形、量体重、查视力、考智力。百分百好牛,出百分百好奶。好牛好奶100%。不努力成不了光明的牛。

(2) 诉诸食欲。在广告中突出食品的色、香、味,可以满足人们对食品的感官要求。

(3) 广告中强调食品的低糖、低热、低脂、少盐,可以满足人们对绿色天然食品的需求。

《广告审查标准》中明确规定:"食品广告表示其低脂、低糖、低盐、低胆固醇等含量的,必须出具卫生监督机构说明其明显低于同类产品含量的证明"。

(4) 强调特殊保健营养食品的功用时,要求不得出现医疗术语、易与药品混淆的用语以及无法用客观指标评价的用语,如返老还童、延年益寿、白发变黑等,也"不得表示或暗示减肥功能,若表示有助于消化、保持体型,应在广告中同时强调体育锻炼、营养均衡等与之配合"。

对保健品广告,广告国家工商管理局和卫生部明确规定:在可视广告中,保健食品标志所占面积不得小于全广告面积的1/36。其中,报刊、印刷品广告中的保健食品标志,直径不得小于1厘米;影视、户外显示屏广告中的保健食品标志,须不间断地出现;在广播广告中,应以清晰的语言表明其为保健食品。

(5) 挖掘食品中所包含的感情因素以及时尚内涵,赋予食品独特的个性。如黑松汽水"灵药篇"系列平面广告文案如下。

(一) 标题:爱情灵药

正文:温柔心一颗,倾听二钱,敬重三分,谅解四味,不生气五两,以汽水服送之,不分次数,多多益善。

广告语:用心让明天更新

(二) 标题:工作灵药

正文:热心一片,谦虚二钱,努力三分,学习四味,沟通五两,以汽水服送,遇困境加倍用之。

广告语:用心让明天更新

(三) 标题:生活灵药

正文:水一杯,糖二三分,气泡随意,以欢喜心喝之,不拘时候,老少皆宜。

广告语:用心让明天更新。

(6) 此外,树立健康卫生、负责任的企业形象,体现企业的亲近感和依赖感,也是食品企业一个不错的诉求。如统一企业的企业广告《母亲节篇》,广告文案如下。

只要真心付出,就是最大的快乐!/用妈妈的爱和关怀,/连结屋檐下的每一颗心,/爱自己的家,/也爱天空下的每一个家,/让妈妈的笑容更加灿烂!/统一企业提醒您,/真心付出,把爱分享!

(7) 食品广告的相关法律、法规。撰稿人在创作食品广告之前,除了解广告法规中的一般规定及"广告审查标准"外,还应充分把握《产品质量法》、《食品卫生法》、《保健食品管理办法》、《消费者权益保护法》等食品行业的相关法律法规。

第三节 人员推销

人员推销是一种最古老的推销方法,但它具有机动灵活地实现信息双向沟通的优点,这一优点是其他无法比拟的,所以这种古老的促销方式至今仍具有强大的生命力,尤其是食品的销售更是离不开人员推销。

一、人员推销的基本形式

随着商品经济的发展,市场营销活动的广泛深入,人员推销的形式也日益丰富。受食品的特殊性限制,其推销形式主要有终端推销和团体推销两种。

1. 终端推销

终端就是零售点,是食品实现交易、满足顾客需求的场所。终端推销就是推销员利用终端如超市、食杂店等进行宣传与介绍食品,开展推销活动。终端推销日益成为食品企业市场工作的一个重点。在这里,店员也就是推销员,其职能就是与顾客直接接触,面对面交谈,介绍食品,解答疑问,便于顾客挑选和比较。

2. 团队推销

所谓团队推销就是推销代表向一群人或一组人,即面向团队销售食品或服务。推销代表的工作对象是超市的主管和饭店的经理等。

二、人员推销的特点与任务

1. 人员推销的特点

① 人员推销具有很大的灵活性。在推销过程中,买卖双方当面洽谈,易于形成一种直接而友好的相互关系。通过交谈和观察,推销员可以掌握顾客的购买动机,有针对性地从某个侧面介绍商品特点和功能,抓住有利时机促成交易;可以根据顾客的态度和特点,有针对性地采取必要的协调行动,满足顾客需要;还可以及时发现问题,进行解释,解除顾客疑虑,使之产生信任感。

② 人员推销具有选择性和针对性。在每次推销之前,可以选好具有较大购买可能的顾客进行推销,并有针对性地对未来顾客作一番研究,拟定具体的推销方案、策略、技巧等,以提高推销成功率。这是广告所不及的,广告促销往往包括许多非可能顾客在内。

③ 人员推销具有完整性。推销人员的工作从寻找顾客开始,到接触、洽谈,最后达成交易,除此以外,推销员还可以担负其他营销任务,如安装、维修、了解顾客使用后的反应等,而广告则不具有这种完整性。

④ 人员推销具有公共关系的作用。一个有经验的推销员为了达到促进销售的目的,可以使买卖双方从单纯的买卖关系发展到建立深厚的友谊,彼此信任,彼此谅解,这种感情增进有助于推销工作的开展,实际上起到了公共关系的作用。

2. 人员推销的任务

① 沟通。与现实的和潜在的顾客保持联系,及时把企业的产品及其他相关信息介绍给顾客,同时了解他们的需求,沟通产销信息,成为企业与消费者联系的桥梁。

② 开拓。不仅要了解和熟悉现有顾客的需求动向,而且要尽力寻找新的目标市场,发

现潜在顾客，进行市场开拓工作。

③ 销售。通过消费者的直接接触，运用推销的艺术，分析解答顾客的疑虑，达成交易。

④ 服务。除了直接的销售服务外，尚需代表公司提供其他服务，如业务咨询、技术性协助、融资安排等。

⑤ 调研。利用直接接触市场和消费者的便利，进行市场调研和情报搜集工作，并且将访问情况做出报告，为企业开拓市场和制定营销决策提供依据。

三、人员推销的步骤

不同的推销方式可能会有不同的推销工作步骤，通常情况下，人员推销一般包括以下七个相互关联又有一定独立性的工作步骤。

1. 寻找顾客，是推销工作的第一步

寻找潜在顾客有很多途径，可以通过现有顾客的介绍，以及其他销售人员介绍、查找工商名录、电话号码簿等寻找潜在顾客。

2. 事前准备

在走出去推销之前，推销人员必须知己知彼，掌握三方面的知识。

① 产品知识——关于本企业、本企业产品的特点、用途、功能等各方面的情况。

② 顾客知识——包括潜在顾客的个人情况，所在企业的情况，具体用户的生产、技术、资金情况，用户的需要，购买决策者的性格特点等。

③ 竞争者知识——竞争者的能力、地位和它们的产品特点。同时，还要准备好样品、说明材料，选定接近顾客的方式、访问时间、应变语言等。

3. 接近，即开始登门访问，与潜在客户开始面对面交谈

这一阶段推销员要注意以下几点。

① 给顾客一个好印象，并引起顾客的注意。因而，穿着、举止、言谈、自信而友好的态度都是必不可少的。

② 验证在准备阶段所准备的全部情况。

③ 为后面的谈话作好准备。在接近时，注意使自己有一个正确的心态：友好，自信。友好：自己与对方是进行利益交换，是互惠互利的交换。自信：你不是低人一等求别人。你的企业产品是能经得起考验的。

4. 介绍

这是推销过程中的重要一步。任何产品都可以也必须用某种方法进行介绍。即使那些无形产品（如保险，金融，投资业务），也可以采用图形、坐标图、小册子等形式加以说明。介绍要注意通过顾客的视、听、触摸等感官向顾客传递信息，其中视觉是最重要的。在介绍产品时，要特别注意说明该产品可能给顾客带来的利益，要注意倾听对方的发言，以判断顾客的真实意图。

5. 处理异议，即克服障碍

推销人员应随时准备处理不同意见。顾客在听取介绍的过程中，总会提出一些异议，如怀疑产品的价值，不喜欢交易的条件。这就需要推销员应当具有与持不同意见的买方洽谈的语言能力和技巧，能解释、协商，随时有应对否定意见的措施和论据，但不要争辩。

6. 达成交易，即推销人员要求对方采取行动，订货购买阶段

有经验的推销人员认为，接近和成交是推销过程中两个最困难的步骤。在洽谈、协商过程中，推销人员要随时给予对方能够成交的机会。有些买主不需要全面的介绍，介绍过程中

如发现顾客表现出愿意购买的意图，应立即抓住时机成交。在这个阶段，推销人员还可以提供一些优惠条件，以尽快促成交易。

7. 售后追踪

达成交易不是推销的结束，而是下一轮推销的起点。如果推销人员希望顾客满意并重复购买，希望他们传播企业的好名声，则必须坚持售后追踪。售后追踪访问调查的直接目的是了解顾客是否满意已购买的产品，发现可能产生的各种问题，表示推销人员的诚意和关心。另外一个重要的目的，是促使顾客传播企业及产品的好名声，听取顾客的改进建议。

四、人员推销的管理

1. 人员推销的规模

合理确定推销人员的规模，是人员推销管理的首要问题，确定推销人员规模的方法有以下两种。

一是销售能力分析法。通过测量每个推销人员在不同范围、不同市场潜力区域内的推销能力，计算在各种可能的推销人员规模下，企业的总销售额及投资收益率，以确定推销人员的规模。

二是推销人员工作负荷量分析法。即根据每个推销人员的平均工作量及企业所需拜访的客户数目来确定推销人员的规模。

2. 人员推销的组织结构

（1）产品型结构。即将企业的产品分成若干类，每一个推销员（或推销组）负责推销其中的一类或几类产品。这种结构适用于产品结构类型较多并且技术性较强、产品间缺少关联的情况。

（2）区域型结构。将企业的目标市场分成若干区域，让每个推销人员负责一定区域内的全部推销业务，并定出销售指标。采用这种结构有利于推销人员与顾客建立良好的人际关系，并且有利于节约交通费用。

（3）顾客型结构。按照目标客户的不同类型（如所属行业、规模大小、新老客户等）组织推销人员，即每个推销员（或组）负责向同一类顾客进行推销活动。采用这种结构有利于推销人员了解同类顾客的需求特点。

（4）综合型结构。即综合考虑产品、区域和顾客等因素，来组成推销人员队伍。采用这种结构时，每个推销员的任务都比较复杂。

3. 推销人员的选择、评价和报酬

一个合格的推销人员不仅要善于推销食品，而且要善于推销满意。这就要求推销人员要具备较高的业务水平。一般来说，对推销人员主要有下列要求。

① 掌握食品的基本知识。这是推销人员开展工作的最基本的要求。食品是人类食用的物品，这就要求推销人员不仅要掌握本企业所生产或经营的食品的特点、性能、价格、销售等方面的情况，还要掌握食品的作用、用法、用量等。这样对购买者进行说服、推荐时将会更加有针对性。

② 善于言辞，具有较好的语言沟通能力。交谈、介绍是推销活动的第一步，融洽的交谈往往意味着推销成功了一半。善于言辞的推销员，能促成推销的顺利进行。但善于言辞不是吹牛说大话哄骗消费者的信任和喜爱，而是通过与顾客的寒暄，对商品的介绍、推荐，调动顾客说话的积极性。当顾客说话时，认真地倾听，做出积极的反应，买卖双方通过融洽的交谈、沟通，来提高销售效率和效果。

③ 善于察言观色，具有较强的应变能力。在推销洽谈中，顾客的购买意图往往是若隐若现的，成交信号也是稍纵即逝。而且不同顾客在性格、爱好等方面均有差异，这就需要推销员通过顾客的说话方式、面部表情等的变化，洞察顾客的心态，做出正确的判断，看准火候，把握成交的时机，促成交易的实现。例如：第一种方式："您买不买，别犹豫了，交钱吧。"顾客扭头就走。第二种方式："您真心喜欢？如果您真心喜欢我在价格上给您一点优惠。"没有强迫的语气，同时给顾客提供了一点小小的利益，顾客可能很快决定购买。

④ 具有较强的上进心和锲而不舍的敬业精神。这点主要是针对食品销售代表而言。销售往往是从被拒绝开始的，食品销售代表必须有屡败屡战的决心和愈挫愈勇的心理素质，手勤、脚勤、口勤是对食品代表的基本要求，待人诚恳、有韧性、有销售的欲望、有赚钱的欲望是销售成功的基本条件。

⑤ 注重仪容、仪表、仪态，待人接物举止规范有修养。作为食品销售代表，仪容、仪表、仪态是形成第一印象的重要元素，第一印象影响着对方对你的判断和评价，并将影响之后交往的成败。待人接物举止规范有修养是与顾客"相识"、产生信任感的重要条件。仪容、仪表、仪态美和规范地待人接物，对顾客具有很强的亲和力、感染力和吸引力，是商品得以销售的潜在动力。

第四节 公共关系

公共关系是促销组合中的一个重要组成部分，企业公共关系的好坏直接影响着企业在公众心目中的形象，影响着企业营销目标的实现，如何利用公共关系促进产品的销售，是现代企业必须重视的问题。

一、公共关系的本质特征

1. 企业的公共关系是指企业与其相关的社会公众的相互关系

这些社会公众主要包括：供应商、中间商、消费者、竞争者、金融保险机构、政府部门、科技界、新闻界等。可见，企业营销活动中存在着广泛的社会关系，不仅限于与顾客的关系，更不能局限于只有买卖关系。良好的社会关系是企业成功的保证之一，因此，建立和保持企业与社会公众的关系在企业营销活动中具有重要的作用。

2. 企业形象是公共关系的核心

公共关系首要的任务是树立和保持企业的良好形象，争取广大消费者和社会公众的信任和支持。一个企业除了生产优质产品和搞好经营管理之外，还必须重视创建良好的形象和声誉，在现代社会经济生活中一旦企业拥有良好的形象和声誉。就等于拥有了可贵的资源，就能获得社会广泛的支持和合作。否则，就会产生相反的不良后果，使企业面临困境。可见，以创建良好企业形象为核心的公共关系这项管理职能，它涉及到企业活动的各个方面，而且是长期地、不断地积累，不断地努力的结果。

3. 企业公共关系的最终目的是促进产品销售

广告等其他活动的目的在于直接促进产品销售，而公共关系的目的在于互相沟通，互相理解，在企业行为与公众利益一致的基础上争取消费者对企业的信任和好感，使广告等促销活动产生更大的效果，从而最终扩大产品的销路。正因为如此，公共关系也属于一种促销方式。不过，它是通过推销企业本身，从而促进产品销售。

4. 公共关系属于一种长效促销方式

公共关系比广告等活动成本少得多，有时甚至不需支付费用，而其效果却大得多，尤其是需要使消费者建立信任感的商品。因为消费者对广告存有戒心，使广告显得无能为力，而通过公共关系的活动却能消除疑义，获取信赖。

总之，公共关系着眼于企业长期效益，而广告则倾向于产品销售。

二、建立公共关系的主要方法

1. 利用新闻媒介

由新闻媒介提供的宣传报道对企业来说是种免费广告，它能给企业带来许多好处。首先，它比广告创造更大的新闻价值，有时甚至是一种轰动效应，而且能鼓舞企业内部的士气和信心，一个企业或者产品能作为新闻报道而受到赞扬，无疑是一种有力的激励。其次，宣传报道比广告更具有可信性，使消费者在心理上感到客观和真实。

2. 参与社会活动

企业在从事生产经营活动的同时，还应积极参与社会活动。在社会活动中体现自己的社会责任，赢得社会公众的理解和信任。充分表现企业作为社会的一个成员应尽的责任和义务。另一方面结交社会各界朋友，建立起广泛和良好的人际关系。

3. 组织宣传展览

在公共关系活动中，企业可以印发各种宣传材料，如介绍企业的小册子、业务通讯、图片画册、音像资料等、还可以举办形式多样的展览会、报告会、纪念会及有奖竞赛等，通过这些活动使社会公众了解企业的历史、业绩、名优产品、优秀人物、发展的前景，而达到树立企业形象的目的。

4. 进行咨询和游说

咨询主要是向管理人员提供有关公众意见。主要是企业定位与形象等方面的劝告和建议，也可包括回答和处理顾客的问题、抱怨和投诉。游说的对象主要是立法机构和政府官员。与他们打交道的目的是为了在一定范围内防止不利于本企业的法令、规定的颁布实施，或为了促使有利于本企业的法令、规定的颁布实施。

5. 导入 CIS 战略

所谓 CIS 即企业形象识别，是指通过改变企业形象，吸引外界的注意，从而改进业绩，达到预期目标的一种经营战略。

三、公共关系的实施步骤

公共关系在实施中必须遵循一定的程序。主要是确定目标、选择方法、实施项目和评价效果四个相互衔接的步骤。

1. 确定目标

在调查研究的基础上，根据社会公众对企业的了解和意见来具体确定公共关系目标。公共关系主要是利用信息沟通的原理和方法来进行活动的，因此，不同时期公共关系的具体目标是不相同的。

2. 选择方法

正确的方法是实现目标的保证，上面所介绍的各种方法都具有一定的针对性，有不同的适用范围，有的主要是增进企业目标公众的支持与理解，有的主要是提高企业知名度，有的主要是促进产品销售。企业应根据总目标的要求和具体情况选择公共关系的方法。

3. 实施计划

对企业来说开展公共关系活动存在着许多不确定因素，较难控制，困难也较大。为了保证公共关系计划的实现，首先要有组织的保证，明确公共关系部门职责；其次要提高公共关系人员的素质；再次要坚持以诚取信的原则；最后要善于抓住机遇。

4. 评价效果

对公共关系活动效果的评价往往是比较困难的。因为其一，传播信息的成效是一个潜移默化的过程，很难以具体的数据反映出来；其二，公共关系往往是配合着其他营销活动一道进行的，其收效也难单独列出。但人们观念和态度上的转变总会在行为中体现出来。

第五节 营业推广策略

一、营业推广的基本特征

1. 非规则性和非周期性

典型的营业推广不像广告、人员推销、公共关系那样作为一种常规性的促销活动出现，而是用于短期的和额外的促销工作，其着眼点在于解决某些更为具体的促销问题，因而是非规则性、非周期性的使用和出现的。

2. 灵活多样性

营业推广的方式繁多，这些方式各有其长处与特点，可以根据企业经营的不同商品的特点和面临的不同市场营销环境灵活地加以选择和运用。

3. 短期效益比较明显

一般来说，只要营业推广的方式选择运用得当，其效果可以很快地在经营活动中显示出来，而不像广告、公共关系那样需要一个较长的周期。因此，营业推广最适宜应用于完成短期的具体目标。

二、营业推广的作用与类型

1. 营业推广的作用

① 营业推广可以有效地加速新产品进入市场的过程。

当消费者对刚投放市场的新产品还未能有足够的了解和作出积极反应时，通过一些必要的推广措施可以在短期内迅速地为新产品开辟道路。

② 营业推广可以有效地抵御和击败竞争对手的促销活动。

当竞争者大规模地发起促销活动时，如不及时地采取针锋相对的促销措施，往往会大面积地损失已享有的市场份额。对此，可采用减价赠券或减价包装的方式来增强企业经营的同类产品对顾客的吸引力，以此来稳定和扩大自己的顾客队伍。此外，还可采用购货累计折扣和优待的方式来促使顾客增加购货数量和提高购货频率等。

③ 营业推广可以有效地刺激消费者购买和向消费者灌输对本企业有利的意见。

当消费者在众多的同类商品中进行选择，尚未做出购买决策时，及时的推广手段的运用往往可以产生出人意料的效果。

④ 营业推广可以有效地影响中间商，特别是零售商的交易行为。

生产企业在销售产品中同中间商保持良好关系，取得他们的合作是至关重要的。因此，生产企业往往采用多种营业推广方式来促使中间商，特别是零售商做出有利于自身的经营决策。

2. 营业推广的类型

① 对消费者的营业推广。如赠送样品、提供各种价格折扣、消费信用、赠券、服务促销、演示促销、包装促销、购物抽奖等。

② 对中间商的营业推广。如批量折扣、现金折扣、特许经销、代销、试销、联营、业务会议等。

③ 对推销人员的营业推广。如奖金、带薪休假、销售竞赛等。

三、营业推广的决策过程

1. 建立营业推广的目标

营业推广目标在总体上是受企业市场营销总目标制约的,是这一总目标在促销策略方面的具体化。在不同类型的目标市场上,营业推广的目标是各不相同的。对消费者来说,推广目标可以确定为鼓励经常和重复购买、吸引新购买者试用、改进和树立品牌形象等;对中间商来说,推广目标可以确定为促使零售商购买新的产品项目和提高购买水平,鼓励非季节性购买,建立起零售商对该品牌忠诚,打进新的零售行业等;对推销人员来说,推广目标可以确定为鼓励对新产品成熟型号的支持,鼓励更高的销售水平等。企业营销部门要通过多因素的分析,确定一定时期内营业推广的目标并尽可能使之数量化。

2. 选择营业推广的工具

营业推广的工具是多种多样的,各有其特点和使用范围。在选择营业推广的工具时要考虑的主要因素如下。

① 市场类型。如生产者市场和消费者市场的需求特点和购买行为有很大的差异时,所选择的推广工具必须适应企业所面对的市场类型的特点和相应的要求。

② 营业推广目标。特定的营业推广目标往往对促销工具的选择有着较为明确的条件要求和制约,从而规定着这种选择的可能范围。

③ 竞争条件和环境。包括企业本身在竞争中所具有的实力、条件、优势与劣势及企业竞争者的数量、实力、竞争策略等因素的影响。

④ 促销预算分配及每种推广工具的预算。总的市场营销费用中有多少用于促销费用,其中又有多少份额用于营业推广,往往也对推广工具的选择形成一种硬约束。

此外,往往有这样的情况,即同一推广目标可以来用多种推广工具来实现。这里就有一个推广工具的比较选择和优化组合问题,目的是为了实现最优的推广效益。

3. 制定营业推广方案

在制定营业推广方案时,要注意以下几点。

① 比较和确定刺激程度 要使推广取得成功,一定程度的刺激是必要的。刺激程度越高,引起的销售反应也会越大,但这种效应也存在递减的规律。因此,要对以往的推广实践进行分析和总结,并结合新的环境条件,确定适当的刺激程度和相应的开支水平。

② 选择营业推广对象 推广是面向目标市场的每一个人还是有选择的某类团体?范围控制在多大?哪些人是推广的主要目标?这种选择的正确与否都会直接影响到推广的最终效果。

③ 选择营业推广的媒介 比如选定赠券这种推广工具,那么还须进一步确定有多少用来放在包装中,多少用来邮寄,多少放在杂志、报纸等广告媒介中,而这些又涉及到不同的接受率和开支水平。

④ 选择营业推广的时机 在何时开始发动推广战役,持续多长时间效果最好等,也是

值得研究的主要问题。持续时间过短,由于在这一时间内无法实现重复购买,很多应获取的利益不能实现;持续时间过长,又会引起开支过大和损失刺激购买的力量,并容易使企业产品在顾客心目中降低身价。按照有关研究,每个季度搞三次左右的推广活动为宜,每次的持续时间以平均购买周期的长度为宜。

⑤ 确定营业推广的预算　这要考虑各种推广工具的使用范围、额度、各种产品所处的生命周期的不同阶段等多种因素来加以平衡和确定。

4. 实验、实施和控制营业推广方案

推广工具的选择是否适当,刺激程度是否理想,现有的途径是否有效。实验可采取询问消费者、填调研表、在有限的地区内试行方案等方式进行,当实验同预期相近时,便可进入实施阶段。在实施中,要密切注意和测量市场反应、并及时进行必要的推广范围、强度、频度和重点的调整,保持对推广方案实施的良好控制,以顺利实现预期的目标。

5. 评估营业推广的效果

评估营业推广效果是一项重要而又困难的工作。应当明确,评估工作事实上在选择推广手段前就已经开始了。如制造商向推广对象的中间商说明将要使用的推广手段,听取他们的意见,通过获得这些人对这些手段的反应来做出某种判断。营销者也可以通过各种方法来了解消费者的意见。在营业推广方案实施后要对其有效性进行总的评估,最普通的方法是比较推广前、推广期间和推广后的市场份额变化。此外,营销人员也可以采用消费者调研的方式来了解事后有多少人能回忆起这项推广活动,他们如何看待这项推广活动,有多少人从中得益,这项活动如何影响他们后来的品牌选择行为等等。营业推广效果的评估还可以通过变更刺激程度、推广时间、推广媒介、推广对象来获得必要的经验数据,供比较分析并得出结论。

本 章 小 结

本章主要介绍了食品促销的含义和作用,对人员推销、食品广告、公共关系、营业推广这四种促销方式具体分析,分析了这些方式的特点,种类及其采取的策略。

思考与练习

一、判断正误并说明理由

1. 促销的目的是与顾客建立良好的关系。（　　）
2. 在信息的传播过程中噪声并不是必然存在的,是可以防止的。（　　）
3. 对单位价值较低,流通环节较多,流通渠道较长,市场需求较大的产品常采用拉引策略。（　　）
4. 推式策略适用于用户多而广,需求量大的产品促销。（　　）
5. 在产品的衰退期,没有必要采取任何的促销手段。（　　）
6. 在产品的导入期,首选的促销手段是人员推销。（　　）
7. 公共关系是注重长期效应的间接促销方式。（　　）
8. 人员推销主要适合于消费者数量多,比较分散情况下进行促销。（　　）
9. 营业推广与公共关系作为企业主导性策略必须配合使用。（　　）
10. 企业可通过长期使用营业推广或人员推销培养顾客忠诚度。（　　）

二、简答题

1. 促销的本质是什么?从促销的本质属性出发,谈谈怎样才能有效提高促销工作的效率?

2. 什么是促销组合策略？影响促销组合策略的因素有哪些？
3. 什么是人员推销？人员推销的主要工作流程是怎样的？如何进行人员推销管理？
4. 什么是广告，广告决策有哪些主要内容？
5. 什么是公共关系？公共关系与广告有何主要区别？
6. 如何进行营业推广的决策，应注意的问题有哪些？

三、案例分析

案例分析 10-1

王老吉成功的两大策略

从零到一亿王老吉走过了近百年，从一亿到五十亿，王老吉用了五年多的时间，而从五十亿到百亿却只用了短短的一年多时间，按照常规一亿到五十亿用了五年已经不易，但短短的一年从五十亿上升到百亿，这个突破在饮料行业是令人难以想象的，但王老吉却做到了。

当众多营销人把王老吉的成功归结为定位的成功、营销的成功时，个人觉得还欠缺点什么，因为营销成功因素很多，王老吉成功的核心似乎还比较朦胧。当我们回归营销的原点重新梳理王老吉的运作轨迹时，我们惊奇的发现王老吉的成功可以用两个字的策略概括——"知"和"信"。

策略一：知为上

知即知名度，亦可引申为品牌知名度等。在中国没有知名度的产品很难卖好，而有很好知名度的产品大都卖的不错，除非你的产品力实在太差。

20世纪，王老吉一直是广东地区的区域产品，以凉茶的形式存在，卖了百年屹立不倒，在广东地区有一定的知名度，这说明产品力够强劲。为啥一直卖不好？很多营销人早已给出了答案，除了产品定位模糊外最主要的还是在全国缺乏较好的知名度。

2000 年左右王老吉迈出了打造知名度的步伐，先后上央视、卫视、赞助体育赛事、公益活动等，经过前后近七年的努力，王老吉在全国拥有较高的知名度，销售也在节节攀升。但无论怎样，王老吉的销量一直未能突破百亿，似乎到达了常规饮料销售的瓶颈了。虽然王老吉占据权威媒体如央视、卫视，并赞助体育赛事等树立了较高的口碑，但老百姓的信任度还没有完全释放出来，还有很多的族群只是看广告而很少购买。单从这个意义上来说王老吉只是成功了第一步，但这一步已经足够羡煞众多的企业了，可王老吉似乎不满足这样的市场表现，一直没有停止追寻突破的步伐。

策略二：信为纲

只有知名度没有信任度，是不能创造真正的成功，这一点在三鹿的三聚氰胺事件中表现的淋漓尽致，"知"是营销的上策，而"信"却是营销的纲领，偏离了这个纲领，势必是知名度越高死的越快。相信王老吉深刻的看透了这一点，对于"信"的打造王老吉从来没有放松过脚步，从较早的赞助公益、体育以及广告传播的调性都非常注重品牌形象这个"信"的打造。成功的企业都善于抓住时机，显然王老吉没有把这句话当作空话。

2008 年汶川大地震，5月18日晚，央视一号演播大厅举办的"爱的奉献——2008抗震救灾募捐晚会"总共筹资逾十五亿元。其中，罐装王老吉以一亿元人民币的国内单笔最高捐款震撼了国民的心，这笔捐款敲响了王老吉全力打造"信"的号角。

很快就有网民抛出"买光王老吉"的帖子，并迅速占据了各大网站、论坛、报纸、电视等主流媒体的头条，引发了王老吉在各地卖断货的现象，同时也极大的点燃了老百姓的民族热情，王老吉以突破之势席卷了大江南北，多年积累的品牌知名度在此刻联合民族的"信"一起爆发，其威力把众多营销人惊呆，甚至多年只看广告从未购买的人也加入购买的大潮，至此王老吉才正式完成"知"、"信"的两步走，这个时间定格在2008年年中。

成功要用心呵护

"知"、"信"的建立对企业而言只是好的开始，只有维护"知"、"信"的持久，才能收获更多，才能保证持久的市场占有。好的知名度建立起来后，要有持续不断的广告提醒或事件营销，否则消费者容易把你忘记掉。信任度建立起来后，要有持续不断的良好企业形象或品牌形象的传播，否则信任度就会慢慢减弱。这两点从现在王老吉继续推行的各种营销手段中可以窥见一斑。

新老品牌要区别对待

对新品牌而言，常见的有三种建立"知"、"信"的方式，一种是先让你知道，再让你信任（典型：王老吉）；二种是先让你信任，再让你知道（典型：佳洁士）；还有一种是让你一开始就知道和信赖（典型：黄金酒）。显然王老吉采用的是第一种方式，先打造良好的知名度带动销售，持续不断的树立信任度。

而对于知名品牌而言，"信"的增加，不仅可以抢占到竞争对手的市场份额，更令我们惊奇的是，他可以挖掘到更多的潜在消费者，成为企业的忠诚客户。这或许是王老吉突破百亿的核心策略吧。

资料来源：刘练.王老吉成功的两大策略.中外食品：2011，5.

【案例思考】

1. 本案例中王老吉围绕"知"和"信"主要采取了何种策略？其成功之处何在？
2. 结合目前食品饮料行业的激烈竞争，谈谈你从此案例中得到的启示。

第十一章
食品市场营销的组织、实施与控制

★ 学习目标与要求

1. 了解市场营销组织的概念，掌握市场营销组织的类型和特点。
2. 了解市场营销控制的方法和特点。
3. 掌握食品市场营销部门与其他部门之间的冲突和协调。
4. 掌握市场营销审计。

★ 基本概念

食品市场营销组织　食品市场营销实施　营销环境审计

食品企业和其他企业一样，营销活动是从营销策划到营销目标的一个完整过程，企业必须通过对营销活动进行组织实施和控制，尽可能地把握与推动营销活动状态，以维持市场营销资源与目标的平衡，与变化多端的市场相适应，这是企业营销活动成功与否的基本保证。

第一节　食品市场营销部门的组织

一、食品企业市场营销组织及其沿革

食品市场营销组织是指食品企业为了实现其营销目标具体制定和实施市场营销计划的职能部门。

根据市场营销组织承担的职能划分，西方发达国家市场营销组织经历了以下 5 个演变过程。

1. 单纯的销售部门

单纯的销售部门是指销售部门仅仅负责产品销售工作，通常由一位销售主管领导几位销售人员从事单纯的产品推销工作，促使他们卖出更多的产品。

在 20 世纪 30 年代以前，产品生产和库存管理等完全由生产部门决定，销售部门对产品种类、规格、数量等问题几乎没有任何发言权［如图 11-1(a) 所示］。

2. 兼有附属职能的销售部门

兼有附属职能的销售部门是指销售部门除了负责产品推销工作之外，还兼做市场调查、广告宣传以及顾客服务等方面的工作。

在 20 世纪 30 年代市场大萧条以后，市场竞争日趋激烈，企业大多以推销观念作为指导思想，从而需要进行经常性的市场营销研究、广告宣传以及其他推广活动，后来这些工作逐渐变为专门的职能，需要聘请有经验的营销主管来承担这些新职能，于是企业便专门设立了一名市场营销主管负责这方面的工作［如图 11-1(b) 所示］。

3. 独立的市场营销部门

独立的市场营销部门是指市场营销部门与销售部门并行，专门从事市场营销研究、新产

品开发、广告宣传和为顾客服务等方面的工作，销售经理容易偏向推销职能，把过多的时间与精力放在销售队伍上，对市场营销的其他职能关注不够。公司总经理认识到，设立一个相对独立的营销部门是有好处的。营销经理和销售经理共同对总经理负责，在具体工作上，这两个部门需要密切配合［如图 11-1(c) 所示］。

4. 现代市场营销部门

现代市场营销部门是指市场营销部门全面负责产品推销和其他市场营销职能。

虽然销售经理与营销经理的工作理应步调一致，但实际上，他们之间的关系常常带有互相竞争和互不信任的色彩。销售经理趋向于短期行为，侧重于取得眼前的销售量；市场营销经理多着眼于长期效果，侧重于制造适当的产品计划和市场营销战略，以满足市场长远需要。在解决两个部门之间的矛盾和冲突的过程中，形成了现代市场营销部门的基础，即由市场营销副总经理领导下辖的营销职能部门和销售部门［如图 11-1(d) 所示］。

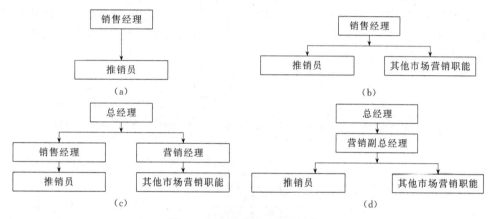

图 11-1　市场营销组织的沿革

5. 现代市场营销公司

现代市场营销公司是独立和专门从事市场营销工作的机构。一家企业即使设置了现代市场营销公司，并不等于它就是以市场营销原理指导运行的公司。市场营销公司不应只是名称的改变，更重要的是经营观念的改变，只有公司的全体员工都认识到他们的工作是选择该公司产品的顾客所给予的，树立"以顾客要求为中心"的观念，该公司才能成为有效的现代营销公司。

二、食品市场营销部门的组织形式

现代市场营销部门有多种多样的组织方法和组织形式，食品企业采取哪种组织形式，受到许多因素的制约，这些因素包括：宏观环境和国家经济管理体制；食品行业管理体制；企业的营销指导思想；企业自身所处的发展阶段，业务范围和经营战略等。现代市场营销部门的组织形式主要有以下几种。

1. 职能型组织

职能型组织是指在食品市场营销部门内部分设不同的职能部门，如广告部、销售部、市场调研部等，不同职能部门分别担负不同的工作，市场营销副总经理负责协调各专业部门的工作（如图 11-2 所示）。职能型是最常见的营销部门组织形式，这种组织形式的主要优点是简便易行，分工明确。缺点是没有一个职能部门对某一种具体产品或市场负责，并且各职能部门都为获得更多的预算和更加有力的地位而竞争，致使营销经理经常陷于难以调和的纠纷之中。一般来说，职能型组织比较宜于企业只有一种或少数几种产品，或者企业所有产品的市场营销方式大体相同的情况。随着企业产品品种的增多和市场的扩大，这种组织形式会越来越暴露出其弱点。

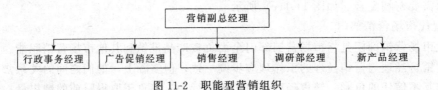

图 11-2 职能型营销组织

2. 地区型组织

地区型组织是指在市场营销部门内部分设不同的地区经理，地区经理不仅负责食品推销，而且负责地区的市场调研、广告方案和营销计划制订等，市场营销副总经理负责协调各地区经理的工作（如图 11-3 所示）。一个销售范围遍及国内或国际很多地区的食品公司，通常都按照地理区域安排其销售队伍。如统一、双汇、娃哈哈等大型企业都按区域分设地区销售经理分管该地区的营销工作。

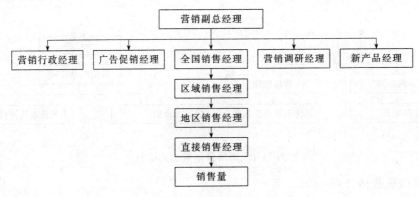

图 11-3 地区型组织

地区型组织形式的优点是考核方便，易于密切销售经理与当地业界的关系；缺点是易于造成销售经理过于追求短期利益而影响企业整体计划的执行，并且所需食品销售人员过多，从而使得开支过大。

一般来说，地区型组织比较适宜于市场地区比较分散和市场范围比较广泛的食品企业。

3. 产品型组织

产品型组织是指在市场营销部门内部分设不同的产品经理，产品经理负责某一种或某一类具体食品的全部市场营销工作，营销副总经理负责协调各产品经理之间的工作（如图 11-4 所示）。

图 11-4 产品型组织

产品型组织形式的优点是产品经理负责某种食品的全部营销工作，有助于协调各市场营销职能，并对市场变化做出积极反应；由于有专门的产品经理，从而能够保证小品牌产品不被忽视；产品经理也是培养年轻经理获得全面工作经验的好位置。但缺点是各个产品经理相互独立，他们会为保持各自产品的利益而发生摩擦；产品经理往往不能够获得足够的权威以保证他们有效地履行职责；权责划分不清楚，下级可能会得到多方面的指令。一般来说，产品型组织形式比较适宜于产品种类较多的食品企业。

为了克服产品型组织的缺点，需要对产品经理的职责以及他们同职能人员之间的分工合作做出适当的安排。

4. 市场型组织

市场型组织是由一个总市场经理管辖若干细分市场经理，各市场经理负责自己所管市场发展年度计划和长期计划。其中心内容是在以市场为中心的营销观念指导下，通过开展食品市场研究、用户研究，建立目标市场及市场目标，并由市场经理进行管理。这种组织结构的最大优点是：企业可针对不同的细分市场及不同顾客群的需要，开展营销活动。这种组织形式中市场经理与产品经理的职责相类似，这种组织制度有着与产品型组织相同的优缺点。目前在西方国家，越来越多的企业营销活动都是按照市场管理型结构建立。

5. 产品-市场型组织

这是一种既有产品经理，又有市场经理的两维矩阵组织。当企业面对纷繁复杂的市场，生产经营多种不同的食品时，产品经理难以把握市场的特点及其变化规律，而市场经理也不可能对所有的食品都十分了解。解决这个难题的办法是将产品型组织和市场型组织有机地结合在一起，以适应市场竞争和企业规模扩大的需要。

产品-市场型组织对那些多品种、多市场的食品企业来说是适用的。但这种类型的组织管理费用太高，而且容易产生矛盾与冲突。

由于现代食品流通领域的开放，食品物流行业发展迅速，食品生产企业、食品流通企业、食品和消费者之间的联系形式更广泛，食品企业的营销组织形式也更具有多样性。

三、影响食品企业市场营销组织的因素

食品企业适宜采取哪种组织形式，一般受以下几方面因素的制约。

1. 企业规模

一般来说，企业规模越大，市场营销组织越复杂；企业规模越小，市场营销组织也就相对简单。随着生产技术和经济的发展，食品企业所面对的市场规模进一步扩大，加之实现食品企业规模经济的要求使食品企业大都有扩大生产经营规模的趋势。

2. 市场状况

一般来说，市场的地理位置是决定市场营销人员分工和负责区域的依据。如果市场由几个较大的细分市场组成，企业需要为每个细分市场任命一位市场经理；销量较大的市场一般需要较大的市场营销组织；而且组织越大需要的各种专职人员和部门也就越多，组织也越复杂。从食品市场定位来看，老、中、青、幼、病，各个年龄、各个阶层都有适合用的食品。现在的市场营销已发展到市场细分阶段，不可能一种食品对所有的顾客都适用，所以大型食品企业的组织也越来越复杂。

3. 产品特点

产品特点包括企业经营的产品种类、产品特色、产品项目的关联性以及产品在技术服务

方面的要求等。对于经营产品种类多、特点突出、技术服务要求高的企业，一般应建立以产品型模式为主的营销组织机构。

四、食品市场营销部门与其他部门之间的冲突和协调

1. 市场营销部门与其他部门之间的冲突

为了实现食品企业整体利益和长远目标，企业内部各职能部门之间应加强合作，密切配合。但事实上企业各职能部门之间几乎总是存在着矛盾和冲突。

（1）与食品研究开发部门之间的冲突　食品研究开发部门是由科技人员组成的，他们擅长解决技术问题，常为食品生产技术的领先和开发出新的食品种类而骄傲，却不太关心成本和眼前利润，通常认为他们对产品的销售特色更感兴趣。食品市场营销部门则是由具有商业头脑的人组成，他们对食品市场了解深入，要求食品具有能满足顾客需要的属性，注重成本和获利性，他们会认为食品研发人员是不切实际和不懂业务的知识分子。

（2）与采购部门之间的冲突　食品企业的采购部门负责以最低成本买进质量和数量合适的原材料，他们会考虑进货成本和储存成本，以减少费用。市场营销部门则会认为应推出多种形式的产品，对原料供应要求多品种并及时到库，能根据消费者的需要采购。

（3）与生产部门之间的冲突　食品生产部门负责生产的正常进行，以实现用适当的成本，在适当的时间，生产出适当数量食品的目的。他们整天忙于处理食品设备的机器故障、原料缺乏、劳资纠纷及怠工等问题，他们希望食品品种结构简单，长期生产单一品种，使生产均衡化、标准化；他们抱怨市场营销人员在不了解工厂情况下，一味地埋怨工厂生产能力不足，生产拖延，质量控制不严，售后服务不佳，并且经常做出不正确的销售预测和推荐难以生产的食品，答应给顾客过多和不合理的服务项目等。市场营销人员往往只注重顾客提出的问题如顾客希望很快拿到产品，收到了不合格的产品后能得到有效的服务等，他们一方面希望生产部门根据顾客需要经常变换产品品种和规格，另一方面对生产部门为满足顾客需要而增加的成本却未能显示出足够的关心。

（4）与财务部门之间的冲突　财务主管人员擅长评估不同业务活动的盈利能力，但每当涉及到市场营销经费时往往就喊"头痛"，他们按标准严格控制开支，实行硬预算，价格一定要补偿成本，不能随便降价。市场营销部门则认为财务部门控制资金太紧，预算没有适应市场变化的需要，不够灵活，甚至感觉财务部门把所有市场营销经理的经费支出看作是一种浪费而不是投资；他们认为财务人员过于保守，不愿冒风险，致使与许多好的机遇失之交臂，存在着食品营销费用控制与营销实施之间的矛盾。

（5）与信贷部门之间的冲突　信贷部门强调投资风险要低，严格供货条款和手续。对客户进行全面财务审查，他们最关心的是顾客的还贷能力，他们希望市场营销人员把产品出售给任何人。市场营销人员则倾向于增加对顾客的商业信贷以刺激要求，他们常觉得信贷部门标准订得太高，会失去很多笔买卖和利润。现在很多食品企业采取延期付款的方式销售产品，以扩大销售，但是又存在货款不能收回的风险。

2. 食品市场营销部门与其他部门之间关系的协调

如何减少企业内各部门间的矛盾，又不导致错误的决策，关键是确立市场营销导向。但遗憾的是，在现实生活中大多数企业是销售导向型、技术导向型和产品导向型企业，这些企业迟早会受到市场冲击，从而失去市场或出现增长缓慢和利润下滑的局面。企业的最高管理层应真正理解食品市场营销与传统推销的区别，确信营销导向是食品企业在现代

市场竞争中取胜的关键所在,为消费者提供令他们满意的食品和服务是企业获取成功和立于不败之地的基础,同时要使全体员工和各级主管都牢牢树立这种思想,并且将这一观念渗透到企业文化中,企业才能真正成为营销导向的企业,营销部门与各职能部门的关系也才能趋于协调。

一般来说,建设市场导向型企业文化应采取以下措施。

① 明确要求所有经理都成为市场导向型经理。食品企业应明确从企业最高层到各部门高级主管均对企业市场营销负有责任,他们都应了解市场需要,参与制定企业市场营销目标,并检查执行情况。在这里,只有企业最高层视市场营销为公司成长、繁荣的关键,并给市场营销部门以更大的发言和决策的权力,市场营销的基本原则才可能逐渐深入到企业的各个部门;企业最高层应身体力行对消费者进行的承诺并实现承诺,同时奖励那些也同样做的雇员们;还要不断向雇员、供应商、分销商强调为消费者提供高质量和价值的产品的重要性。

② 建立强有力的食品市场营销队伍。食品企业应招聘市场营销方面的能人,提拔具有市场营销观念的管理人员;雇用高级市场营销人员,组建项目小组,以便在市场营销活动中将市场营销思想和实践带入企业。应提倡市场营销人员不但要有食品及营销方面的专业知识,还应在具备较高的情商方面进行努力。

③ 建立完善的各种制度。食品企业应建立营销计划制度,制定出一定时间内的一整套食品市场营销战略计划,有步骤地执行和完成计划,并使计划具有延续性。还应建立奖励制度,奖励那些为提供更好的食品和服务给消费者而做出了重大贡献的部门和个人,而不是那些一味地为节约成本而忽视长远效益、不愿意增加有效投资的部门和个人;对很好地完成了营销计划和组织了有效的营销活动的业务单位和个人给予奖励和表彰。

④ 加强企业内部培训。对于食品企业除了要对食品方面的知识进行培训外,还要定期对经理和营销人员进行食品法规和营销知识方面的培训,让全体营销人员树立市场营销观念和服务意识,掌握相关的营销技能。

第二节 食品市场营销实施

食品市场营销实施,是指食品企业为确保营销目标的实现,将食品营销战略和计划转化为具体的营销活动的过程。食品营销战略和计划是解决食品企业"应该做什么"和"为什么这样做"的问题,而食品营销的实施则是要解决"什么人在什么地方、什么时候、怎么做"的问题。食品营销战略和计划是作出决策,营销实施是执行决策。一个食品营销计划必须得到有效的实施才能体现出它的价值。在食品企业的市场营销实践中,难免会发生失误。失误的原因很多,有时是决策本身的问题,有时是决策执行中的问题。因此,在市场营销的实施过程,为保证市场营销计划能够被成功地实施,要按科学的步骤进行,同时要注意解决存在的问题。

一、食品市场营销的实施过程

食品企业市场营销的实施过程,包括5个相互制约的步骤(如图11-5所示)。

1. 制定行动方案

即计划实施的具体安排,包括人员配备、目标分解、资源分配、时间要求等。为了有效实施市场营销战略和计划,必须制定详细的行动方案。这个方案应尽可能详细,明确营销战略实施的关键性决策和任务,并将执行这些决策和任务的责任落实到人。如果只考虑总体战略而忽视执行中的细节,将使计划过于笼统而难以执行。

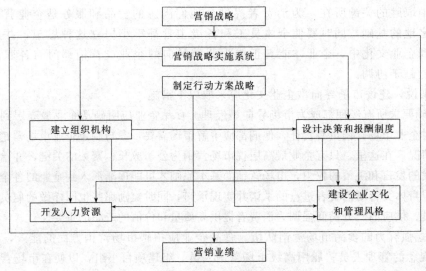

图 11-5　食品企业市场营销的实施过程

2. 建立组织机构

企业正式的营销组织机构在营销战略的实施过程中有决定性的作用。组织将战略实施的任务分配给具体的部门和人员，明确规定职权界限和信息沟通渠道，协调企业内部的各项决策和行动。组织机构必须同企业战略相配合，必须同企业本身的特点和营销环境相适应。

组织机构具有两大功能，首先是提供明确的分工，将全部工作分解成便于管理的几个部分，再将它们分配给各有关部门和人员；其次是发挥协调作用，通过正式的组织联系和信息沟通网络，协调各部门和人员的安排。

3. 设计评估和报酬制度

为了实施市场营销战略和计划，必须设计相应的评估和报酬制度，这些制度直接关系到营销战略实施的成败。例如，企业对管理人员工作的评估和报酬制度，如果是以短期的经营利润为依据，管理人员的行为必定趋于短期化，对实现企业的长期战略目标是不利的。

4. 开发人力资源

食品市场营销最终是由食品企业内部工作人员来执行的，因此人力资源开发至关重要，这涉及到人员的考核、选拔、安置、培训和激励等问题。在考核选拔管理人员时，要考虑从企业内部选拔还是从外部招聘更有利；在安置人员时要注意将适当的工作分配给合适的人，做到人尽其才；为了激励员工的积极性，必须建立完善的工资、福利和奖惩制度。此外，企业还必须决定行政管理人员、业务管理人员和一线员工之间的比例。现在，许多外国企业已经削减了公司一级的行政管理人员，以减少管理费用，提高工作效率。

5. 建设企业文化

企业文化是指一个企业内部全体人员共同持有的和遵循的价值标准、基本信念和行为准则。它是企业的精神支柱，对企业经营作风和领导风格，对职工的工作态度和作风，均起着决定性的作用。要让全体员工树立市场营销观念，实施全员营销。与企业文化相连的是企业管理风格。有些管理者的管理作风属于"专权型"，善于发号施令、独揽大权、严格控制，坚持采用正式的沟通渠道，不容许非正式的组织和活动。另一种管理风格是"参与型"的，管理者主张授权给下属，协调各部门的工作关系，鼓励下属的主动精神和非正式的交流与沟通。企业文化和管理风格一旦形成，就具有相对稳定性和连续性，不易改变。因此企业战略通常是适应企业文化和管理风格的要求来制定的，而不宜轻易改变企业原有的文化和风格。

二、影响市场营销计划有效实施的原因

尽管食品市场营销计划极为重要，但在现实生活中往往不能够被很好地贯彻，以至于计划流于形式。这主要有以下几个方面的原因。

1. 战略计划脱离实际

如果市场营销计划脱离企业实际，则市场营销计划就难以执行。由于市场营销计划通常是由上层专业人员制定的，专业人员有时由于不了解计划执行过程中的具体问题，往往导致市场营销计划与企业实际不相符，致使计划难以落实。为保证营销计划的落实，要尽量避免专业人员不切合市场实际而盲目遵从营销的"金科玉律"来制定计划的现象。应该让专业人员协助市场营销人员制定计划，以市场为导向，针对市场的实际运作和竞争对手的状况，制定一系列的营销战略计划。

2. 缺乏具体执行方案

专业人员制定市场营销计划，往往只考虑总体战略而忽视执行中的细节，致使计划过于笼统而难以执行，缺乏以实战为基础。因此需要专业人员制定鲜明的、差异化的战术计划和执行方案。

3. 营销人员追求短期利益

食品市场营销战略和计划通常着眼于企业长期目标，涉及今后3～5年的经营活动。而对食品市场营销战略和计划的执行者——市场营销人员的考核和评估标准则主要依据短期工作绩效，如食品销售量、市场占有率和利润率等指标，因此，市场营销人员往往选择短期行为。

4. 组织机构之间配合不够

对于食品企业来说，计划还好制定，执行过程通常更难以把握。这是因为在执行的过程中缺少必要的协调管理和一致的目标导向。要想将制定的市场营销活动计划贯彻执行并达到预期的目标，企业组织机构的配合与企业市场营销的流程是关键。要建立完善合理的企业市场营销体系，要制定一套规范的、标准的市场营销流程。今天，企业的任何工作已不再是可由某个行政业务部门自由独立完成的了，都需要企业内各部门间的通力协作，以往许多不成功和失败的案例，教训之一就是部门之间的配合差、相互推卸责任、没有明确的边界定义，以至造成谁都在管，又谁都管不了的局面，久而久之，问题积压成堆，矛盾越来越深。

5. 企业因循守旧的惰性

企业新的战略如果不符合企业传统和习惯，往往就会遭到抵制。新旧战略差异越大，执行新战略遇到的阻力就越大。因此，要想执行与旧战略截然不同的新战略，常常要打破企业传统的组织机构、营销模式和供销关系。

三、突破传统，营销创新

在企业竞争越来越激烈的今天，市场营销变得越来越重要，面对众多的市场竞争对手，在市场实操的过程中，战术与战略、品牌与销量、管理与混乱等问题和矛盾始终困扰着广大的营销工作者。保守的营销观念，导致落后的营销模式和营销手段。很多食品企业的营销水平还停留在传统的"机构＋人员"的营销水平，个人营销能力决定企业的整体营销成败，根本没有"体系营销""整合营销"的概念。营销手段也局限于"礼品促销"和"价格战"。下

面介绍三个突破传统，营销创新的手段。

1. 战术导出战略

传统的营销方式是从上到下的一种营销模式，上是从概念出发，制定理想状态下的战略计划和目标，下是营销实战中的市场战术运作方案。在企业的营销过程中，有了理想的宏谋伟略，却往往与市场的实际情况背道而驰，到头来靠理想不能把对手打死，不能占领产品的市场，理想就会变成空想，空想只能是你自己打自己，用一种假设去批判另一种假设的纸上谈兵。

打破旧的传统模式，突破因循守旧的思想，创新市场营销实施方案，有时能使企业的营销计划得以成功实现。

2. 全方位营销

为了有效地实施营销计划，企业的每个层次——职能、规划、政策都必须运用一套技能，相互配合，实施全方位营销。

3. 开拓创新整合营销

有一段时间，某食品企业的营销工作由于对食品流通市场的变化认识不足，整体营销模式仍然停留在传统的阶段，营销工作的重点并没有放在纵深拓展市场空间上，对如何启动终端消费需求的措施不力；仍然依靠广告拉动消费，依靠代理经销商坐地经商，等客上门发货，依靠少数业务员进行分销网点的拓展工作；而业务人员也只满足于与一级大城市的少数经销商进行商业衔接及"做安乐事赚安乐钱"的现状。实践证明，这种模式不能进一步扩大网络、增加销售，必须进行改革。

该公司营销部深刻地认识到这一问题的严重性，于是推出一系列改革措施：在组织架构上设立区域经理、省区经理、地区经理和业务助理，赋予各自相应的职权；在方法上以"促销制"为基本方法，大规模地建设二、三级市场和农村市场的食品分销体系及销售网络，建立快速有效的终端服务和专业推广人员队伍，凭借强大的促销队伍，去深度拓展产品的市场空间，产生真正的消费需求；在措施上高度重视企业形象和品牌形象的树立，推行品牌战略，以整合营销的理念去传播有针对性的信息给消费者，最终在消费者心中树立品牌形象，从而实现公司的发展目标。

营销部的这一重大改革也使有关人员的工作责任、工作强度、个人所受风险和压力等发生改变，营销人员的责任和压力加大了。而要适应这种转变，营销人员首先必须深刻认识当前市场形势，明确前进方向，转变思想观念，从传统的不合时宜的做法中跳出来，改变那种独往独来、只手打天下的想法，改变那种货到经销商就万事大吉的错误观念。对营销部的这些改革，该公司其他部门的所有人员都予以大力支持，从而使企业的营销工作实现了有效的创新。

市场营销实施与市场营销计划同等重要，只有良好的实施才能产生完美的结果，否则，再好的计划也只能是纸上谈兵。因此，企业应把市场营销计划和市场营销实施都努力作好。

第三节　食品市场营销控制

一、食品市场营销控制及其必要性

控制是一个管理过程，其目的是确保企业按照管理意图或预期目标运行。食品市场营销控制是指食品企业管理者对营销执行情况和效果进行检查与评估，了解计划与实绩是否一致，找出两者之间的偏差及造成偏差的原因，并采取修正措施以确保营销计划的有效执行。

市场营销控制的必要性表现在以下3个方面。

① 计划与实施并不能总保持一致。首先，计划通常是建立在事先对众多不确定因素的某种假定基础之上的，在实施过程中难免会遇到各种意外事件；其次，计划与环境之间的相互作用往往也是难以预计的，从而使计划本身就存在问题。

② 控制有助于及早发现问题和避免可能的事故。例如，控制食品或地区市场的获利性，可使食品企业保持较高的获利水平；严格筛选新产品，可避免新产品开发失误招致巨额损失；实行食品质量控制，可确保食品性能有效可靠，使用安全，从而避免顾客购买食品后产生不满情绪。

③ 控制还具有监督和激励作用。如果食品推销人员或产品经理发现市场营销经理非常关注产品销售的获利性，他们的报酬和前途也主要取决于利润而不是销售量，那么，他们对工作将会更积极，并更符合营销目标任务的要求。

二、食品市场营销控制的基本程序

有效的食品市场营销控制包括以下3个部分。

1. 仔细确定控制的目标及要遵循的标准

控制范围广和内容多，可获得较多信息，但会增加控制费用。因此，在确定控制范围、内容和额度时，管理者应当注意使控制成本小于控制活动所能够带来的效益或可避免的损失。企业最常见的控制目标是销售收入、销售成本和销售利润，但对市场调查、推销工作、消费者服务、新产品开发、广告等营销活动也应通过控制加以评价。

制定的控制标准应当是明确的而且尽可能用数量的形式表示，如规定每个推销人员全年应增加30个新客户、某项新产品在投入市场6个月之内应使市场占有率达到3%等。如果我们将销售目标定为"尽可能多的销售量"，则很难监控计划的实施。因此标准还应当是切实可行的，特别是当这些标准将用来衡量执行人员的业绩的时候，否则将会损害执行人员的积极性。

2. 找出偏差并分析原因

找出偏差首先要解决的问题是何为偏差。计划执行后的实际情况与预期一般不可能完全吻合，一定程度的差异是可以接受的，因此在执行的过程中必须确定一个衡量偏差的界限，当差异超出这一界限时，企业就应当采取措施。

找出了偏差后就必须分析造成偏差的真正原因。有时原因比较明显，例如食品销售量的下降是因为失去了一个重要客户；但很多情况下原因并不是显而易见的，需要进一步的深入分析才能得出。例如一个品牌的营销投入很大但市场份额却持续下降，则原因可能同时来自于产品质量、销售人员的积极性、竞争对手的实力等多个方面。

3. 纠正措施

设立控制系统的主要目的就是纠正偏差。纠正行为可以从两个不同的方面入手：要么在发现现实与标准之间的偏差时修改标准；要么与之相反，维持原来的标准而改变实现目标的手段。一般情况下营销经理更倾向于后者，因为标准一经设定，如果没有充足的理由，则不应被任意修改。

三、市场营销控制类型

市场营销控制主要包括年度计划控制、赢利能力控制、效率控制和战略控制。

1. 销售额控制

销售额控制分析就是衡量和评估实际销售额与计划销售额之间的差距。具体方法有以下两种。

① 总量差额分析,即分析实际销售总量与计划销售总量之间差额的原因。例如,假定某食品企业年度计划第一季度完成食品销售额12万元,但实际只完成了10万元,比计划销售量减少了16.7%,是什么原因造成的呢?经过分析,发现其原因有两个:销售量不足和销售售价下降。通过总量差额分析得知:1/2差额是由于商品降价出售造成的,另外1/2差额是由于没有达到预期销售量造成的。对此,企业需要认真寻找未达到预期销售量的原因。

② 个别销售分析,即分析具体产品或地区实际销售量与计划销售量差额的原因。这种方法也被菲利普·科特勒称为微观销售分析。例如,假定上述食品公司经营A、B、C三类食品,计划要求的月销售总量为400个单位,三类产品销售量分别是150单位、50单位和200单位,而实际销售量分别是140单位、55单位和150单位,总销售量只有345个单位。其中A完成了93%,B完成了110%,C完成了75%,通过个别销售分析发现问题主要出在第C类产品上。对此,营销主管必须重点寻找第C类产品销量与计划明显不符的原因。

2. 市场份额控制

市场份额控制通常是通过市场占有率来进行分析控制的。市场占有率分析就是衡量和评估实际市场占有率与计划市场占有率之间的差距。具体方法有以下三种。

① 总体市场占有率分析。总体市场占有率是指本企业销售额占整个行业销售额的百分比。分析总体市场占有率有两个方面的决策:一是要决定分析销售量还是分析销售金额;二是要确定行业界限。

② 有限地区市场占有率分析。有限地区市场占有率是指企业在某一有限区域内的销售额占全行业在该地区市场销售额的百分比。

③ 相对市场占有率分析。相对市场占有率是指本企业销售额占行业内最领先竞争对手销售额的百分比。相对市场占有率大于1,表示本公司是行业的领先者;等于1,表示本公司与最大竞争对手平分秋色;小于1,表示本公司在行业内不处于领先地位。

一般来说,市场占有率比销售额更能反应企业在市场竞争中的地位,但也要注意有时市场占有率下降并不一定就意味着公司竞争地位下降。例如,新的食品企业加入本行业、企业放弃某些获利较低的产品等,都会造成产品市场占有率下降。

3. 销售费用控制

销售费用也是衡量计划执行工作好坏的一个重要指标。销售费用控制常用(销售/费用)比作为控制指标。销售费用分析就是分析年销售额与年销售费用的变化情况,要确保企业为达到销售额指标而不支付过多费用,关键就是要对销售额与市场营销费用比率进行分析。营销费用控制对象包括策划费用、广告费用、人员推销费用和营销调研费用等。

4. 获利性控制

获利性控制就是通过对财务报表和数据的一系列处理,把所获利润分摊到诸如产品、地区、渠道、顾客等各个因素上面,从而衡量每个因素对企业最终盈利的贡献大小和盈利水平。这种分析将帮助企业决定哪些产品或市场应该扩展,哪些应该缩减以至放弃等,从而极具实用价值。

例如,假定某企业分别在 A、B、C 三个城市销售食品,根据资料可编出下述各城市经营情况的损益平衡表(见表 11-1 所示)。

从表 11-1 可知:A 城不仅销量最大,而且为企业贡献利润最多;C 城虽然总销售收入低于 B 城,但由于费用低,特别是广告费和运输费大大低于 B 城,故也为企业贡献了可观的利润;B 城的运输费用和人员推销费用较高,前者可能是由于距离较远或交通不便引起的,后者则说明促销效率低或 B 城市场潜力客观上较 C 城小,或者企业在 B 城的促销策略有问题,或者负责 B 城销售工作的人员不得力等。

表 11-1 某食品企业城市经营损益表　　　　　　　　　单位:万元

项　　目	A 城市	B 城市	C 城市	总　　额
销售收入	3200	2500	2000	7500
销售成本	2200	1700	1400	5100
毛利	1000	800	600	2400
推销费用	100	250	250	600
广告费用	500	400	100	1000
运输费用	100	300	150	550
总费用	700	950	500	2150
净利	300	−150	100	250

5. 营销效率控制

效率控制是指企业使用一系列指标对营销各方面的工作进行日常监督和检查。一般来说,食品企业应从以下几个方面对营销效率进行控制。

(1) 推销员工作效率控制　评价推销员工作效率的具体指标有:①每位推销员每天平均访问客户的次数;②每次销售访问的平均收益;③每次推销访问的平均成本;④每百次推销访问获得订单数量;⑤每期的新增客户数和失去的客户数。

对上述资料的分析,可使企业发现一些有意义的问题:如每次访问的成本是否过高?每百次推销访问的成功率是否太低?如果访问成功率太低,应考虑是推销人员推销不力,还是选择的推销对象不当,或许应减少访问对象,增加对购买潜力大的目标顾客的访问次数。

(2) 广告效率控制　评价广告效率的具体指标有:①各种广告媒体接触每位目标顾客的相对成本;②注意、收看或阅读广告受众占全部受众的百分比;③目标顾客在收看广告前后态度的变化;④目标顾客对广告内容与形式的看法;⑤消费者受广告刺激增加对产品询问的次数。

能使公众对产品的知晓度上升 10~20 个百分点的广告投入是值得的,因为这样有可能在今后的 6 个月内使产品销售额上升 3~5 个百分点。公众对产品的知晓度上升不足 10 个百分点的,广告投入是不值得的。

(3) 促销效率控制　评价促销效率的具体指标有:①按优惠办法售出的产品占销售量的百分比;②赠券收回的百分比;③每单位销售额的商品陈列成本;④现场展示或表演引起顾

客询问的次数;⑤促销费用占营业成本的比例等。

(4) 分销效率控制　评价分销效率的具体指标有：①存货周转率；②特定时间内的平均脱销次数；③接到订单后的平均交货时间；④分销费用占营销成本的比例等。

四、战略营销控制

在复杂多变的市场环境中，企业制定的各种目标、政策、战略和计划往往会很快过时，因此，每一个企业都应对其进入市场的总体方式进行重新评价，这就是战略控制。企业在进行战略控制时，可以运用"营销审计"这一工具，定期评估企业的营销战略及其实施情况。

1. 营销审计的概念及特点

营销审计这种方法起源于 20 世纪 50 年代初的美国公司，到 20 世纪 70 年代已在西方发达国家得到了广泛的应用。菲利普·科特勒给它下的定义是："营销审计是对一个公司或一个业务单位的营销环境、目标、战略和活动所作的全面的、系统的、独立的和定期的检查，其目的在于确定问题的范围和机会，提出行动计划，以提高公司的营销业绩。"由这个定义我们可以看出营销审计具备以下四个特点。

① 全面性。营销审计不限于评价某一些问题，而是对全部活动进行评价。如果它仅仅涉及销售队伍，或者定价，或其他营销活动，那么它便是一种功能性的审计。功能性的审计虽然有用，但它会使管理者迷失方向，以致看不到问题的真实原因。

② 系统性。营销审计不是片面地、孤立地看待营销活动中出现的问题，而是进行系统的检查，从多方面寻找导致问题的原因。营销审计工作包含了一系列有秩序的诊断步骤。

③ 定期性。营销审计工作应当在企业中定期举行，而不是要等到企业出现了危机时才开始想到这一工作。

④ 独立性。营销审计主要有 6 种方式：业务单位自我审计、业务单位之间交叉审计、业务单位上级领导部门审计、企业内部专职审计部门审计、企业专业组审计和外部审计机构审计。一般情况下，最好的审计大多来自于外界经验丰富的审计机构，他们通常具有必要的客观性和独立性。

2. 营销审计的基本步骤

营销审计是一项系统的检查工作，有一个完善的执行程序。它通常遵循以下几个步骤。

(1) 确定审计的目标、范围　首先是审计人员与被审计企业共同讨论，就某次审计的目的、范围、深度、数据来源、报告形式以及审计的时间安排等问题达成协议。例如一个有 3 家分公司的食品企业邀请一个管理咨询公司做营销审计工作。此次审计共设立了 4 个主要目标：①确定公司的市场位置和它的竞争对手；②提出价格策略；③建立一个食品评估系统；④确定提高销售能力的途径。

(2) 收集数据　审计中的数据收集工作一般从对被审计公司文件的收集和研究开始。收集信息中还有一个重要的工作是识别组织中哪一个人能提供有价值的信息，审计人员可以根据组织结构图去寻找并编制一个人员清单，其中不仅包括市场营销部门的人员，而且还要包括如财务、生产、人事等其他职能部门的员工。

(3) 提出改进意见报告　当数据收集阶段结束后，审计员就要分析数据并为公司的管理者提供书面的审计报告，它包括重新陈述审计目标，说明主要的发现及提出主要的建议。审计员提出的建议应该按照实施的成本、重要性及难易程度排出顺序，以便于公司管理人员使用。审计报告一般要经过一次或若干次讨论才能最后定稿。这种在审计人员与公司管理人员之间进行的讨论很可能会产生一些新的更有价值的建议，这一点也是营销审计非常有价值的地方之一。

3. 营销审计的内容

(1) 营销环境审计　营销环境审计包括宏观环境审计和微观环境审计。宏观环境审计是对宏观环境的状况及其对食品企业市场营销的影响进行审计，主要包括对人口统计环境、经济环境、生态环境、技术环境、政治和文化环境等因素的审计；微观环境审计是对各微观环境构成要素及其对食品企业市场营销的影响作用的审计，包括对市场、顾客、竞争者、分销和经销商、供应商、辅助机构和营销中介、公众等因素的审计。

(2) 营销战略审计　主要从以下几方面进行审核：企业使命；市场营销目标和目的；战略，包括战略的内容和表述是否恰当，营销资源的配置是否合理等。

(3) 营销组织审计　营销组织审计包括对组织结构、职能效率、部门间联系效率等方面的审核。

(4) 营销制度审计　营销制度审计包括对市场营销信息系统、市场营销控制系统、新产品开发系统等的工作状态和绩效的审核。

(5) 营销生产率审计　营销生产率审计主要有盈利率分析和成本效益分析。

(6) 营销功能审计　主要是对产品、价格、分销、促销等营销功能的战略与执行情况、存在的问题等进行审核。

总之，市场营销审计是一项颇为庞大的工程，需要花费相当的时间、人力和资金，但其带来的益处也是巨大的：它能够使企业避免犯大的错误或尽量不在错误的道路上走得太远；能够为一些陷入困境的食品企业带来希望和使那些卓有成效的食品企业取得更好的成绩。

本 章 小 结

本章主要介绍了食品市场营销部门的组织及怎样进行市场营销实施和营销控制。现代市场营销部门的组织形式主要有职能型组织、地区型组织、产品型组织、市场型组织、产品-市场型组织。影响食品企业市场营销组织的因素有企业规模、市场状况、产品特点。有效的食品市场营销控制包括以下三个部分：仔细确定控制的目标及要遵循的标准；找出偏差并分析原因；纠正措施。市场营销控制主要包括年度计划控制、赢利能力控制、效率控制和战略控制。

思考与练习

1. 食品市场营销部门的组织形式有哪些？
2. 影响市场营销计划有效实施的原因有哪些？
3. 营销控制主要包括哪些内容？

参 考 文 献

[1] （美）菲利普·科特勒. 营销管理. 新千年版·第10版. 梅汝和等译. 北京：中国人民大学出版社，2001.
[2] （美）理查德·库尔斯等. 农产品市场营销学. 孔雁译. 北京：清华大学出版社，2006.
[3] （美）戈等·福克赛尔等. 市场营销中的消费者心理学. 裴利芳等译. 北京：机械工业出版社，2001.
[4] 布鲁尔. 市场营销：理论与实务. 于华民等译. 成都：西南财经大学出版社，2000.
[5] 郭国庆. 市场营销学通论. 第3版. 北京：中国人民大学出版社，2005.
[6] 吴健安. 市场营销学. 第3版. 合肥：安徽人民出版社，2004.
[7] 安玉发. 食品营销学. 北京：中国农业出版社，2002.
[8] 吴健安，王旭等. 市场营销学学习指南与练习. 第2版. 北京：高等教育出版社，2004.
[9] 纪宝成. 市场营销学教程. 第3版. 北京：中国人民大学出版社，2002.
[10] 胡德华. 市场营销经典案例与解读. 北京：电子工业出版社，2005.
[11] 闫毅. 市场营销理论与实务. 北京：科学出版社，2005.
[12] 曾晓洋，胡维平. 市场营销学案例集. 第二辑. 上海：上海财经大学出版社，2005.
[13] 朱立. 市场营销经典案例. 北京：高等教育出版社，2004.
[14] 万后芬. 绿色营销. 北京：高等教育出版社，2001.
[15] 符国群. 消费者行为学. 北京：高等教育出版社，2001.
[16] 梅汝和. 市场调查与预测. 北京：中国财政经济出版社，1990.
[17] 江林. 消费者心理与行为. 北京：中国人民大学出版社，2002.
[18] 陈信康. 市场营销学案例集. 上海：上海财经大学出版社，2003.
[19] 钱旭潮等. 市场营销管理：需求的创造和传递. 北京：机械工业出版社，2005.
[20] 甘碧群. 市场营销学. 武汉：武汉大学出版社，2004.
[21] 兰苓. 现代市场营销学. 北京：首都经济贸易大学出版社，2005.
[22] 江明华. 市场营销案例. 北京：北京大学出版社，2002.
[23] 陈胜权. 市场营销学经典教材习题详解. 北京：对外经济贸易大学出版社，2005.
[24] 王培志. 市场营销学教程习题集. 北京：经济科学出版社，2004.
[25] 郭朝阳. 中国著名企业营销案例评析. 广州：广东经济出版社，2002.
[26] 邱斌. 中外市场营销经典案例. 南京：南京大学出版社，2001.
[27] 宋小敏等编著. 市场营销案例实例与评析. 武汉：武汉工业大学出版社，1993.
[28] 汤定娜，万后芬. 中国企业营销案例. 北京：高等教育出版社，2001.
[29] 杨明刚. 市场营销100个案与点析. 上海：华东理工大学出版社，2001.
[30] 曹刚，李桂陵，王德发. 国内外市场营销案例集. 武汉：武汉大学出版社，2002.
[31] 高志宏，徐智明著. 广告文案写作. 北京：中国物价出版社，2002.
[32] 唐拥军，李兴旺，叶泽等. 战略管理. 武汉：武汉理工大学出版社，2005.
[33] 孙全治编著. 市场营销案例分析. 南京：东南大学出版社，2004.
[34] 金润圭. 市场营销. 北京：高等教育出版社，2000.
[35] 宋小敏. 市场营销案例实例与评析. 第2版. 武汉：武汉工业大学出版社，2002.